조선이 일본에 전해준
하이테크 이야기

조선이 일본에 전해준
하이테크 이야기

펴낸곳 도서출판 일빛
펴낸이 이성우
글쓴이 손제하
옮긴이 하일식

등록일 1990년 4월 6일
등록 번호 제1 - 1033호

초판 발행일 1996년 5월 15일
개정판 발행일 2005년 5월 25일

주소 121-837 서울시 마포구 서교동 339-4 가나빌딩 2층
전화 02) 3142-1703~5 팩스 02) 3142-1706
E-mail ilbit@unitel.co.kr

값 10,000원
ISBN 89-5645-075-7 (03910)

조선이 일본에 전해준
하이테크 이야기

손제하 지음 · 하일식 옮김

일빛

이 책은 독자 여러분이 한 항목당 3분 안팎에 홀가분하게 읽을 수 있도록 특별히 만든 책이다.

우리나라의 독특하고 뛰어난 문물과 기술이 주로 일본 열도로 전해진 과정과, 당시에 관련된 일들을 간략하게 정리했다.

'하이테크'는 현대 용어지만, 고대 사회에도 사람들이 괄목상대하게 기술을 혁신하고, 세상을 크게 변화시킨 것은 오늘날과 다르지 않다. 인간에 의한 불의 발견과 이용, 철제 도구의 출현 등은 그 두드러진 예이다. 동양에서 벼농사 기술의 발견은 당시의 세계를 크게 변혁시켰을 뿐만 아니라 오늘날 한국과 일본의 번영에 기초가 되었다. 그러므로 현대의 고도 기술이 고대 하이테크의 집적에 의하여 생겨났다는 것을 의심할 사람은 없겠다.

예로부터 우리 민족은 훌륭한 문화를 창조하고, '하이테크'의 분야에서도 세계에 자랑할 만한 많은 업적을 남겼다. 예를 들면 천문 기상학에서는 삼국 시대의 독자적인 관측과 첨성대의 건립,

고려 시대의 체계적인 관측, 조선 시대의 측우기의 발명과 정밀한 천문 의기(儀器)의 제작 등이 있다. 또한 인쇄 기술 부문만 보더라도 현 시점에서는 세계 최고의 다라니경이 있고, 『팔만대장경』의 판각, 그리고 세계 최초의 금속 활자의 개발 등 그 예는 매우 풍부하다.

그리고 의학·금속 가공·농경·도자기·공예·건축 등 기술사에 빛을 더하는 유산이 많다. 그 중에도 우리 민족은 일찍부터 한반도에 농경과 벼농사를 정착시켜 사람들의 의식주를 꾸려갔다. 뿐만 아니라 천문 기상을 비롯한 여러 과학의 발달을 촉진했다. 특히 금속 가공 기술과 제철 기술을 더욱 개척하여 농업 생산에 혁명을 가져오는 한편, 무기의 질도 비약적으로 높여 나라의 방어도 확고히 했다.

물이 항상 높은 곳에서 낮은 곳으로 흘러가듯이 문명도 또한 막힘 없이 흘러 사람들의 생활을 윤택하게 고양시키고, 더욱 높은 차원으로 발전시켜 간다. 사람들은 한국과 일본의 관계를 가리켜 일의대수(一衣帶水)의 땅이라고 한다. 이것은 극히 최근의 1만 년 전의 일로 고고학에서 두 나라는 태고로부터 육로로 연결되어 있었다고 설명한다. 그리고 일본 열도로, 대륙 문명을 받아들이기 전부터 이미 이 육로를 따라 물이 흐르듯이 우리의 문물이나 기술이 이식되어 갔다. 이 책의 제목 앞머리에 '조선이 일본에 전해준'을 붙인 것은 다름 아닌 이러한 이유 때문이다.

이 책이 타국에 살고 있으면서 조국을 잘 모르는 젊은 세대나, 한국사를 잘 알고 양국의 친선을 원하는 일본의 여러 독자들에게 약간이나마 기여한다면 다행이겠다.

　이 책을 출판하는 데 이해와 협조를 아끼지 않았던 친구 아베 히로조(阿部洋三)에게 깊은 감사를 표한다.

Contents

1장

집과 집 짓기

집은 예나 지금이나 인간의 일상 생활에서 없어서는 안 되는 가장 필요한 시설이다. 집 짓기는 고대인에게 매우 어려운 숙제였을 것이며, 아마도 당시로서는 대대적이고 어려운 공사였을 것이다. 동굴이나 움집에서 출발한 집은 마침내 온돌식 방이나 고상식 방으로 발전했다. 대륙식 사원, 왕궁 등 높은 수준의 건축 기술들이 일본에 전해져 도성들이 축조되면서 일본 열도의 모습이 우리나라처럼 바뀌어 갔다.

한반도와 일본이 육지로
이어져 있던 시절

현재 우리 나라는 대륙과 이어진 반도이며, 일본은 사방이 바다로 둘러싸인 섬나라다. 그리고 한반도와 규슈(九州)는 쓰시마(對馬)를 끼고 멀리 떨어져 있다. 그런데 고고학에서는, 현해탄과 쓰시마 해협이 생긴 것은 그리 오래지 않은 1만 년 전의 일이며, 그 이전에 우리 나라와 일본은 오랫동안 육지로 연결되어 있었다고 설명하고 있다.

지질학상 홍적세란 약 1백만 년 전부터 2만 년 전까지의 오랜 기간을 말하는데, 이 시기의 후반기를 빙하기라고 부른다. 이 시기에는 말 그대로 대륙의 대부분이 얼음으로 뒤덮여 있었고, 지구는 네 번에 걸쳐 추위를 겪었다.

인류는 이 시기부터 활동을 시작하였는데, 돌을 깨뜨려 초보적인 도구를 만들어서 생활 용구로 삼았다. 이 시기를 구석기 시대라 부른다.

또한 각 빙하기 사이에는 간빙기라는 따뜻한 시기가 찾아왔는데, 그 동안 지구는 따뜻한 기후에서 추운 기후로, 다시 따뜻한 기후로 바뀌었다. 원시인은 수만에서 십수만 년에 이르는 아득한 빙하기의

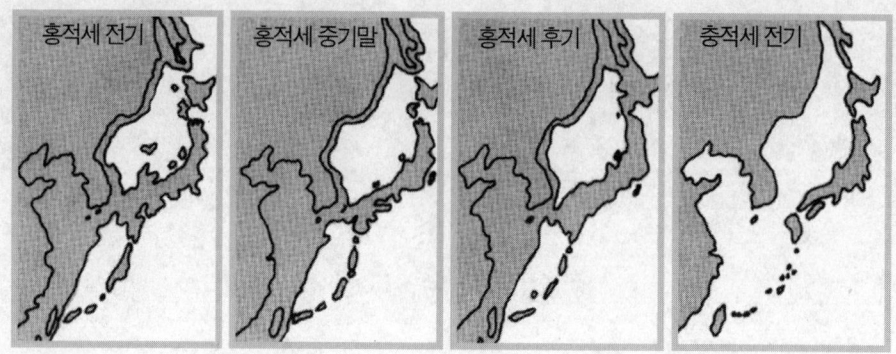

해안선 변천도

홍적세 전기　홍적세 중기말　홍적세 후기　충적세 전기

혹독한 자연 환경 속에서 살아남았다. 빙하기가 되면 북반구의 대부분이 얼음으로 덮이기 때문에 결국 얼음 속에서 견뎌냈을 것이다. 빙하기가 찾아와 빙하 지대가 넓어지자 당연히 바닷물이 줄어들고 육지가 늘어났으며, 반대로 간빙기에는 바닷물이 늘어나 낮은 지대는 바다가 되었다.

그리하여 마지막 빙하기가 끝난 시기를 대체로 1만 년 전쯤으로 보며, 이 시기를 '후빙기'라고 부른다. 일설에 따르면 약 2만 년 전에 일본 근해는 해수면이 지금보다 120~140미터, 1만 5천 년 전에는 약 90미터나 낮았다고 한다.

홍적세 후기의 해수면 변동에 대해서는 이 밖에도 여러 학설이 있지만, 그 무렵 해수면이 낮았다고 보는 데는 큰 차이가 없다. 어쨌거나 약 2만 년 전쯤 일본 근해의 해수면이 120~140미터나 낮았다면, 우리 나라와 규슈를 끼고 있는 대륙붕의 깊이가 현재 120~140미터이므로 당연히 우리 나라와 일본은 육지로 연결된다. 따라서 사람이나 동물도 자유롭게 왕래했음에 틀림없다. 물론 이 시절에는 서해(황해)도 없었으므로 우리 나라와 중국은 육지로 연결되어 있었고, 동해는 거대한 호수였다.

흔히 일본에서는 우리 나라와 일본 사이를 가리켜 '일의대수지간(一衣帶水之間)'이라고도 한다. 이 말은 하나의 띠와 같은 좁은 물을 사이에 두고 양국이 이웃해 있다는 뜻이다. 하지만 지금 설명했듯이 우리 나라와 일본이 오랫동안 육지로 연결되어 있었다면, 대륙에 살고 있던 동물들은 물론 원시인들도 자유롭게 일본 열도로 건너갔을 것이 분명하다. 물론 시베리아·홋카이도(北海道)·아오모리(青森)도 육지로 연결되어 있었다.

고인돌, 일본으로 건너가다

우리 나라에는 고인돌(支石墓)이 많이 있다. 영어로는 돌멘 (Dolmen)이라고 하는데, 이는 돌 탁자라는 뜻이다. 이 특수한 무덤 은 글자 그대로 몇 개의 고임돌 또는 돌무더기를 둘러쌓고 그 위에 커다란 덮개돌을 얹어 돌방을 만든 뒤, 그 안에 시체를 뉘어놓는 특 이한 것이다. 큰 것은 높이가 2.2미터, 덮개돌이 8.5×6미터에 이르 는 것도 있다(황해도 은율).

이러한 무덤은 유럽에서는 영국·프랑스·스칸디나비아 반도까 지 분포하며, 지중해 일대에도 있다. 동양에서는 인도·인도네시 아·라오스 등에도 있고, 중국에서는 산동(山東) 반도나 절강성(浙 江省)의 해안 지대에도 다소 흩어져 있다. 그런데 한반도에는 이러 한 고인돌이 중국 동북 지방의 일부를 포함하여 그 수가 3,000기를 넘으며, 지금도 잇달아 발굴되고 있다.

고인돌은 말할 것도 없이 청동기 시대 사람들의 거석 문화의 흔 적을 보여주는 것인데, 유럽계의 고인돌과 동양계의 고인돌을 직접 관련지을 만한 증거는 나타나고 있지 않다. 또 우리 나라의 거석 문 화가 동남 아시아의 것과 관련될 가능성이 논의되고 있으나, 학자

탁자식 고인돌
강화도 부근리에 있는 고인돌

들 사이에서 그다지 설득력을 얻고 있지는 못한 실정이다.

　그렇다면 한반도에 남아 있는 고인돌은 그 옛날 우리 조상들이 이룩한 독자적인 거석 문화의 유적으로 보아도 좋겠다. 또 서일본에도 같은 종류의 것이 있는데, 이는 곧 한반도와 서일본이 오래 전부터 관련되었음을 보여주는 것이라 하겠다.

　하지만 고인돌에 대해서는 여러 주장이 있다. 일본의 고고학자들은 해방 전까지 우리 나라의 고인돌을 북방계의 '탁자식', 남방계의 '바둑판식' 으로 이름지어 구분함으로써 남북 문화의 공통성과 동질성을 인정하려 하지 않았다. 또 고인돌의 발생 시기에 대해서도 기원전 3~2세기쯤의 '금석병용기(金石倂用期)' 의 무덤이라고 주장하기도 하였다.

　그런데 이 남방형 고인돌이 제2차 세계 대전 이후 우리 나라의 고

바둑판식 고인돌
김해 구지봉에 있는 고인돌

고학자에 의해 북쪽의 황해도·평안도·자강도에도 있다는 것이 밝혀졌을 뿐만 아니라, 북방형이 한반도 중남부에서도 발견되었다.

한편 전라남도 여천시 평창동의 고인돌에서는 작은 옥구슬 136점을 비롯하여 관옥(管玉) 24점, 굽은옥(曲玉) 1점, 합계 161점이나 되는 대량의 옥제품이 한 유적지에서 출토되었다(1989년 9월). 이러한 우리 나라의 고인돌은 그 거대함과 화려함으로 볼 때, 방대한 인력을 쉽게 동원할 수 있는 계급 사회 권력자의 무덤임을 알 수 있다.

그리고 일본의 고인돌은 도래인(渡來人)*들에 의해 북규슈(北九

---

* 과거 일본인들은 일본 열도로 건너간 고대 한반도 사람들을 '귀화인'이라고 불렀다. 이것은 마치 그들이 일본을 동경하여 귀화해 간 것처럼 일방적으로 규정한 용어다. 그러나 실제로 우수한 문화를 지니고 간 한반도인으로 말미암아 혜택을 입은 쪽은 일본이었다. 이러한 점들에 대해 반성과 비판의 목소리가 나오면서 70년대 말, 80년대 초부터 도래인 ― 바다를 건너온 사람 ― 이라는 용어를 사용하고 있다.

州)에서 구마모토(熊本) 지방까지 많이 전래되었는데, 요시노가리
(吉野ヶ里)의 서쪽인 구보이즈미(久保泉)에서는 무려 118기의 바둑
판식 고인돌이 발굴되어 요시노가리와 우리 나라의 관계를 강하게
암시해 주고 있다.

화덕을 '가마'라 부르는 일본인

온돌방이라면 우리가 가장 그리워하는 것 가운데 하나다. 그리고 다다미(疊)는 일본인들의 일상 생활에서 빼놓을 수 없는 중요한 것이다.

하지만 인류는 아주 오랜 옛날부터 오랫동안 움집에서 살았다. 움집의 집자리 바닥은 원형이나 모서리가 둥근 방형인데, 중앙에 취사와 난방을 위한 화덕이 있다. 햇볕을 많이 받는 남쪽으로 출입문을 냈으며, 화덕이나 출입문 옆에는 저장 구덩이를 만들어 식량이나 도구들을 저장했다. 그 규모는 대개 어른 4명 정도가 살기에 적당한 크기였다. 구석기 시대에 시작하는 이러한 주거 시설은 동북 아시아의 추운 지방으로 퍼졌다. 우리 나라에서는 철기 시대 초기를 지나면서 형태와 구조가 더욱 다양해졌다. 현재까지 수백 개의 움집터가 발견되고 있는데, 면적은 20평방 미터 정도가 가장 많으며, 80평방 미터를 넘는 큰 것도 있다. 일본에서도 이미 요시노가리 환호 집락(環濠集落 : 주변을 빙 둘러 수로를 파서 한 가운데 만든 마을) 안에서 약 100호나 발견된 데에서 알 수 있듯이, 야요이(彌生) 시대*에 움집터가 갑자기 증가했다. 넓이는 대체로 10~30평방 미

움집 복원도

터이고 40평방 미터에 가까운 넓이에 바닥을 땅에서 약간 뜨게 하여 만든 고상식(高床式) 창고 유적도 발견되었다.

이것은 나라(奈良) 시대^{**}의 정창(正倉 : 고대 일본의 중앙과 지방의 관청·사원 등에 설치한 창고)의 평균 바닥 면적인 25평방 미터를 웃도는 면적이다. 또한 당시의 건물은 우리 나라와 공통점이 많다.

움집의 내부 시설 중에서 가장 중요한 것은 불을 때는 화덕인데, 처음에는 움집의 거의 한가운데에 위치해 있던 화덕이 시간에 흐르면서 점차 벽 쪽으로 이동한다. 그리고 이 난로는 마침내 아궁이로 바뀌고, 밖을 향해 굴뚝을 내는 수준까지 진보해 간다. 아궁이는 찰

---

* 1884년 도쿄(東京) 분쿄구(文京區) 혼고(本鄕) 야요이정(彌生町)의 조개더미 유적에서 발견된 토기에서 딴 이름이다. 야요이 문화는 기원전 3~4세기부터 시작되는데, 금속기와 농경 문화를 함께 한 것이 특징이다.
** 694년에서 794년까지 천황이 현재의 나라시(奈良市) 서쪽에 궁궐을 짓고 살았던 기간을 말한다.

이로리

흙을 굳혀서 만듦으로써 더욱 안정된 형태로 발전했고, 고분 시대*
초기에 도래인에 의하여 서일본에도 전해졌다.

여기에서 중요한 것은, 우리 나라의 움집 중에는 아궁이에서 굴
뚝으로 통하는 통로를 길게 만들어 초보적인 온돌(함경북도 웅기군
굴포리) 흔적을 보여주는 점이며, 벽에 두껍게 찰흙을 바르는 등 방
한용 주거 시설로 그 기술을 발전시키고 있다는 점이다.

---

* 야요이 시대에 이어 야마토(大和) 조정이 일본 국가의 통일을 이룬 4~6세기의 시대. 많은 대형 고
분이 조성된 것은 철기의 보급과 농경 생활의 향상에 따른 사회적 신분의 차가 생긴 것을 뜻한다.

그런데 일본에서는 이러한 방한용 주거가 널리 퍼지지 않았다. 따뜻하고 습기가 많은 일본의 풍토에는 폐쇄적이고 방한 위주의 우리 나라 온돌식 주거 시설이 알맞지 않았다. 따라서 개방적이며 더위에 견디기 좋게 남방형에 가까운 고상식 집으로 발전해 갔던 것이다. 편리하고 값싼 일본의 다다미식 집은 시원한 유카타(浴衣 : 얇은 무명 홑옷)와 함께 오래도록 이어질 것이다. 이는 방한용으로 잘 고안된 한국식 온돌과 마찬가지로 훌륭한 생활의 지혜라고 할 수 있다.

　그런데 움집에서 가장 중요한 것은 화덕이라고 설명했는데, 옛날 일본의 주거에도 대개 화덕과 '이로리'(圍爐裏 : 마룻바닥 가운데를 사각형으로 도려 파내어 방한용이나 취사용으로 불을 피우는 장치)가 있었다. 이로리는 마침내 고타쓰(炬火達 : 각로脚爐라고도 하며 이불 속에 넣는 화로)로 변화하기도 하였고, 화덕에는 굴뚝을 달았다.

　화덕을 일본어로 '가마도(かまど)'라 하는 데서 알 수 있듯이 가마를 걸쳐놓고 불을 때는 장치인데, 일본에서도 가마를 우리 나라와 똑같이 '가마(かま)'라고 부르고 있다. 또 재미있는 것은 간사이(關西) 지방에서는 화덕을 '구도(くど)'라고 하는데, 이 '구노'도 우리말의 '굴뚝'에서 유래된 말이라 한다.

우리 웃옷을 길게 만든 '하오리'

고구려 무사상

의식주는 인간 생활에서 하루도 빼놓을 수 없는 가장 기본적인 것인데, 그 중에서도 민족색이 가장 풍부하게 드러나는 것이 의복이다. 우리 민족은 본래 알타이어족에 속하며, 선조는 예맥족(濊貊族)이고, 일찍이 중국의 동북 지방에 나라를 세우고 독자적인 문화를 형성하고 있었으며, 민족적으로는 다분히 북방적이고 기마 민족적이다.

맥족이 세웠다는 부여국 사람의 의복에 대해서 『삼국지』「위지 부여전」에는 "나라 안에 있을 때는 흰옷을 좋아하여 흰 베로 만든 큰 소매 달린 도포와 바지를 입고 가죽신을 신는다. 그러나 외국에 나갈 때는 비단옷, 수놓은 옷, 모직 옷을 즐겨 입는다"고 하였다.

또 『주서(周書)』「고구려전」에는 고구려인들이 "남자는 소매가 긴 적삼에 통이 넓은 바지를 입고 흰 가죽으로 만든 허리띠와 누런 가죽신을 신는다. 그들은 머리에 쓰는 관을 골소(骨蘇)라고 부르는데, 대부분 자주색 비단으로 만들었고 금·은으로 얼기설기 장식하

고구려 무용총 벽화의 여인상

였다. …… 부인들은 치마와 속옷을 갖추어 입고 옷자락이나 소매에는 선을 둘렀다"고 설명하고 있다.

　고구려 벽화를 보면 우리 민족의 이러한 전통적 복식이 잘 드러난다. 안악 고분(安岳古墳)·각저총(角抵塚)·무용총(舞踊塚)의 벽화에 나타난 무덤 주인이나 귀족들의 옷은 분명히 중국식 관복이지만, 곁에서 주인을 모시는 사람과 하인·하녀는 모두 두루마기에 바지·치마·저고리를 입고, 머리에는 절풍(折風 : 위로 솟아 있고 밑으로 넓게 퍼진 삼각형 모양 비슷한 고깔 형태의 쓰개)이나 새 깃털을 꽂은 모양의 관, 또는 머리띠를 두르고 있는 것을 볼 수 있다. 또 굵은 테두리를 두른 옷에 허리띠를 매고 가죽신을 신고 있다. 그리고 샅바도 볼 수 있어서 재미있는데, 오늘날 일본의 훈도시

다카마쓰총 벽화의 여인상

(示軍 : 남성의 음부를 가리기 위한 폭이 좁고 긴 천)와는 비슷하지 않고, 오히려 팬티 종류에 가깝다고 할 수 있다.

그런데 고대 우리 나라의 옷은 북방에서 고구려로 전해졌는데, 고습(袴褶 : 말 탈 때 입는 아랫도리, 또는 정강이 가리개) 일색인 점이 특징이다. 이것은 추위를 막는 데, 그리고 기마 생활에 필요했기 때문이었을 것이다. 따라서 여성도 일을 할 때는 활동에 편리한 바지와 저고리를 입고 띠를 매는 습관이 있었다. 마침내 이것이 전해 내려와 평소 바지 위에 치마를 입게 되었던 것이다. 그리고 일부는 백제·신라를 거쳐 일본에도 전해졌다.

일본 고대의 의복에 대해서 조몬(繩文) 시대*·야요이 시대의 경우, 아직 확실한 양식이 밝혀지지 않았다. 다만 동일본에서는 북방형의 사미치(衣袴 : 말 탈 때 입는 아랫도리) 문화가, 서일본에서는 남방형인 잠방이 문화가 널리 퍼져 있었다는 것만은 잘 알려져 있다.

하지만 고분 시대의 유물, 특히 하니와(埴輪 : 고분의 꼭대기나 분묘 주위에서 출토되는 흙 인형)나 고분 벽화나 부장품을 통하여 그 의복의 계통을 알 수 있다. 예를 들면 다카마쓰총(高松塚) 벽화의 복식은 우리 삼국 시대의 옷과 똑같고, 하니와에서 볼 수 있는 복장의 일부는 우리의 저고리나 바지와 비슷하다.

그리고 정창원(正倉院 : 일본 고대의 문서·미술품·공예품·의복·약품 등 국보급 문화재를 포함하여 많은 유물이 보관되어 있다. 유명한 신라 촌락 문서도 바로 이곳에 있다)의 유품에 있는 복식의 대부분은 신라 시대의 옷과 똑같다. 오늘날 일본의 농부들이 들일을 할 때 입는 팟치(パッチ)는 우리 나라의 '바지' 라는 말이 변한 것이며, 하오리(羽織)도 역시 삼국 시대의 웃옷을 길게 만든 것이다. 이 밖에 일본의 귀족들이 입었던 복장은 분명히 삼국에서 전해진 중국의 복식이 혼합된 것이었지만, 서민들의 복장에는 고분 시대에 건너간 삼국(고구려·백제·신라)의 의복 양식이 오래도록 영향을 미치고 있었다.

---

* 금속 문화가 수입되기 전의 수렵·채집 경제의 신석기 단계로, 표면에 빗줄무늬가 있는 조몬 토기가 대표적인 유물이다. 토기를 만들기 시작한 이후 대략 기원전 3세기 무렵까지를 말한다.

일본 신사 '도리이'의 기원

도리이

움집에서 시작한 선사 시대의 우리 나라와 일본의 집은 그 뒤 삼국 시대로 들어서면서 커다란 차이가 생긴다. 『구당서(舊唐書)』「고구려전」에는 다음과 같이 전한다. "집은 반드시 산골짜기에 있으며, …… 일반인의 생활은 대부분 가난하고, 겨울철에는 모두 구덩이를 깊게 파서 밑에다 숯불을 지펴 방을 덥힌다." 이것은 빈민층까지 온돌이 일반화해 있었던 사정을 알려 주는 것이며, 북방족이 지닌 구들의 전통을 엿볼 수 있게 한다.

한편 나라현 사타미타(佐田味田) 다카라총(寶塚)에서 출토된 거울에는 팔작 지붕으로 보이는 움집과 평지집, 그 밖에 한 동씩의 고상식(高床式) 건물과 높은 기둥을 세운 건물이 양각되어 있어 4세기쯤의 일본 주거 사정을 엿볼 수 있게 하여 흥미를 끈다. 일본에서는 무로마치 시대*까지 적지 않은 움집이 남아 있었다.

솟대

움집에서 평지집으로 발전하면서 우리 나라와 일본은 현저한 차이가 나타났다. 즉 앞의 「화덕을 '가마' 라 부르는 일본인」에서도 말했듯이 우리 나라의 주거가 보온 위주이고 폐쇄적인 데 반하여, 일본의 주거는 더위에 잘 견디고 통풍이 잘 되는 개방적인 형태로 되어 있다. 예를 들면 우리 나라의 집은 지붕이 둥글고 벽은 두터운 흙벽이며 문은 좁게 되어 있는데, 일본의 집은 팔작 지붕이나 맞배 지붕에 얇은 벽이며, 거기에 넓은 미닫이문 등 습기가 많은 풍토에 어울리게끔 되어 있다.

또 우리 나라는 삼국 시대부터 산성을 쌓아 외적의 침입에 대비하였고, 그 밖에도 지배자의 집이나 마을 주위에는 방위를 위하여 목책(木栅 : 나무를 엮어 만든 방어벽)이나 성벽을 둘러 수비를 굳게 하였다. 하지만 일본에는 6세기까지 산성 같은 것은 없었으며, 임시적인 방위 시설로 도성(稻城 : 짚단을 엮어 쌓아올린 방어 시설) 등이 있을 따름이다. 7세기가 되어 에조(蝦夷 : 홋카이도의 옛 이름) 땅에

---

* 무로마치 막부(幕府)가 존속한 기간. 가마쿠라(鎌倉) 막부에 이어 아시카가 씨(足利氏)가 교토(京都)의 무로마치에 막부를 연 1338년부터 1573년까지 약 240년간을 말한다.

고마 신사

목책을 설치하고 외적에 대비하였다는 기록이 있다(『일본서기』).

여기에서 문제로 삼고자 하는 것은, 우리 나라 목책의 입구, 즉 대문이 일본 신사(神社)의 도리이(鳥居 : 신사 입구에 세운 円 자 모양의 문)의 발생 기원으로 연결된다는 설이다. 오랜 역사서나 고대 문헌에서 볼 수 있듯이 우리 나라 목책의 바깥 대문은, 두 개의 높고 둥근 통나무 기둥 위에 가로대를 얹어 연결한 것이다. 이것이 더욱 변화하여 하나의 대를 세우고 그 위에 새 모양의 나무를 달고 여기에 금줄을 치게 되었다. 이것은 '솟대'라고 하며, 부정과 악귀의 출입을 막는 것으로 간주되었다.

그리고 이것이 일본에도 전해져서 유력한 도래족(渡來族)의 시조를 제사 지내는 묘(廟), 즉 신사의 도리이로 발전했다는 것이다. 과연 일본에는 고마(高麗·許麻·박)·구다라(百濟)·시라기(新羅·白木·白子) 신사 등이 많으며, 도래계인 이즈모(出雲) 계통의 신사만 하더라도 약 1만여 개나 된다.

덧붙여 말하자면, 신라에서 서기 4년에 신궁(神宮)의 전신인 시조묘(始祖廟)가 세워진 것을 참고하여 상호 관계에 대한 연구가 요청되지만, 현재까지 이 도리이의 발생에 대해서는 이렇다 할 만한 논쟁도 없다. 어째서 그럴까?

일본에 전한 사원과 왕궁의 건축 기술

움집에서 시작한 일본의 주거는 고상식 주택이나 높은 기둥을 세워 짓는 주택으로 발전한 후에도 여전히 기둥을 세울 때는 구멍을 파고 세우는 이른바 굴립식(掘立式) 건물이 중심을 이루었다. 또 지붕도 풀이나 띠를 얹고, 기둥도 나무껍질이 그대로 붙어 있는 자연재를 사용하고 있었다.

그런데 이 굴립식 건물은 기둥을 땅속에 묻기 때문에 건축물을 간단히 고정시킬 수 있는 장점은 있지만, 시간이 지나면 당연히 기둥의 뿌리가 썩거나 물러져서 오래 버티지 못하는 결점이 있다. 한편 이러한 건축 방식은 그 무렵 왕궁이나 귀족의 저택에도 예외 없이 이용되었다.

이럴 때 대륙에서 새로운 사원 건축 기술이 건너왔다. 『일본서기』「스순(崇峻) 천황 원년조」(588년)에 따르면 백제에서 부처의 사리가 전해지고, 동시에 사공(寺工 : 사원 건축 기술자)으로 다라미타(太良末大)·몬케코시(門賈古子), 노반(爐盤) 박사(탑 꼭대기의 금속 장식 기술자)로 하쿠마이준(白昧淳), 와(瓦) 박사(기와 기술자)로 마나몬누(麻奈文奴)·요키몬(陽貴文)·료몬(陵貴文)·샤쿠마타이미

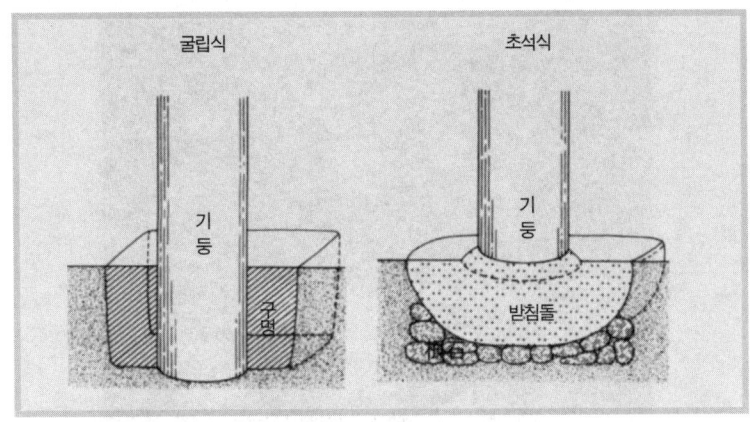

굴립식 · 초석식 기둥

(昔麻帝彌), 화공(畵工)으로 뱌쿠카(白加) 등이 승려와 함께 도래하였고, 야마토노아야노오아타이마 고쿠키(山東漢大費直麻高垢鬼 : 백제계 인물)가 총지휘를 담당하여, 아스카사(飛鳥寺 = 호코사法興寺)가 596년에 완성되었다는 것이다. 이어서 시텐노사(四天王寺)와 가와라사(川原寺)가 세워지고 유명한 호류사(法隆寺)도 이 시대에 세워졌다.

바다를 건너간 새로운 건축 기술 가운데 특징적인 것은 탑이나 건물의 기단(基壇)이나 초석(礎石)의 구조다.

주지하는 바와 같이 탑이나 사원은 기존의 굴립식 건물과 달라서, 기와만 해도 수천 수만 장의 무게가 실려 지반이 내려앉기 쉽다. 이것을 방지하기 위하여 건물의 기단을 판축법(版築法)으로 굳힌 것이다.

판축법이란 원래 중국이나 우리 나라에서 성벽이나 흙담 등을 쌓을 때 이용하는 방법으로 양쪽 벽에 두꺼운 판을 대고 그 속에 흙을

호류사 전경

넣어 다지는 방법인데, 일본에는 요시노가리(吉野ヶ里) 분구묘(墳丘墓)를 만들 때 이미 이 방법을 도입했다. 아스카사 탑의 기단도 이 판축법에 의해 굳혀졌고, 시텐노사 · 호류사도 그 무렵 성행하던 백제의 돌쌓기 · 기와쌓기 · 기단 축조 방법을 이용하고 있다.

다음에 특징적인 것은 이렇게 굳힌 기단에 초석을 놓고 엔타시스식(entasis : 고대 그리스 · 로마에서 볼 수 있는 기둥 중간의 배가 불룩 나오게 한 건축 양식)의 굵은 기둥을 세우고 여기에 가로목이나 대들보를 접합시켜 두공(斗木共)을 짜서 역학적 균형을 유지하게 하는 한편, 기술적으로 기와를 얹고 다양한 장식이나 색칠을 한 것이다.

다음 특징은 아스카사의 가람 배치인데, 고구려의 정릉사(定陵寺) · 금강사(金剛寺) 유적에서 볼 수 있는 일탑삼금당(一塔三金堂)

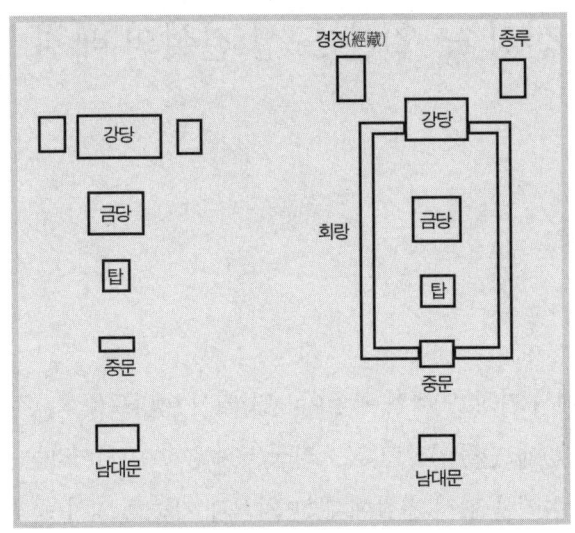

가람 배치
부여 군수리 폐사 유적(왼쪽)과 시텐노사(오른쪽)의 당탑 배치

식으로 되어 있다는 점이다. 시텐노사는 부여군 군수리에 있는 옛 절터에 뿌리를 둔 것으로 짐작된다. 호류사도 역시 시텐노사 식의 한 변형이며, 역사적으로 보더라도 우리 나라와 관계가 깊다. 이리하여 새로운 양식의 왕궁도 세웠다.

1987년 일본에서 가장 오래된 불상인 아스카 대불을 모시는 아스카사와, 백제 시대에 창건하여 부여 북쪽 50킬로미터 지점에 있는 수덕사(修德寺)가 자매 사찰로 친교를 맺었다는 소식이 있다.

삼산 신앙 — 일본 도성 건설의 배경

일본에서 가장 오래된 왕궁이라면 역시 야마토(大和) 정권의 아스카(飛鳥)에 만들어졌던 도요라궁(豊浦宮 : 603년)이라는 설이 유력한데, 이러한 도시 건설에 관한 지식과 기능도 역시 백제의 승려 관륵(觀勒)이 가져왔다는 것이 『일본서기』와 『고사기』에 기록되어 있다.

한편 일본의 도성은 나니와궁(難波宮 : 645년)을 거쳐 본격적인 도시형 성(城)으로 모습을 바꾸어 간다. 그리고 도시로 알려진 후지와라경(藤原京 : 694년~710년 사이의 수도)으로 발전하고, 마침내 헤이조경(平城京 : 현재의 나라시 서쪽이다. 710년~784년 사이의 수도), 헤이안경(平安京 : 교토, 794년 이후 약 1천 년간의 수도) 등으로 더욱 완성된 스타일을 갖는 수도로서 그 면목을 새롭게 해 간다.

일본 최초의 대규모 도성인 후지와라경은 아스카경의 서북쪽에 있고, '신야쿠노 미야코(新益京)' 라 부르는, 문자 그대로 새롭게 만든 도시였다. 동서 약 2,000미터, 남북 약 3,000미터에 12조(條)·8방(坊)의 조방(條坊)을 만들고, 좌·우 경(京)을 만드는 등 기존에 볼 수 없던 장대한 규모로 만든 대륙식의 본격적인 도시였다는 것이

후지와라경 복원 모형 전경

발굴 조사에 의해 알려졌다.

　뿐만 아니라 후지와라경은 그 후에 천도한 헤이안경의 모델이었고, 나아가 개편 전의 헤이안경도 결국은 후지와라경을 답습한 것이라는 설(1983년 3월 30일 『아사히 신문』)조차 나왔다. 즉 일본식 도성(都城)의 원형을 후지와라경에서 찾고, 후지와라경을 통해 다른 성을 연구하려고 하는 경향이 최근 강해지고 있다.

　당연한 일이지만 학회에서는 후지와라경의 뿌리를 중국 도성에서 찾으며, 그 모범으로서 우선 당나라(618~907년)의 장안성(長安城)을 인용하고, 나아가 이보다 오래된 북위(北魏 : 386~534년)의 낙양성(洛陽城)이나 동위(東魏 : 534~550년)의 업성(鄴城)과의 유사성을 논했다. 그러나 이 모든 논쟁도 중국의 도성을 모델로 대비하고 있지만, 그 형태나 위치 · 방향 · 거리 등에 관해서는 다른 견해

헤이조경 대극전 복원도

도 많다. 특히 일본의 도성에는 처음에 성벽이 없었다는 점 때문에 그 원류를 중국에서 찾는 데 대해서는 중국의 학자를 비롯하여 부정적인 견해가 많다.

여기서 인용되는 것이 고대 우리 나라의 풍수 지리설과 삼산 신앙설(三山信仰說)이다. 그리고 아스카경은 백제의 수도인 부여 지방과 지형이 유사하며, 후지와라경은 미미나시산(耳成山)·우네비산(畝傍山)·아마노카구산(天香久山) 등 야마토 삼산의 거의 중앙에 위치하고 있다. 헤이조경 역시 가스가산(春日山)·료산(靈山)·킨푸산(金峰山)의 삼산에 둘러싸여 있을 뿐만 아니라, 헤이안경 역시 북산(北山)·동산(東山)·서산(西山)의 삼산에 둘러싸여 있어 백제의 부여나 신라의 경주와 매우 비슷한 지형이므로, 삼산 신앙이 관통하고 있다는 주장도 있다.

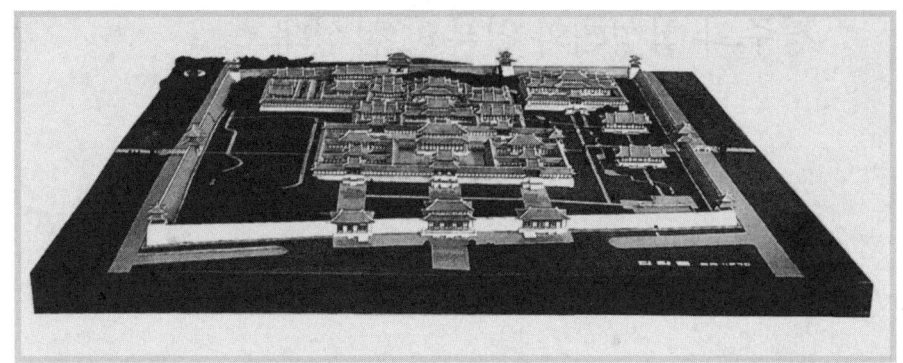

안학궁 모형도

　부여는 일산(日山)·오산(吳山)·부산(浮山)(『삼국유사』)에 둘러
싸여 있고, 경주 역시 명활산(明活山)·남산(南山)·선도산(仙桃山)
의 삼산에 둘러싸여 있다. 산성이 축조되어 있는 주변의 삼산에 둘
러싸인 형세로 도성을 만들어 방위를 겸하려고 하는 깊은 신앙을
볼 수 있다. 또한 고구려의 수도인 평양도, 대성산성(大城山城)과 도
성인 안학궁(安鶴宮)이 짝을 이루고 있는 것을 보더라도 우리 나라
산성과 도성은 깊은 관련이 있다. 그렇다면 일본의 도성 역시 그 연
장선상에서 볼 수 있을 듯하다.

경주의 첨성대와 일본의 점성대

신라 시대의 대표적인 명물 첨성대(瞻星臺)는 동양 최고의 천문대라고 하며, 1,300여 년 전인 647년에 경주에 세워졌다.

이보다는 뒤지지만 28년 뒤인 675년, 일본에서도 점성대(占星臺)를 세웠다는 기록이 『일본서기』에 나온다. 고대 국가에서 '첨성대'[*] 란 결코 진귀한 것이 아니었다.

예를 들면 『세종실록지리지(世宗實錄地理志)』나 『동국여지승람(東國與地勝覽)』 등을 보면 고구려 시대에도 평양 성내에 첨성대 유적이 있다는 기록이 남아 있고, 백제에도 역시 4세기쯤부터 첨성대를 세워 천문 관측을 했다고 전하고 있다. 또 중국에서는 낙양 근처에 주공측경대(周公測景臺)가 있어서 당나라(723년) 때에 비로소 재건했다고 하는데, 실은 이곳은 한나라 때부터 천문학자들이 표준 지점 관측을 한 유명한 장소였다. 그리고 이 때 복구된 석탑이 신라

---

[*] 신라 27대 선덕여왕 때 세워진 경주 첨성대를 천문대로 보는 것이 일반적이지만, 천문대가 있던 자리에 세워진 기념물의 하나라고 보는 견해도 있다. 이 견해에 따르면 현재의 첨성대는 그 위에 올라가서 하늘을 관측하기에 매우 불편한 구조를 갖고 있음을 지적한다. 그리고 가장 아래쪽에서 꼭대기까지 쌓은 모두 27층의 돌이 27대 선덕여왕 때임을 상징한다고 본다.

첨성대

의 첨성대와 매우 비슷하다고 하니 흥미롭다. 따라서 천문대의 역사는 바빌로니아나 인도의 것을 포함하여 꽤 오래되었다고 보아야 한다.

　이러한 천문 관측대는 일본에 전래되는데, 일본에서는 628년에 비로소 일식을 관측했다는 기록이 있고, 여기에 이어 643년에는 월식을 관측했다는 기록과 함께 혜성·유성 등의 관측 기록도 나온다. 그리고 이를 뒤따르듯이 675년에는 '점성대'를 세웠다. 그 주변의 사정에 대하여 『일본서기』 「덴지(天智) 천황 조」에는 "경술년에 처음으로 점성대를 세웠다"라고 나와 있다. 점성대는 첨성대의 '첨(瞻)' 대신에 '점(占)' 자를 사용하고 있는데, '점'은 '점치다', '첨'

에는 '우러러보다' 라는 뜻이 담겨 있어, 두 글자 모두 별을 우러러 점을 친다는 뜻이 된다.

고대 국가에서 지배자들은 천명을 받아 백성을 다스린다는 생각을 갖고 있었으므로 첨성 혹은 점성하는 것은 지극히 중요한 국가적 행사였다. 『속일본기』 「겐메이(元明) 천황 조」에 "천도(遷都)하는 것은 …… 태양을 살피고 별을 보아 궁궐의 기초를 세우며, 세상을 점치고 흙을 보고 제읍(帝邑)을 세운다"라고 기록되어 있어서, 첨성에 의하여 도성을 설계하고 헤이조경이 결정되었음을 전해 주고 있다.

그런데 경주의 첨성대는 도시의 가장 중요한 위치에 세워져 있다고 고증하고 있는데, 일본의 점성대의 위치는 어떠했을까? 고대 사회에서 점성은 국가 존립을 점치는 최대의 행사였을 것으로 추측되는 만큼 일본의 점성대도 수도의 중심지에 있었던 것이 거의 틀림없을 듯하다.

덧붙여서 이 시대에 자주 사용된 고려척(高麗尺 : 35.3센티미터. 덴표척天平尺의 1.2배 정도)을 언급하고자 한다. 이 자는 고구려에서 전해진 것인데, 일본에서는 아스카(飛鳥) 시대(538~645년)부터 나라(奈良) 시대(694~794년) 초기에 걸쳐서 이루어진 대공사에 사용된 자였다고 한다.

닌토쿠 천황, 선진 토목 기술을 도입

우리 나라에서 쌀 농사 기술이 발전한 것은 백제인의 공로에 의거한 바가 크다. 이는 백제의 영토가 수리(水利)가 풍부한 넓은 농경지(호남 평야)를 안고 있고, 저습전(低濕田) 경작에 관개 시설을 이용하여 논에 물을 끌어대는 이른바 현대의 '수전 경작(水田耕作)'으로 발전하는 길을 처음으로 개척한 본고장이기 때문이다.

『삼국사기』에 따르면 신라 흘해왕 21년(330년)에 전라도 김제에 벽골제를 만들었다고 한다. 이는 우리 나라에서 가장 오랜 저수지로서, 그 길이가 무려 1,800보(약 4,000미터)나 되는 광대한 것이었다고 한다. 이 유서 깊은 벽골제는 조선 시대까지 우리 나라 최대의 관개용 제방이었던 만큼 여기에 얽힌 일화도 많이 남아 있다. 이 장대한 제방 공사는 신라인들이 만든 것이 아니라 일찍부터 수리 관개 기술이 더 발전해 있던 백제인들이 만든 것이라는 것이 정설이다.

물론 백제에 이어서, 소나 말과 쟁기를 이용한 깊이갈이법(深耕法)과 이모작을 처음으로 개척한 신라인들도 429년에 제방의 길이가 벽골제를 웃도는 둑을 만들어 농업 토목 공사의 첨단을 달렸지

제천 의림지

만, 이 역시 백제의 기술에서 배운 것이다.

　일본의 농업에서 토목 공사의 시초는 역시 야요이인(彌生人)들에 의지한 바가 큰데, 이 시대부터 논을 만들고, 둑을 쌓아 큰 도랑을 만들며, 물을 흘려보내는 골을 파고, 저수지 따위도 만들기 시작하였다.

　그러나 문헌에서 볼 수 있는 본격적인 농업 토목 공사의 시초는 오진(應神)・닌토쿠(仁德) 천황 시대에 관한 기록으로 보이는 『일본서기』와 『고사기』의 기록에서 알 수 있다. 여기에서는 도래인들의 기술과 문물의 전래를 전하고 있는데, 특히 닌토쿠 천황이 백성의 가난을 가슴 아파하여 3년간이나 세금을 면제해 주었다는 일화는 유명하다.

닌토쿠 천황은 호리에(堀江 : 땅을 파서 물을 흐르게 한 강)를 만들어 야마토천(大和川)·구다라천(百濟川)의 물을 끌어들여 서해로 가게 하는 한편, 요도천(淀川)의 범람을 막기 위하여 신라인과 진인(奏人 : 대방군 계통의 중국인)을 시켜 유명한 '만다의 둑(茨田堤)'도 건설하였다.

또한 이 시대에 가라히토지(韓人池)·쓰루기지(劍池)·가루지(輕池)·가노카키지(鹿垣池) 등의 저수지를 만들고, 야마세(山背 : 교토)에 큰 하천을 파고 가와치(河內)에도 역시 큰 하천을 파서 4만여 경(頃 : 논밭 넓이의 단위. 1경은 약 3,000평)의 논에 물을 댔을 뿐만 아니라 다리를 놓고 나니와(難波) 거리에 큰 도로도 만들었다.

오진과 닌토쿠는 도래인의 선진적인 대토목 기술을 도입하여 국가를 세운 제왕(帝王)으로서 그 패업을 이루어냈던 것일까?

한편 제왕·호족들의 집념은 끝이 없어서 자신의 호화로운 저택이나 장대한 정원을 만드는 데에도 욕심을 내었고, 더욱이 사후의 무덤에까지 관심을 쏟았다.

그러면 다음에는 유명한 고분에 대해서 알아보기로 하자.

닌토쿠 천황의 일화

『일본서기』에 따르면 닌토쿠 천황은 백성들의 밥 짓는 연기가 오르지 않는 것을 보고, 3년간 세금을 면제하고 백성의 괴로움을 덜어주라는 명령을 내렸다. 그리고 의복과 신발이 해지기 전에는 버리지 않고, 음식물도 상하기 전에는 버리지 않았으며, 지붕과 담장이 무너져도 고치지 않았다. 그리하여 3년 뒤에는 백성이 부유해져서 칭송하는 소리가 가득 차고 밥 짓는 연기가 많아졌다고 한다.

한반도와 일본의 전방 후원분

　우리 나라의 무덤 가운데 특이한 것이라면 역시 청동기 시대에 시작된 고인돌이다. 이 무덤은 초기 철기 시대에 걸쳐서 돌널무덤(石棺墓)·돌무지무덤(積石塚)·돌덧널무덤(石槨墳)·널무덤(土壙墓)·독무덤(甕棺墓) 등의 새로운 무덤으로 이어진다. 「고인돌, 일본으로 건너가다」에서도 말한 것처럼 고인돌은 세계적으로 보더라도 우리 나라가 두드러진 집적지였다. 일본의 경우에는 예로부터 야요이 문화의 중심이었던 규슈(九州) 북부나 야마구치(山口)나 사가(佐賀)의 요시노가리(吉野ヶ里) 근처에 고인돌이 남아 있다.

　돌널무덤도 고인돌과 마찬가지로 청동기 시대를 대표하는 우리 나라의 무덤이지만 이 역시 후쿠오카(福岡)나 야마구치에 남아 있다. 이 가운데는 세형 동검(細形銅劍)이나 잔무늬 거울(多金丑細文鏡) 등이 출토되는 경우가 있어 대륙으로부터 전래한 것임을 보여 주고 있다. 이 밖에 돌덧널무덤이나 돌덧널 위에 돌을 쌓아올린 돌무지무덤, 여기에 널무덤·독무덤 등이 남아 있지만, 이것도 우리 나라와 큰 차이가 없다. 현재까지 일본에서 두드러진 분묘는 약 15

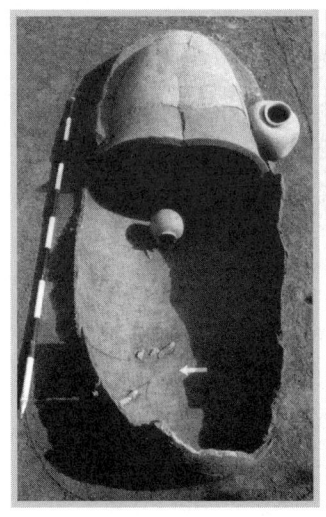

독무덤과 돌널무덤
전남 영암군 내동리(왼쪽), 충남 부여군 송국리(오른쪽)

만 개나 되며, 커다란 분구묘(墳丘墓)도 각지에 남아 있지만, 그 중에서도 최대의 볼거리는 전방 후원분(前方後圓墳)이다.

전방 후원분은 원분(圓墳)·방분(方墳) 다음으로 그 수가 많은데, 앞쪽은 방형(方形 : 제단으로 추정됨)이고 뒷부분이 원형(圓形)으로 되어 있다. 5세기쯤부터 그 때까지 구릉 지대에 만들어지던 것이 평지에 만들어지고 점점 대형화하여 일본사에서 흔히 말하는 '거대 고분의 세기'를 맞이하게 된다.

이 거대 고분 중에서 가장 오래된 것이 현재 나라현 사쿠라이시(櫻井市)에 있는 하시바카(箸墓) 고분(3세기 말에서 4세기 초에 축조)이며, 또 덴리시(天理市)에 있는 마구치산(馬口山) 고분(전체 길이 114미터)도 하시바카 고분에 못지 않게 오래된 것이라고 보고되어

전방 후원분(보라이 산 고분, 전체 길이 226m)

있다. 그리고 최대의 전방후원분은 다이센(大山) 고분(한반도 계통의 인물로 추정되는 닌토쿠 천황의 무덤)으로서 전체 길이가 486미터이고, 넓이는 도쿄 스타디움의 무려 8.5배나 되며, 이집트의 피라미드를 능가하고, 인공 위성에서도 작은 산으로 보인다고 한다.

이제까지 전방 후원분은 일본에만 있는 것으로 이야기되었다. 그런데 1983년 6월 영남대 강인구 교수가 경남 고성 송학동 1호분이 전방 후원분이라는 것을 발견하고 이를 일본 학회에 전하여 커다란 반향을 불러일으켰다. 그러나 일본 학자 가운데 이를 믿는 사람은 별로 없었다. 그러다가 1985년 전라남도 해남군에서 또 전방 후원분이 거의 완전한 형태로 보존된 장고산(長鼓山) 고분(전체 길이 77미터)이 발견되어 세계에 그 유례가 없다고 하던 일본 특유의 전방 후원분 설에 새로운 파문을 던졌다. 이리하여 전방 후원분은 최근까지 우리 나라 남서부 지방에서 3기나 발견되었는데, 일본에서도 급히 연구 조사단을 파견하여 확인한 적도 있다.

그런데 1990년 3월, 압록강변의 저지대(자강도 송암리·운평리 지구)에서도 기원 전후의 것으로 추정된 전방 후원형 돌무지무덤이 10여 기 정도가 발견됨으로써 다시 커다란 파문을 일으켜, 도시샤(同志社) 대학의 모리 고이치(森浩一) 씨는 "앞으로 공동 조사를 기대한다"고 말했다.

다리를 놓고 길을 뚫다

관개 토목 공사의 시초는 역시 쌀 농사와 깊은 관계가 있다. 경작지에 물을 끌어들이거나 빼기 위한 수로를 만들면서 초보적인 공사를 시작했던 것이다. 일본에서는 일찍이 쌀 농사가 전해진 후쿠오카(福岡)의 이타즈케(板付) 유적이나 시즈오카(靜岡)의 도로(登呂) 유적 등에서 논의 도랑이 그대로 남아 있을 뿐만 아니라, 우리 나라 논의 도랑과 매우 닮아서 화제가 되고 있다.

또한 최근 가시하라시(木畺原市)의 쓰보이(坪井) 유적에서 약 1700년쯤 전의 목통(木木通)도 발굴되었다. 이 목통은 강변에 묻혀 있어서 강물을 논으로 끌어들이기 위해 이용한 것으로 보이며, 길이 4.5미터, 폭 58센티미터나 되는 큰 나무의 속을 파낸 것이다. 또 『일본서기』의 「리추(履中) 천황 4년조」(403년)에는 "겨울 10월에 이소노가미(石上)의 도랑을 팠다"고 되어 있는데, 이 용수로(전체 길이 3킬로미터) 같은 것이 1989년 7월 덴리시(天理市) 후루천(布留川) 남쪽에서 발견되었다.

이 용수로는 모노노베 씨(物部氏 : 도래인 계통)의 본거지(?) 근처에 있으므로 방어용으로도 사용된 듯한데, 도랑 바닥에서 대륙 계

목통(미스 성에서 출토)

통의 스에키(須惠器 : 고분 시대 후반기부터 나라·헤이안 시대까지
만들어진 쇠처럼 단단한 토기)도 출토되어 흥미를 끈다.

하지만 일본 최대의 환호 집락(環濠集落 : 25헥타르)으로 알려진
요시노가리 유적에는 이미 외적을 막기 위한 외호(外濠 : 폭 6.5미터,
깊이 3미터), 내호(內濠)에 망루도 있어서 야요이 시대에 벌써 상당
한 토목 기술이 있었다는 것을 미루어 짐작할 수 있게 한다. 이 방어
용 환호는 경상남도 울산군 능촌면 검단리에서도 폭 2미터, 깊이 90
센티미터, 주위 240미터(원형)에 걸쳐 발굴되어 그 관계가 논의되고
있다.

그런데 일본의 3대 기묘한 다리[奇橋] 가운데 하나인 야마나시현
(山梨縣) 오쓰키시(大月市)에 있는 '사루교(猿橋)'는 사가미천(相模

환호 집락(가나가와현 오쓰카 유적)

川) 상류에 걸쳐 있는 나무 다리인데, 스이코(推古) 천황 시절에 백
제 사람 지기마려(芝耆摩呂 : 별명 시라코志羅乎)가 설치했다고 전
해진다. 드물게도 교각을 하나도 사용하지 않고 마룻대와 가룻대를
몇 단씩 겹쳐서 양쪽 언덕에 걸쳐 만든 이 다리는 참으로 훌륭하다.
가파른 절벽에 걸린 이 기묘한 다리(길이 33미터, 폭 6미터)는 오늘
날에도 관광객들을 즐겁게 해 주고 있다.

　또 『일본서기』에는 612년, 백제에서 간 노자공(路子工)이라는 인
물이 아스카 궁의 남쪽에 못을 파고 다리를 놓고 작은 산에 석불을

세웠다고 되어 있다. 이것이 일본에서 가장 오래된 정원이며, 서양인이 좋아하는 일본 정원의 효시는 아무래도 이곳 근처로 낙착될 듯하다. 또 교토(京都)의 세이호사(西芳寺)는 유명한 대승정(大僧正) 교키(行基 : 15세에 출가하여 많은 선행을 하여 사람들이 따랐다. 천황의 신뢰를 얻었을 뿐만 아니라 도다이사東大寺의 건설에 기여하였기 때문에 대승정의 지위가 주어졌다)가 창건한 것인데, 저 훌

사루교(위) 일본식 정원(아래)

륭한 '가레산스이 정원(枯山水庭園)'*은 그가 만들기 시작한 것이다.

교키는 백제 왕인의 후손들이 사는 고지(高志) 출신으로 어려서 (682년) 출가하여 한반도 계통의 고승 도쇼(道昭 : 689~773년)에게 토목 기술을 배웠다. 농민을 위하여 많은 저수지와 용수로를 만들

---

* 일본의 선종(禪宗) 사원에서 많이 볼 수 있는 정원 양식. 흙산을 쌓거나 물을 끌어들이지 않고 석재만 사용하여 산과 계곡, 내의 흐름을 상징적으로 표현한 것이 특징이다.

었으며, 다리를 놓고 길을 뚫고 배를 만들고 항만을 축조하여 하천 교통에도 이바지했다. 도쇼·교키·료벤(良弁 : 629~700년)으로 이어지는 한반도 계통의 고승들은 도다이사(東大寺) 건립에도 참여하는 등 참으로 뛰어난 토목 기술로 자비를 베풀었던 것이다.

2장

토기와 자기

토기와 자기의 역사는 그리 오래되지 않았다. 왜냐하면 사람들이 그릇을 생활 필수품으로 이용하게 된 것이 그리 오래되지 않았기 때문이다. 그렇다고 하더라도 도자기의 확산은 일찍이 고대인의 이주와 활발한 진출을 뒷받침해 준다. 발해 연안에서 규슈를 거쳐 오키나와까지 흩어져 있는 우리 민족의 빗살무늬 토기는 이것을 잘 말해주고 있다. 하지만 이 서사적인 그릇의 역사에는 뒤돌아보고 싶지 않은 불행한 시대도 있었다.

신석기 토기
― 발해 연안에서 오키나와까지

　한반도와 오키나와는 1,000킬로미터 이상이나 떨어져 있어서 고대인의 발로는 도저히 갈 수 없는 먼 곳에 있다. 그런데 고대부터 류큐(琉球 : 오키나와沖繩의 옛 이름)의 여러 섬과 한반도 사이에는 신석기 시대, 즉 일본의 조몬 시대 초기부터 토기를 비롯한 여러 문물이 교류한 것으로 보인다.

　그 대표적인 예로서 일본 오키나와 나카가미군(中頭郡) 요미탄촌(讀谷村) 도구지동원(渡具知東原) 유적에서 출토된 소바타식(曾畑式) 토기와 그 아래 자갈층에서 발굴된 조형 토기(爪形土器)가 거론되고 있다. 여기에서 대량으로 발견된 소바타 토기는 다음의 「빗살무늬 토기와 소바타 토기」에서도 언급하겠지만, 말할 것도 없이 발해 연안에서 우리 나라의 서남 해안에 분포하며 규슈로 전해진 빗살무늬 토기(櫛文土器) 계통의 토기이며, 조문형(爪文型)의 토기도 역시 입구 테두리에 조형(빗살무늬의 일종)이 새겨진 같은 계통의 토기다.

　그리고 이 조형 토기는 부산 동삼동 조개더미(貝塚)의 아래층에서 출토된 조문(爪文) 토기와 밀접한 관련이 있는 것으로 보인다.

조몬토기

이에 대하여 오키나와 고고학회에서 펴낸 『석기 시대의 오키나와』에는 "소바타식 토기는 규슈 조몬 시대 전기에 전개된 문화로서, 그 원류는 한국의 빗살무늬 토기에서 찾을 수 있다……"고 기록되어 있어, 일찍부터 발해만 북쪽 연안에 정착하여 농경과 어로 생활을 하던 우리 나라의 신석기인들과 활발한 교류가 있었음을 전해 주고 있다.

하지만 한반도와 일본 열도 사이에서 석기인들의 교류는 더욱 일찍부터 있었던 것이 분명하다. 왜냐하면 1960년 나가사키현(長崎縣) 후쿠이(福井) 동굴*에서 발굴된 덧줄무늬 토기(隆線文狀土器)는 바탕흙(胎土)을 끈처럼 만들어 표면에 붙인 보기 드문 것인데, 그 지층은 구석기 시대부터 조몬 초기에 걸친 발전 과정을 알려주기라도 하듯이 일곱 개의 문화층**이 정연하게 겹쳐져 있었다.

그리고 문제의 이 덧줄무늬 토기는 제3층에서 가늘게 생긴 돌칼

---

* 일본에서 발견된 토기 중에는 연대가 기원전 1만 년 정도나 된 것들이 있다. 이는 세계에서 유래를 볼 수 없을 만큼 빠른 것이기 때문에 일본 학자들도 연대 측정 결과를 의심하며, 세계 학계의 공인도 아직 받지 못하고 있다.
** 유적지를 발굴 조사할 때는 흙의 색깔이나 종류에 따른 층위를 매우 중요시한다. 제일 위층이 가장 최근의 것이고 아래로 갈수록 오래된 것이다. 때로는 위층에서 청동기 유물이, 다음에 신석기, 제일 아래층에 구석기 유물이 발견되기도 한다. 문화층이란 사람이 살지 않은 시기에 자연스럽게 흙이 쌓인 자연 지층과 구분하는 용어이다.

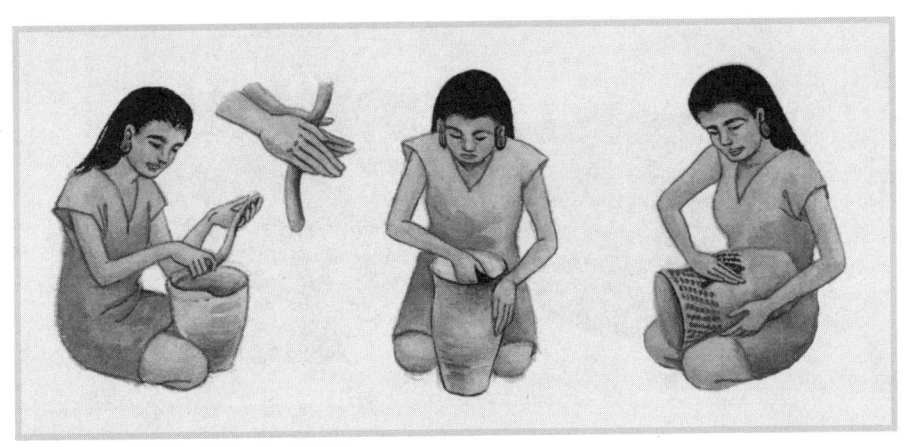

조몬 토기 제작 순서

과 함께 출토되었는데, 그 바로 위의 제2층에서도 가늘게 생긴 돌칼과 함께 조형문(爪形文) 토기가 출토되고, 그 위인 제1층에서는 눌러 찍은 무늬(押文)가 있는 조몬 시대 초기의 토기가 출토되었다.

그런데 부산 동삼동 조개더미의 제일 아래층에서 발굴된 토기들은 최근 쓰시마의 고시다카(越高) 유적에서도 출토되고 있다. 이 토기가 명백히 빗살무늬 토기보다 앞서는 덧무늬 토기(隆起文土器)이며, 후쿠이 동굴의 덧줄무늬 토기는 이와 같은 계통이라는 견해가 유력하다.

후쿠이 동굴의 덧줄무늬 토기는 방사선 탄소 연대 측정법으로 약 1만 2,400년 전의 것으로 추정된다.

이와 같은 계통의 덧무늬 토기는 1968년에 경상남도 울주군 서생면에서 발굴된 데 이어서 강원도·전라도·충청도, 최근에는 서남 해안의 섬 지방에서도 발견되고 있으며, 일본에서도 에히메현(愛媛

덧무늬 토기와 덧줄무늬 토기

縣)의 가미쿠로이와(上黑岩) 유적이나 니가타현(新潟縣)의 다자와 (田澤) 유적, 나가노현(長野縣) 등에서도 잇달아 발굴되어 그 문화권이 매우 넓었음을 보여주고 있다.

이렇게 보면 양국 고고학의 눈부신 발전은 이제 곧 오키나와를 포괄하는 넓은 범위에서 빗살무늬 토기 시대보다 오래된 세계를 보여줄 듯하다.

빗살무늬 토기와 소바타 토기

　앞서 말한, 조몬 시대 초기의 것으로 보이는 덧줄무늬 토기 역시 부산 영도의 동삼동 유적의 가장 아래층에서 발굴된 덧무늬 토기와 꼭 닮아서 아마도 동일한 계통이 분명하다는 설이 유력하다. 이것은 일찍부터 한반도 남부와 일본 열도 사이에 사람들의 왕래가 빈번하게 이루어졌다는 것을 보여주는 증거이다.

　그러면 우리 나라 신석기 시대의 토기를 대표하는 빗살무늬 토기와 기원전 북규슈(北九州)를 중심으로 성립한 소바타(曾烟) 토기 문화의 관계에 대해서 알아보자.

　빗살무늬 토기는 글자 그대로 빗으로 머리를 빗은 듯한 무늬가 새겨져 있다 하여 해방 전에 일본 학자들이 붙인 이름이다. 이 토기는 주로 우리 나라 신석기 시대의 주민들이 만든 것으로, 현재 이 토기의 유물은 발해 연안, 두만강·대동강·한강·낙동강 주변과 서남부의 다도해 섬들에서 널리 발굴되고 있다.

　재료는 바탕흙에 모래를 섞은 사질토(砂質土)가 중심인데, 시대가 지남에 따라 여기에 석면이나 활석·운모 가루가 섞인 것도 나온다. 토기에 활석 가루를 섞은 점은 빗살무늬 토기의 특징 가운데

우리 나라의 빗살무늬 토기

하나인데, 이렇게 함으로써 흙을 이기기 쉬울 뿐만 아니라 불에 구울 때 쪼개지는 것을 막는 효과도 있었던 듯하다.

1956년 후지다 료사쿠(藤田亮策)는 이미 규슈 니시카라쓰(西唐津) 바다 밑에서 발견된 소바타 토기에 활석 가루가 섞여 있는 것으로 보아 우리 나라의 빗살무늬 토기와 같은 계통이라고 단정하였다.

빗살무늬 토기의 또 하나의 특징은 점열문(点列文)·사열문(斜列文)·종엽문(木從葉文) 등 이른바 기하학적인 문양이 중심을 이루고 있다는 점이다. 이것은 신석기 시대의 후반이 되면 파상 점열문(波狀点列文)·와권문(渦卷文)으로 발전하였다. 하지만 모두 점과 선을 이용한 간단한 기하학 도안을 바탕으로 하고 있다는 점에는 변함이 없으며, 문양이 간결하고 선명한 점이 특징이라고 할 수 있다. 그리고 일본의 조몬 시대 토기와 같은 다면적이고 복잡한 느낌이 없고 간결하고 소박한 점도 특징이라 하겠다.

조몬 시대의 토기

　일본에서 말하는 소바타 토기는 처음 구마모토현(熊本縣) 우토시 (宇土市)의 소바타 조개더미에서 발견되었기 때문에 이런 이름을 붙였다. 이 토기는 현재 오키노시마(沖ノ島)에서 규슈 서해안을 따라 분포하며, 가고시마(鹿兒島)를 거쳐 오키나와까지 이르고 있다. 그리고 이 토기는 가는 선으로 깊이 새겨진 우상문(羽狀文)이나 능삼문(綾杉文) 등이 있어서, 종래의 일본 토기와 구별된다. 또한 정연한 기하학적인 문양이 새겨져 있다는 점에서 빗살무늬 토기와 동질이다. 게다가 바탕흙 속에 대량의 활석이 섞여 있는 것도 빗살무늬 토기와 공통된다.

　또한 오키나와의 소바타 토기도 구마모토·니시카라쓰에서 출토된 소바타 토기로 이어지고 있는 것으로 보아 동아시아 일대를 포괄하는 빗살무늬 토기 문화권이 매우 넓었다는 사실을 추측할 수 있다.

스에키의 원류는 가야 토기

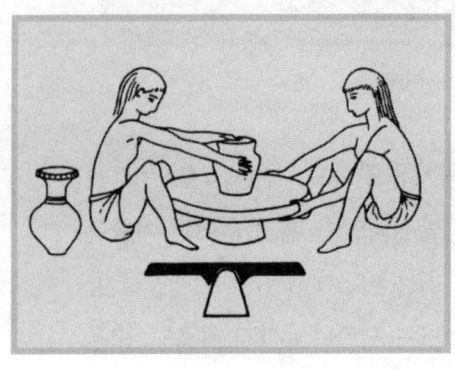

회전 원반의 상상도

스에키(須惠器)가 일본에 전해진 것은 4세기부터 5세기에 걸친, 이른바 고분 시대의 전기이다. 왜 이 토기에 '스에(すえ)' 라는 이름이 붙었을까? 분명하지는 않지만 '스에' 는 우리말의 '쇠' 라는 말에서 온 것으로 '쇠처럼 단단한 토기' 라는 의미에서 이런 이름이 붙여졌다는 설도 있다. 즉 그 무렵 사람들이 '쇠' 라고 부르게 된 것은 기존의 연질(軟質) 토기(빗살무늬 토기나 민무늬 토기)에 비해 쇠처럼 강하고 단단하기 때문에 이러한 이름이 붙여졌다는 설이다. 그리고 그 원류를 낙동강 유역의 김해 토기나 가야 토기에 두고 있다.

우리 나라의 빗살무늬 토기는 뒤에 청동기 시대와 철기 시대 초기를 대표하는 민무늬 토기(無文土器)로 발전하는데, 기존의 토기는 연질에 흡수성이 있기 때문에 불편한 점이 많았다. 이는 기존의

도래인의 지도로 만든 스에키
사카이시 남부 유적에서 발견

토기가 노천 가마에서 구웠기 때문에 온도를 올려도 고작 700~800
℃의 저온밖에 얻지 못하여 경질(硬質) 토기는 만들 수 없었던 것이
다. 또 토기의 모양을 빚는 방법도 '수날법(手捏法)'이라 하여 손가
락과 손바닥만을 이용하여 만드는 초보적인 방법밖에 몰랐다. 그러
나 이렇게 만드는 방식으로는 능률이 떨어질 뿐만 아니라 토기의
모양도 매끈하지 못했다.

마침내 사람들은 이 연질의 토기를 경질 토기 혹은 도자기로 바
꾸는 것을 고안해냈다. 이리하여 시작된 것이 '등요'(登窯 : 산비탈
을 이용하여 굴을 파서 만든 가마)와 녹로(車鹿車盧 : 둥근 도자기를
만드는 데 쓰는 목재로 만든 회전 원반)이다. 등요는 비탈을 이용하
여 열을 상승시키는 구조로 되어 있는데, 1,200~1,300℃의 고온을

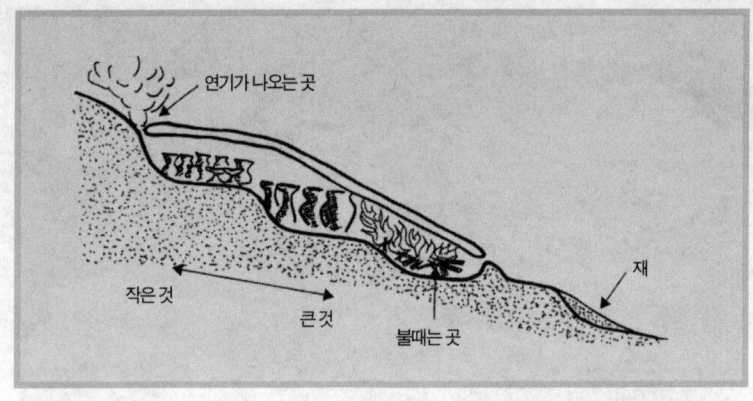

연기가 나오는 곳

작은것

큰것

불때는 곳

재

등요

얻을 수 있었고, 녹로를 사용하여 매끈하고 아름다운 토기를 대량
으로 만들 수 있었다. 1987년 충청북도 진천군 산수리에서 백제 초
기(4세기)에 땅밑을 파서 만든 등요를 발굴했고, 경주 부근에서도
같은 것을 발견했다.

그리하여 스에키는 바다 건너 일본으로 건너갔고, 딱딱하고 단단
하기 때문에 7세기쯤까지 급속하게 사방으로 퍼져 나갔다.

일본에 스에키 기술이 처음 집중적으로 전해진 곳은 역시 북규슈
주변이다. 또 오사카 사카이(堺)의 스에무라(陶邑) 옛 가마군(群)이
라는 이름으로 알려진 곳에서도 현재 1,000기 이상의 가마 유적이
있고, 오키나와에도 있다. 오늘날 전국에 '스에'(須惠·須江·末·
主惠……) 글자가 붙는 지명 역시 2,000개소 가까이나 된다. 스에
가마 유적은 지금도 잇달아 발견되고 있다.

이렇게 혁신적인 도자기 기술은, 『일본서기』에서도 볼 수 있듯
이, 도인(陶人)이나 도부(陶部 : 도기 제작을 전문적으로 맡았던 집단)

들이 우리 나라에서 건너감으로써 급속하게 퍼져나갔다. 그리고 이 것은 곧 세토(瀬戸)·도코나메(常滑)·시가라기(信樂)·비젠(備前)·에치젠(越前)·단바(丹波) 등의 유명한 '일본 6대 가마'를 낳아 오늘에 이르고 있다. 이 스에키의 큰 항아리를 와도(和銅) 연간 (708년~715년)에 세금으로 바치고 있었다는 것을 보여주는 도자기 조각도 1988년 8월 후쿠오카의 오노조시(大野城市) 하세무시(ハセムシ) 가마터에서 출토되어 연구자들을 기쁘게 하였다.

토기의 제작 방법

① 수날법은 손으로 진흙을 빚어 만드는 가장 초보적인 방식으로 작은 그릇을 만들 때 쓴다. ② 윤적법(輪積法)은 흙으로 테를 만들어 쌓아 올리는 방식으로 큰 그릇을 만들 때 쓴다. ③ 권상법(捲上法)은 흙띠를 길게 만들어 밑에서부터 감아 올리는 방식으로 가장 많이 사용되었다. ④ 녹로법(車鹿車盧法)은 녹로의 회전을 이용하여 그릇 모양을 만드는 매우 발달된 방법이다.

아스카사를 세운 백제의 기술자

『일본서기』에는 588년(스순 천황 원년) 백제에서 사공(寺工)·노반 박사(爐盤博士)·화공(畵工)들과 함께, 마나몬누(麻奈文奴)·요키몬(陽貴文)·료키몬(陵貴文)·샤쿠마다이미(昔麻帝彌)라는 네 명의 와 박사(瓦博士)가 일본에 와서 아스카사(飛鳥寺)를 지었다고 기록되어 있다. 이것은 일본 최초로 본격적으로 기와를 얹은 사원이 백제에서 건너간 기술자 그룹에 의해 세워졌음을 이야기하는 것이다. 여기에서는 백제의 기와부터 이야기하고자 한다.

삼국의 기와 공예는 건축 문화의 발달과 함께 발전했는데, 고구려 기와의 특징은 크고 견고하며 문양이 힘차고 다양하다는 데 있다.

백제의 와전(瓦塼) 공예는 처음 고구려와 중국 남조(南朝 : 송宋·제齊·양梁·진陳)의 영향 아래 발전했지만 고구려의 것에 비해 부드럽고 미려하며 문양이 통일되어 있는 것이 특징이다. 그리고 연화문(蓮花文)·인동문(忍冬文)을 비롯하여 괴수 괴운문(怪獸怪雲文)·산수문(山水文) 등의 장식 문양을 새겨넣어 삼국 가운데 가장 뛰어나다.

도깨비 기와

신라의 기와 공예는 삼국 통일 이후 급속하게 발달하여 뛰어난 진흙 조각가 양지(良志) 등을 낳고, 우아하고 섬세한 벽돌 · 녹유(綠釉 : 토기에 사용되는 유약의 하나) · 귀면와(鬼面瓦) 등도 생산하여 마침내 기와 공예로 다른 나라에도 알려지게 되었다. 이러한 신라의 기와 굽는 기술의 토대는 일본의 독자적인 도기(陶器 : 스에키) 기술의 전통으로도 이어진다. 그리고 1986년 7월 경주 용강동 고분에서 8세기쯤의 채색 토용(土俑 : 흙 인형) 20여 점이 처음 출토되는 등 그 관록을 보여주고 있다. 백제의 뒤를 이은 이러한 통일 신라의 기와 기술은 유명한 일본의 하쿠호(白鳳) 시대 · 덴표(天平) 시대*의

---

* 하쿠호 시대는 645년 다이카 개신(大化改新) 때부터 710년 헤이조경(平城京)으로 천도할 때까지 당나라의 영향으로 불교 미술이 유행한 시대이고, 덴표 시대는 710년 헤이조경으로 천도한 이후 794년 헤이안(平安)으로 천도할 때까지 나라(奈良)를 중심으로 당나라 문화의 영향을 많이 받았던 시기다. 이 시대는 천황을 중심으로 율령 국가가 크게 번성한 시기다.

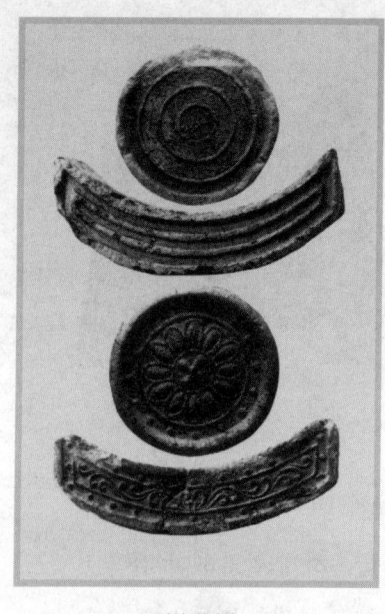

환와와 평와

와전(瓦塼) 문화에도 커다란 영향을 주었다.

그런데 아스카사를 세운 백제의 와 박사들은 어떤 방법으로 기와를 만들었을까? 기와에는 환와(丸瓦)와 평와(平瓦)가 있는데, 여기에서는 처마 끝으로 뻗는 헌환와(軒丸瓦) 제조법을 살펴보고자 한다.

초기의 기술자들은 원통 나무틀에 찰흙판을 둘러 붙이고 녹로에 걸어 빚어낸 뒤 이것을 세로로 잘라내어 환와를 만들고, 처마 끝 부분은 별도로 빚은 뒤 이 두 개를 다시 찰흙으로 접착하여 가마에 넣어 구워서 만들었다. 아스카사의 경우 절의 동서에 가마터가 있고, 여기에 등요(登窯) 기술이 도입되어 작업도 가마 만드는 기술자, 기와를 찍어 만드는 기술자, 기와를 굽는 기술자, 지붕에 기와를 얹는 기술자 등으로 정연하게 구분되어 있었다.

백제의 수도 부여 땅을 밟으면 일본 아스카사의 기와와 똑같은, 뒷면에 포목(布目) 무늬가 찍힌 기와 조각이 무수하게 흩어져 있는 것을 볼 수 있다. 그리고 부드럽고 우아한 연화문 기와도 볼 수 있는데, 이것이 놀랍게도 아스카사의 연화문 기와와 꽃잎 숫자만 다를 뿐 완전히 똑같다. 이 밖에 박사들은 지붕에 얹는 치미(鴟尾 : 큰 기와집의 대마루 양쪽 머리에 얹은 장식용 기왓장)도 전해준 듯하며, 아스카사의 중금당(中金堂)에서 출토된 도기 조각은 백제 부소산(扶蘇山) 유적에서 나온 치미와 같은 모양을 하고 있어서 논쟁을 불러일으키고 있다.

지금까지 부여 지방에서는 약 10군데의 기와 굽던 가마가 발견되고 있는데, 장암면 정암리의 가마는 길이 4.5미터에 폭 1.9미터의 중형으로, 최근 일본 나라 지방에서도 같은 모양의 가마가 출토되어 주목을 끌고 있다.

치미

한반도와 일본의 고대 유리

  옛날 일본에서는 유리(瑠璃)를 '루리(るり)'라 했다. 이것은 우리 말의 '유리'와 관계가 있다. 유리가 일반화한 것은 고대 사람들이 토기를 높은 열로 굽기 시작한 '가마'의 발생과 때를 같이 한다. 가마에서 그릇을 구울 때 그 바깥쪽 표면에 붙은 투명한 자연유(自然釉)에서 유리의 힌트를 얻은 것이다. 유약을 칠한 토기가 개발되면서 색유리도 발달했다.

  일제 시대에 신라의 수도 경주에 있는 고분, 특히 금관총(金冠塚) · 금령총(金鈴塚) · 서봉총(瑞鳳塚)에서 유리 구슬에 섞여 몇 개의 유리 그릇도 출토되었다. 화려한 금관이 발굴되어 유명해진 경주 금관총에서는 3만 개가 넘는 유리 구슬이 발견되기도 했다. 또 서봉총에서 나온 유리잔은 높이와 구경이 각각 9센티미터나 되는데, 투명한 유리 위에 감색 유리 고리를 파도 무늬로 붙인 훌륭한 사치품이었다. 그리고 유리 구슬도 발견되었는데, 모두 장식품이다. 이어서 1973년에는 경주의 천마총(天馬塚)에서 약 8,000개에 이르는 많은 유리 구슬이 출토되었다. 뿐만 아니라 백제의 수도인 공주의 무령왕릉이나 상주 지역에서도 비슷한 것이 1만 개 가까이나 출토되었다.

유리잔
경주 금령총(왼쪽)과 천마총(오른쪽)에서 출토 됨.

　그러나 일부에서는 이 화려한 유리 물품들을 우리 나라산으로 보지 않고 지중해 근처에서 만든 '로만 글라스(Roman Glass)'로 규정하고, 이 모두가 실크 로드를 거쳐 중국 북부를 지나 신라로 운반되었다고 추정하였다. 하지만 이것을 모두 수입품으로 보는 것은 무리라는 의견이 압도적이다. 물론 신라 유리그릇 중에는 서역(西域)의 것과 비슷한 것도 있지만, 완전한 별종으로 보이는 것도 있고, 그 가운데는 우리 나라의 옛 토기와 비슷한 것도 있다. 그런데 최근 경주 황성동에서 유리 가마터가 발굴됨으로써 신라에서 유리 제품을 자체 생산했음이 증명되었다.

　한편 일본 정창원(正倉院)에 소장되어 있는 유명한 흰색 유리병은 경주 고분에서 나온 것과 똑같은 모양을 하고 있다. 또한 일본 고분 시대의 유리는 신라의 것과 매우 비슷하며, 모두 보통 유리로 되어 있을 뿐만 아니라 그 비중도 대체로 같다.

유리병   흰유리병
경주 황남대총 출토, 5세기   정창원 보물

그런데 일본의 유리 제조도 우리 나라와 마찬가지로 꽤 오래된 것이다. 야마구치현 매장 문화재 센터에서는 1989년 1월 이 현의 기쿠가와정(菊川町)의 시모나나미(下七見) 유적에서 야요이 시대 중기(기원전 1세기)의 것으로 보이는 유리로 만든 굽은옥 제조용 틀(세로 6.5센티미터, 가로 4.4센티미터, 두께 2.5센티미터, 흙 또는 역암礫岩으로 만듦)이 발견되어 전문가들을 놀라게 하고 있다. 이로써 일본에서도 야요이 시대 중기 때부터 장식용 유리 구슬을 만들었다고 추정할 수 있기 때문이다.

한편 야요이 시대 중기의 최대급 분구묘인 사가현(佐賀縣) 요시노가리(吉野ヶ里) 유적의 항아리 관에서는 손잡이를 장식한 세형

동검(경상남도 다호리에서 출토된 것과 같은 형) 옆에 밝은 청색으로 빛나는 목 장식용(?) 유리제 관옥(管玉 : 충청남도 부여 합송리에서 출토된 것과 같은 모양) 70개가 발견되었다. 이것은 부여 합송리에서 출토된 것과 마찬가지로 납유리로 만든 것이지만, 현재 부여의 것이 요시노가리 것보다 150년 정도 오래된 것으로 감정되고 있다.

　이러한 발굴 성과는, 유리 세계에서도 우리 나라와 일본이 예외 없이 깊은 연관을 갖고 있음을 보여주고 있다.

조선 도공이 만든 가라쓰야키 도자기

가라쓰야키(唐津燒·韓津燒)는 일본의 애도가(愛陶家)들에게 특히 친숙한 도자기다. 오늘날 가라쓰야키의 옛 가마는 사가현(佐賀縣)에서 나가사키현(長崎縣)에 걸쳐 수백 군데를 헤아리고 있는데, 에도(江戶) 시대*에는 동일본에서 도자기를 '세토모노(瀨戶物)'라고 불렀지만 서일본에서는 '가라쓰모노(唐津物)'라고 불렀다. 즉 가라쓰야키는 그 정도로 유명했던 것이다.

그렇더라도 가라쓰야키 가마에서 그릇을 굽기 시작한 시기는 의외로 늦어서, 세토야키(瀨戶燒) 등에 비하여 꽤 세월이 흐른 뒤였다. 말하자면 임진왜란 당시 도요토미 히데요시(豊臣秀吉) 군대가 조선에서 끌어온 도공(陶工)들에 의하여 급속하게 번영하게 된 것이다. 규슈의 현란한 도자기의 역사는 1600년대 초기에 시작되었다고 해도 과언이 아니다. 그러나 가라쓰야키의 역사와 계보는 그 유구함에서 일본 최고라 해도 좋다.

조몬 시대 전기, 규슈 서안에 '소바타 토기'가 분포하며, 이것이

---

* 1603년 도쿠가와 이에야스(德川家康)가 쇼군(將軍)이 되면서부터 시작되어 1867년 메이지(明治) 유신으로 모든 정치적 실권이 천황에게 다시 넘어갈 때까지의 기간.

우리 나라의 신석기 시대를 대표하는 빗살무늬 토기와 똑같다는 것은 앞에서도 말했지만, 오늘날 이 두 토기는 동일한 계통이라는 것이 고고학의 상식이다.

가라쓰라는 글자가 새겨진 맨홀 뚜껑
가라쓰 시 문양

하지만 사가현의 가라쓰만(唐津灣)에서 출토된 토기가 구마모토현 우토시(宇土市)의 소바타 조개더미의 것보다 더 오래된 토기이고, 이를 가라쓰야키의 원류로 보게 되었다. 아마도 빗살무늬 토기인들은 한반도에서 먼저 가라쓰만으로 들어가고, 이곳을 발판으로 삼아 일본 서해안을 따라 남하하여 오키나와까지 이른 것이 분명하다.

나아가 가라쓰(唐津)라는 지명을 보면, 이곳은 원래 '가라쓰(韓津)' 라 부르고 있었다. 그것이 언젠가 '가라(唐)' 로 바뀌었다. 물론 여기에서 말하는 '가라(韓)' 는 한반도 남부를 뜻하며, '쓰(津)' 는 선착장·나루터를 뜻한다. 따라서 가라쓰는 쓰시마(對馬), 이키(壹岐)를 징검다리로 하여 항상 우리 나라와 왕래가 빈번한 가장 가까운(약 200킬로미터) 항구였던 셈이다. 그리고 이 도래인들에 의해 도자기를 굽는 가마가 시작된 것이 분명하다.

현재 가라쓰에는 도쿠스에(德須惠)라는 지명이 있고, 스에무라(陶村)라는 비석도 서 있다. 또 7세기 후반에 일본 열도로 건너간 사람들에 의해 '고마야키(高麗燒)' 라는 커다란 찻잔도 구워지고 있었다.

즉 우리 나라에서 일본으로 전한 도자기 기술이 가라쓰야키로 시작되어 스에키·고마야키로 계승되어 구워지고 있었던 것이다. 게다가 가라쓰에는 다른 곳과 달리 '발로 차서 왼쪽으로 돌리는' 우리 나라식 녹로가 사용되고 있다는 점도 이를 뒷받침하고 있다. 원래 좋은 흙이 있고 교통도 편리한 이 가라쓰에 일찍부터 한반도인들이 정착하여 일본의 유명한 6대 가마보다 뛰어난 서쪽 제일의 가마터로 발전하고, 도요토미 히데요시 시대 이후 그 명성을 더욱 높이고 있었다는 것을 역사는 보여주고 있다.

1987년 5월 평생을 가라쓰야키의 조사와, 도기 조각 채집에 일생을 바쳐온 일본의 인간 국보 나가사토 무안(中里無庵) 씨의 제3회 유작전(遺作展)이 도쿄 니혼바시(日本橋)의 다카시마야(高島屋)에서 열려 큰 호평을 받았음을 언급해 둔다.

한반도와 일본의 연결 고리
— 규슈의 옛 가마

임진왜란 당시 일본의 장군들에 의해 납치·연행된 조선인들은 유학자·의사·화가·승려 등의 지식인 외에도 도공·단야공(鍛冶工)·인쇄 활자공·석공 등 수많은 기술자가 있었는데, 그 중에서도 도공이 가장 많았다.

특히 서일본이나 규슈의 다이묘(大名)*들은 침공을 개시하자마자 가장 먼저 조선의 도공들을 노렸으며, 철수할 때 앞을 다투어 그들을 연행했다. 그렇기 때문에 근세 일본의 도자기 기술이 비약적으로 발전하게 된 원류는 우선 서일본과 규슈의 여러 도요지에서 일어나게 되었다.

그 가운데 가라쓰야키는 앞에서 말한 대로 일본에서 가장 오래된 가마의 기원을 연 것으로 유명한데, 조선 도공들을 연행한 이후 특히 '등요(登窯)'와 발로 차서 왼쪽으로 돌리는 우리식 녹로(車鹿車盧) 기술을 일본 전국에 퍼뜨리는 데 중심적인 역할을 하게 되었

---

* 일본의 봉건 영주. 이들은 집권자인 막부(幕府)의 쇼군(將軍)으로부터 영지를 받는 형식을 취하며 그 통제 아래 있었다. 1만 석 이상을 수확할 수 있는 땅을 영지로 소유하고 있는 자들을 다이묘라고 불렀다.

하기야키

다. 그리고 그 가라쓰야키는 고려 · 조선의 것과 비슷하여 흙이 거칠고 단단한 것이 특징이다. 흔히 말하는 에가라쓰(繪唐津)는 조선의 철사(鐵砂)가, 가라쓰미시마(唐津三島)는 분청사기 기법이, 그리고 마다라가라쓰(斑唐津)도 역시 함경도의 회령 도자기가 전해진 것으로 보인다.

근래 오키나와의 성터나 유적에서 고려 청자를 비롯하여 다양한 자기가 발굴되고 있는데, 이것은 가라쓰를 통하여 전래되었다고 보아도 좋다.

하기야키(萩燒)는 모리 데루모토(毛利輝元)에게 연행된 이작광(李勺光) · 이경(李敬) 형제가 야마구치에서 가마를 차리고 그릇을 구우면서 시작된 것인데, 그들은 여기에서 마쓰모토하기(松本萩) · 후카가와하기(深川萩)의 원조가 되었다.

하기(萩)에서는 물론이고 일반적으로 규슈의 가마에서는 오늘날에도 도자기 제작 도구를 우리식 이름으로 부르고 있는 것이 재미있다. 다도(茶道) 세계에서는 예로부터 '이치 라쿠(一樂), 니 하기(二萩), 산 가라쓰(三唐津)' 라 하여 하기야키의 부드럽고 가볍고 따뜻한 작풍이 평가를 받고 있는데, 이것은 연행된 도공들의 고향에 대한 아련한 그리움이 깃들어 있었기 때문인지도 모른다.

유명한 우에노야키(上野燒)도 역시 가토 기요마사(加藤淸正)가 연행해간 경상도의 도공 존계(尊階)가 후쿠오카현 다가와군(田川郡) 우에노(上野)에서 가마를 차린 데서 비롯된다. 우에노야키(上野燒)는 조센가라쓰(朝鮮唐津)·마다라가라쓰(斑唐津)와 매우 흡사하며 이것들과 공통된 아름다움을 갖고 있는 것이 특징인데, 고다이(高台)의 것으로 잘 알려져 있다. 하치시로야키(八代燒)는 우에노야키를 처음으로 연 존계가 만년(1633년)에 구마모토현 하치시로(八代)로 옮겨 가마를 차린 것이 그 시작이다.

다카도리야키(高取燒) 역시 구로다 나가마사(黑田長政)에게 납치된 조선의 도공 팔산(八山)이 후쿠오카현의 다카토리산(鷹取山)에서 연 것이며, 사쓰마야키(薩摩燒)도 1598년 시마즈 요시히로(島津義弘)가 데려온 도공들이 시작한 것이다. 아리타야키(有田燒) 역시 도조(陶祖) 이참평(李參平)이 시작했다.

덧붙여 말하자면 다도용 도자기로 유명한 라구야키(樂燒)도 조선인 와사(瓦師) 아미야(阿米夜)가 시작한 것일 뿐만 아니라, 세토(瀬戶)·미야코(京九谷)·기요미즈타니야키(淸水谷燒) 모두 조선 도자공들의 영향이 크다. 이렇게 보면 규슈의 옛 가마는 고대 한반도에서 건너간 기술로 만들어진 소바타 토기 문화에서 비롯되며, 근세 일본의 도자기 기술에 일대 혁명을 가져다 준 연결 고리로 자리매김해야 할 것이다.

고마 찻잔은 조선 서민의 막그릇

　일본에 말다법(抹茶法 : 돌절구에 찻잎을 잘게 찧어 마시는 방법)으로 차를 마시는 풍습이 처음 전해진 것은 가마쿠라(鎌倉) 시대(1192~1333년) 초기로, 가마쿠라 말기부터 무로마치(室町) 시대(1338~1573년)에 걸쳐서 당시의 귀족이나 선승들 사이에서는 단정하고 아름답고 강도가 좋은 중국의 '천목 찻잔(天目茶碗)' 이나 청자가 다기로 애용되었다.

　그런데 무로마치 말기의 전국 시대*가 되자 다인(茶人)들 사이에서 '와비(侘び : 간소하고 차분한 분위기)' **와 '사비(寂び : 한적한 정서)' 의 사상을 차에서 구현하고자 하는 조류가 나타나, 기존에 유행하던 가라모노(唐物)의 '천목 찻잔' 이나 송나라 청자에 대한 인기는 수그러들고, 이를 대신하여 '고마 찻잔(高麗茶碗)' 이 무장

---

* 1467년 오닌(應仁)의 난 이후 막부 쇼군이 영주들에 대한 통제권을 상실하고 다이묘들이 각지에서 분립하여 크고 작은 전투를 계속하던 시기. 오다 노부나가(織田信長)와 도요토미 히데요시(豊臣秀吉)가 천하를 다시 통일하는 16세기 말까지 계속되었다.
** 화려한 다도를 거부하고 간소한 다실에서 간소한 도구를 사용하여 차를 마시면서, 고요하고 적막한 풍취를 음미하고자 하는 일본 다도의 조류. 무로마치 막부 후기부터 크게 유행했다.

천목 찻잔   고마 찻잔

(武將)이나 부유한 상인, 그리고 평민들에 의해 널리 사용되기에 이르렀다.

일본을 통일한 도요토미 히데요시도 고마모노(高麗物)에 깊이 빠져 때로는 전쟁에서 공을 세운 장군에게 영지(領地) 대신 찻잔을 주는 일조차 있었다. 이러한 관례는 점점 고마모노에 집중되어 도쿠가와 시대가 되어도 사그라지지 않아, 접시 하나를 한 사람의 생명과 맞바꾸는 일조차 벌어졌다. 즉 당시 일본은 조선에서 건너간 도자기를 구슬이나 보석보다 더 귀중하게 여길 만큼 도자기 산업이 뒤져 있었던 것이다. 그렇다 해도 같은 수입품 중에서 특히 고마 찻잔이 이토록 인기를 끈 것은 왜일까?

그 무렵 일본에는 첫 번째는 이도(一井戸), 두 번째는 라쿠(二樂), 세 번째는 가라쓰(三唐津)라는 말이 있었다. 이는 찻잔의 인기 순위를 말하는데, 당시의 유명한 다인(茶人) 센노리큐(千利休 : 1522～1591년) 등이 중국 찻잔을 애용하고 중국식 양식에 따르는 기존의 다풍(茶風)에 저항하여 새롭게 고마모노·조선 자기에 깊이 기우는 풍조를 일으켰기 때문이다. 여기에서 말하는 이도(井戶)란 고마 찻잔을 의미하는데, 라쿠야키(樂燒) · 카라쓰야키보다 순위가 높았다.

고마모노를 크게 나누어 이도 찻잔(井戶茶碗) · 미시마 찻잔(三島茶碗)으로 나누지만, 다인들은 이도를 다시 오이도(大井戶) · 아오이도(靑井戶) · 이도와키(井戶脇) 등으로 분류했다. 또한 미시마 찻잔을 그 제작법에 따라서 고미시마(古三島) · 하나미시카(花三島) · 코나히키(粉引) · 하케메(刷毛目) 등으로 불렀다.

그런데 이 고마 찻잔은 당시 조선에서는 일반 식기나 막걸리 등을 마시는 데 사용한 서민들의 막그릇에 지나지 않았다. 이상하게도 이 막그릇이 일본 다인들의 마음을 끄는 훌륭한 아름다움을 보여주었던 것이다. 과연 이 그릇에는 장식이 없고, 구애받음이 없는 자유 분방함 속에 강인함을 감추고 있다. 그리고 이것은 고려의 유명한 청자 기법에 대중적 취향을 받아들여 대량 생산을 지향한 서민용 그릇이었다.

한편 일본에서는 사카이(堺 : 오사카)나 하타(博多 : 후쿠오카) 등에 도시가 번영하고, 일반 서민들이 종래의 귀족적이고 경직된 것에 반발하여 강인한 문화를 꽃피웠다. 이러한 시대 흐름이 고마모노의 붐을 일으킨 하나의 원인이기도 했다.

덧붙여 말하면 센노리큐가 고마모노를 애호한 것도 라쿠야키(樂燒)의 시조 아미야(阿米夜)의 아들인 초지로(長次郎)와 도자기를 같이 만들면서 조금씩 정도가 심화된 것이라고 전해진다.

임진왜란 때 끌려간 도공들

역사상 도자기의 역사는 오래며, 도공들에 얽힌 이야기도 많다. 그리고 그 이야기 속에는 흙과 불길 속에서 오로지 명품 제작에 평생을 바친 도공들의 일화도 적지 않다.

"때는 조선 초기, 세상은 모두 백자 일색으로 변하고 오직 하나밖에 남지 않은 청자 가마에 한 늙은 도공만이 남아 있었다. 그 노인은 노년을 맞이하자 청자의 비법을 젊은 아들에게 전하기를 바랐지만 갑자기 불행이 찾아와 젊은 아들이 돌림병에 걸려 죽고 말았다. 도공은 절망한 나머지 청자를 껴안고 가마 속으로 뛰어들어 스스로 목숨을 끊고 말았다."

이 일화는 도자기에 대한 우리 나라 상인들의 비상하리 만큼 강한 집념과 청자에 대한 애착을 전하는 것인데, 그들은 평생 흙과 불을 숭상하며, 몸을 깨끗이 하고 오직 도자기 제작에 몰두하였다. 그리하여 저 옛날로 올라가 빗살무늬 토기부터 신라 토기로, 나아가 고려 청자에서 조선 백자로 그 훌륭한 기교가 대를 이으며 전해진 것이다.

오늘날 세계의 도자기 중에서 우리 나라의 청자나 백자는 높은

조선인 도공(사쓰마 나와시로천의 도공촌)

평가를 받는다. 이는 중국의 도자기도 미치지 못하는 기교와 아름다움을 갖고 있다.

송나라 사람인 서긍(徐兢)은 1123년에 고려를 찾아, "도자기의 색이 파란 것을 두고 고려인은 비색(翡色)이라 한다. 최근 들어서 제작 기술이 정교해지고, 색조는 더욱 아름다워졌다"(『선화봉사 고려도경宣和奉使高麗圖經』)고 말하고, 중국의 월주(越州)·여주(汝州) 도자기도 이에 미치지 못한다고 평하였다. 또 앞의 「고마 찻잔은 조선 서민의 막그릇」에서도 말했듯이 일본에서 고마모노(高麗物), 즉 조선 자기에 대한 평판은 대단하여, 일반 서민들에게도 널리 알려져 있었다. 하지만 그 그늘에는 도공들의 슬픈 이야기가 있다.

1597년 전라도 남원 공략에 참가한 사쓰마(薩摩)의 번주(藩主) 시마즈 요시히로(島津義弘)는 조선 수군의 해상 공격에 대패하여 불과 50여 척의 배로 도망하였다. 그러나 이런 절박한 순간에도 도자기에 욕심을 내어 송(宋) · 정(鄭) · 이(李) · 장(張) · 변(卞) · 박(朴) · 황(黃) · 임(林) · 차(車) · 주(朱) · 노(盧) · 나(羅) · 연(燕) · 강(姜) · 하(何) · 진(陳) · 최(崔) · 정(丁) · 신(申) · 백(白) · 심(沈) · 김(金) 등 22성 84명의 남녀 도공을 남원 · 김해 · 웅천 등에서 연행하는 데 열중하였다.

그리하여 조선 도공들의 슬픈 이국 생활이 사쓰마의 구시키노(串木野)에서 시작된 것이다. 그들은 나와시로천(苗代川)에서 조선 백자 재생에 종사하기를 20여 년, 박평의(朴平意) 등의 공으로 유명한 '시로사쓰마(白薩摩)'를 구워내는 데 성공하였다. 또 이 가운데 한 사람인 장헌공(張獻功)은 류큐(琉球 : 오키나와의 옛 이름) 왕의 요청을 받고 1617년 슈리성(首里城)에 살면서 미시마테(三島手 : 분청사기) 기법을 전하였다.

당시 시마즈 요시히로는 특히 시로사쓰마를 사랑하여 이것을 도쿠가와 쇼군(將軍)과 여러 다이묘(大名)에게 보내 세상을 놀라게 하였을 뿐만 아니라, 19세기에는 유럽에도 수출하여 막부를 토벌하고 천황권을 확립하려는 세력의 재정을 크게 돕게 된다.

오늘날 이곳 친주(鎭守)의 숲, 다마야마궁(玉山宮)에서는 우리 민족의 건국 시조 단군을 제사지내고 있으며, 축문과 제사 도구도 모두 우리 식으로 되어 있다. 세월은 흘러 이미 300여 년, 시로사쓰마의 제14대손 심수관(沈壽官) 씨는 1974년 선조의 땅 남원을 방문하였다.

조선 도공 이참평 이야기

일본에서 아리타야키(有田燒)를 모르는 사람은 없다. 제2차 세계대전 후 아리타야키는 연간 출하 120여억엔의 호경기를 맞이하여 이 도시는 일거에 세계의 아리타(有田)로서 번창하게 되었다. 그러나 아리타가 융성한 그늘에는 조선 도공들의 헤아릴 수 없는 깊은 슬픔과 커다란 희생이 있었다는 것을 잊어서는 안된다.

그리고 일본 도자기의 역사를 도기(陶器)에서 자기(磁器)*로 바꾼 수훈자 이참평(李參平)도 잊어서는 안된다. 이참평이 연행된 1597년 당시, 고국 조선은 이미 백자(白磁)・염부(染付)・진사(辰砂)・철사(鐵砂) 등의 자기가 일반화해 있었다.

이참평은 고향의 백자를 이국 땅에서 재현하려고 수많은 고역을 거듭한 끝에 1616년 아리타천(有田川) 상류에서 자토(磁土)를 발견하여 오랜 꿈을 실현하였다. 이것이 이참평이 38살 때의 일이다. 현재 이 땅은 '백자 공원(白磁公園)'이 되어 일본에서 처음으로 자기

---

* 도기는 질흙을 원료로 하여 빚어서 비교적 낮은 온도로 구운 도자기. 잿물을 입히지 않고 구운 질그릇과 한 번 설구이한 다음 잿물을 입혀 다시 구워 만든 오지 그릇 등. 자기는 백토(白土) 따위를 원료로 빚어서 1300~1500℃의 비교적 높은 온도로 구운 도자기의 한 가지. 겉면이 매끄럽고 단단하며, 두드리면 맑은 쇳소리가 난다.

가 구워진 가미시라천(上白川)의 덴구다니 (天狗谷)와 함께 아리타 마을의 역사를 빛 내고 있다. 사가(佐賀)의 번주(藩主) 나베시 마 나오시게(鍋島直茂)에게 155명의 도공 들과 함께 납치·연행된 지 20년만에 이룬 이 쾌거에 이참평은 얼마나 감격했을까?

아리타 자기

　백자의 역사는 오래되었다. 하지만 7세 기부터 만들어졌다는 중국의 유명한 백도 (白陶)는 조선의 백자처럼 하얀 유약을 칠 한 것이 아니라, 하얀 바탕흙(胎土)을 그대 로 구운 것이었다. 세계적으로 보더라도 백도의 종류는 많지만, 조선 백자처럼 백 색 일색으로 된 경우는 매우 드물다. 무엇이 이렇게 백색을 좋아하 게 했을까?

　먼저 생각할 수 있는 것은 조선의 지배 계급이 취한 배불 숭유(排 佛崇儒) 정책과 관계가 있다. 조선은 고려의 불교를 철저하게 배격 하고 유교 이데올로기를 드높이는 것을 국시로 삼아, 필연적으로 사람들로 하여금 현실 생활에서 질서를 존중하고 담백하고 검소함 을 중시하는 생활 이념을 확립하게 했다. 따라서 청자의 아름다움 이 고려의 역사와 지배자들의 생활에서 생겨난 것이라면, 백자는 조선의 시대 정신을 대표하는 것 가운데 하나라고 할 수 있다.

　또한 우리 나라 사람은 고대 국가가 성립하던 옛날부터 흰색을 좋아하여 외국인에게 백의 민족이라고 일컬어질 만큼 흰옷을 입는

도조 이참평의 무덤

데 익숙해 있었다. 예로부터 전해져온 이러한 민족 정서가 백자에
유감없이 반영되었다고 보는 사람이 많다.

따라서 이참평이 재생한 아리타의 백자는 당시의 유교 이념과 흰
색을 사랑했던 민족의 취향을 일본에서 구현한 것이기도 하였다.
19세기의 유학자 다니타 란덴(谷田藍田)은 '온 세상에 다투어 전하
는 우수한 그릇의 이름…… 조선 명인 이참평' 이라고 찬양하였다.

1916년 아리타 사람들은 '도조(陶祖) 이참평의 비'를 세우고
1966년에는 이참평이 가마를 연 지 350년이 되는 해를 기념하여 성
대하게 축하했다. 이참평이 백자의 원료인 석영조면암(石英祖面岩)
을 일본에서 처음 발견하고 일본 최초의 자기를 만들어 오늘날의
대(大)아리타로 발전시켰기 때문이다. 아리타 언덕에서 조용히 잠
든 이참평의 비는 지금도 뭔가를 이야기하고 있는 듯하다.

다카도리 가문의 시조, 조선 도공 팔산

　일본 후쿠오카(福岡)에 전해 내려오는 다카도리야키(高取燒)는, 히데요시 휘하의 장수 구로다 나가마사(黑田長政)가 끌고간 경상도의 도공 팔산(八山)에게 명하여 영내의 구라테군(鞍手郡) 다카도리산(鷹取山) 기슭에 가마를 열게 하여 만든 것이 시초이다.

　다카도리 가문에 전하는 『다카도리 역대 기록(高取歷代記錄)』에 따르면 팔산은 이국 생활의 외로움을 견디지 못하여 때때로 고국에 돌아가고 싶다고 호소했다. 하지만 오히려 번주의 노여움을 사 1624년 식록(食祿)까지 몰수당하고 말았다. 때문에 팔산 부자는 현재의 가호군(嘉穗郡) 야마타촌(山田村)의 가라비토다니(唐人谷)로 도망쳐 들어가 숨어 살면서 잡그릇을 구워 연명했다고 전해지고 있다. 그 때문에 근처 사람들이 이 땅을 가라비토다니(唐人谷)라고 이름지었다고도 한다. 세상에 널리 알려진 후루다카도리(古高取)는 팔산이 여기서 혼자 외롭게 구운 후루가라쓰(古唐津)와도 비슷하여 고풍스럽고 소박하며 중후한 도자기였던 것이다.

　그러나 팔산은 1630년 구로타번(黑田藩)의 허락을 받고 가호군의 시라하타산(白旗山) 기슭에 가마를 옮겨서 봉건 영주들이 사용하는

후루가라쓰의 가마

도자기를 만들 수 있었다. 그리고 그 무렵 차의 제일인자였던 고보리 엔슈(小堀遠州)의 후원을 받아 광택이 강하고 독특한 구로아메(黑飴) 유약을 칠한 다기(茶器)·주전자 등 격조 높은 그릇을 만들어 이른바 '엔슈 다카도리(遠州高取)' 라고 부르는 새로운 다기 양식을 만들어내기에 이르렀다.

30여년 뒤인 1665년 가마터는 고이시하라(小石原)의 쓰즈미(鼓)로, 나아가 후쿠오카의 사라야마(皿山)로 널리 흩어졌지만, 360여년이 지난 오늘날까지도 다카도리야키의 전통은 종가인 제11대 다카도리 시즈야마(高取靜山) 여사에 의해 면면히 이어지고 있다.

최근 시즈야마 여사는 시조 팔산 부부의 무덤이 공영 주택 건설 때문에 사라지게 되는 것을 안타까워하여, '이국에서 죽은 것도 원통하실 텐데 무덤까지 무참하게 파헤쳐지게 할 수는 없다'는 생각에 고이시하라의 가마 근처에 우리 나라식으로 무덤을 마련하고 여기에 두 분을 정중하게 모셨다는 눈물겨운 이야기가 있다.

나아가 우리 가슴을 뜨겁게 하는 것은 그 뒤 시즈야마 여사가 선조의 고향 땅을 두 번 방문하여 '다카도리야키 기술을 잇는 가마를 한국에서 열고 싶다. 그것이 곧 일본이 옛날 조선에서 빼앗은 도자기 기술을 되돌려 주는 것이기도 하다. 또 그럼으로써 고향 생각에 애를 태우신 시조 팔산의 영혼도 고향으로 돌아오실 수 있는 것이다'라고 말했다 한다. 1977년 『한국일보』의 협력으로 다카도리야키 기술을 전수하기 위하여 이군(17세)·최군(15세) 두 사람을 제자로 삼았다.

시즈야마 여사는 또 경주 교외에 가마를 열기 위해 토지를 구입하여 두 사람에게 주었다. 약 2,400평방 미터의 이 가마는 경상북도 경주시 현곡면 금장리에 있으며, 여기는 그릇 만드는 흙과 물이 풍부하고 매우 조용한 곳이다. 1983년 6월 5일, 유서 깊은 이 땅에 비석이 세워졌다. '나의 선조 팔산, 여기에서 소생하시다. 불길 바다를 건너라! 다카도리 시즈야마'라고 적혀 있다.

3장

농사짓기와 술 빚기

사냥과 고기잡이, 채집 생활을 하던 원시인들은 마침내 물이 풍부한 들판에 정착하여 농사를 지으며 생활을 꾸리게 된다. 그리고 관개 토목 공사도 시작하여 오늘날의 논농사의 역사를 열었다. 대륙에서 받아들인 벼농사는 오랫동안 한반도에서 재배 경험을 거친 뒤 새로운 농기구와 함께 일본 열도에도 전한다. 벼농사는 따뜻하고 습기가 많은 일본 열도에 급속히 퍼져서 야요이의 여명이 시작된다. 또한 가공 농산물도 빠른 속도로 늘어났다.

한반도의 농경, 일본의 사냥·채집

　「2장 토기와 자기」에서도 이야기했듯이, 우리 나라의 신석기 시대 및 청동기 시대를 대표하는 토기는 빗살무늬 토기와 이를 잇는 민무늬 토기이다. 그런데 이 빗살무늬 토기는 오늘날 해안이나 섬·호숫가·하천 하류 등에서 주로 출토되고 있다. 이것은 신석기 시대 사람들이 물이 풍부한 바다나 하천 지대를 중심으로 정착하여 농경 외에 고기잡이나 채집·사냥 생활도 하고 있었다는 것을 보여 준다. 이 시대에 사용한 활을 비롯하여 조개더미 유적에서 나오는 유물을 보면 신석기 초기 주민들의 생활을 엿볼 수 있다.

　빗살무늬 토기에 이은 민무늬 토기는 내륙의 분지나 평원, 혹은 이를 내려다볼 수 있는 구릉 지대에서 많이 출토되고 있어서, 사람들이 점차 농경지를 찾아 평야 지대에 정착하기 시작하였다는 것을 말해 준다.

　발굴품을 조사한 바에 따르면, 황해북도 봉산군 지탑리나 평안남도 온천군 궁산리 유적에서 신석기인이 사용한 것으로 보이는 사슴 뿔로 만든 괭이, 멧돼지 이빨로 만든 칼, 그리고 돌칼·돌괭이·돌 가래 등이 출토되고 있다. 또 지탑리에서는 탄화된 곡물(조·피)이

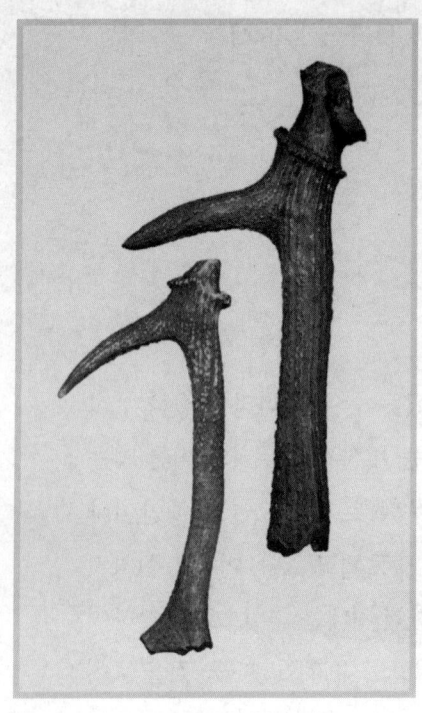
뿔괭이

3홉 정도 담긴 빗살무늬 토기가 발견되고, 두만강 상류의 무산 범의구석동 유적과 회령 오동 유적에서도 탄화된 수수·조·콩·팥 등이 출토되었다. 이 밖에 당시 사용된 '갈돌' 이 궁산리를 비롯하여 각지에서 발견되고 있다.

이렇게 한반도에서는 농경이 일반화했던 반면에 같은 시대의 일본 열도에서는 주로 정착적인 사냥·채집 생활이 지배적이었다. 물론 조몬 시대 특유의 토기·간석기·직물 기술도 있기는 했으나, 가장 중요한 농경은 부분적인 것이었다. 말하자면 일본은 아직 후진적인 사회로서 한반도에 비하여 뒤쳐져 있었던 것이다.

고조선의 건국 신화인 '단군 신화' 에는 농경과 기후를 주관하는 풍백(風伯)·운사(雲師)·우사(雨師) 등의 신들이 나온다. 나아가 고려 시대에 이규보가 지은 「동명왕편」에 따르면, 고구려의 시조 주몽은 부여에서 도망쳐 망명길을 서두르다가 어머니한테 받은 오곡의 씨앗이 든 자루를 잃어버렸다. 그러나 그가 큰 나무 아래서 쉬고 있을 때 비둘기떼가 날아든 것을 보고 "이는 어머니가 내게 보낸

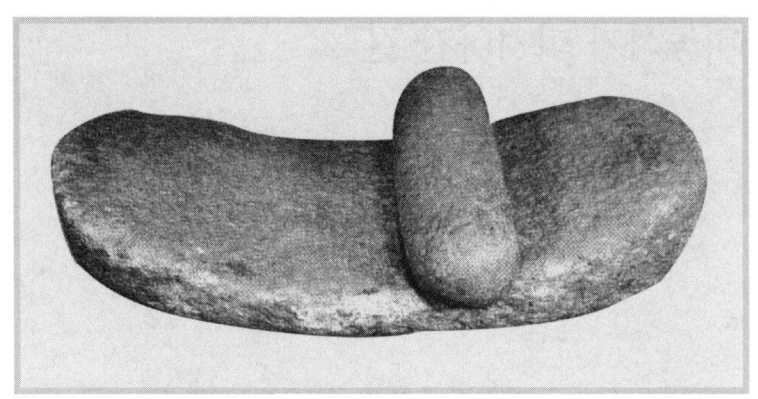

갈돌(온천 운하리 궁산유적에서 출토)

것이다” 하고 화살 하나로 모두 잡아 비둘기의 목구멍에서 보리 씨앗을 얻을 수 있었다고 한다.

　이러한 우리 나라의 고대 신화는 예로부터 농사에 필요한 천문·기상이나 곡물 재배가 국가의 중요한 정무였을 뿐만 아니라 위정자들에게도 중요한 의미를 가지고 있었다는 것을 말해준다.

　이상에서 말한 것처럼 한반도에서 농경은 대륙의 영향 아래 일찍부터 시작되어 ‘농자천하지대본’ (農者天下之大本 : 농사를 짓는 것이 천하의 모든 일의 근본이다)이라는 슬로건과 함께 발전되어 왔다. 하지만 일본 열도에 전해지기까지는 좀더 시간이 필요했다.

벼농사가 퍼져나간 길

쌀의 원산지는 일반적으로 동남 아시아, 인도 혹은 중국 남부의 운남(雲南) 지방 등 여러 가지 설이 있지만, 동아시아의 아열대 지방이 그 중심이었다고 생각하면 거의 틀림없을 것이다. 그리고 벼농사는 중국 남부 지방에서 일정 기간 발전을 거친 뒤 사방으로 퍼져나갔다는 설이 현재로서는 가장 유력하다.

일본으로 쌀이 전래된 길은 네 가지로 생각할 수 있다. 그 하나는 중국 남부 지방에서 화중(華中)·화북(華北)·한반도 북부를 거쳐 일본으로 전해졌다는 설, 두 번째는 중국 남부 지방에서 한반도 남부를 거치면서 일정 기간 재배 경험이 쌓인 후 일본으로 전해졌다는 설, 세 번째는 중국 남부 지방에서 직접 일본으로 들어갔다는 설, 그리고 마지막 하나는 동남 아시아에서 일본으로 직접 전해졌다는 설이다.

이 네 가지 설 가운데 두 번째 설, 즉 중국에서 한반도 남부를 거쳐 일본으로 전래되었다는 설이 가장 유력하다. 왜냐하면 우리 나라와 일본의 역사적·지리적 여러 관계와, 농사에 이용하는 농기구의 유사성으로 볼 때 이 경로가 점점 명확해졌기 때문이다. 또 중국

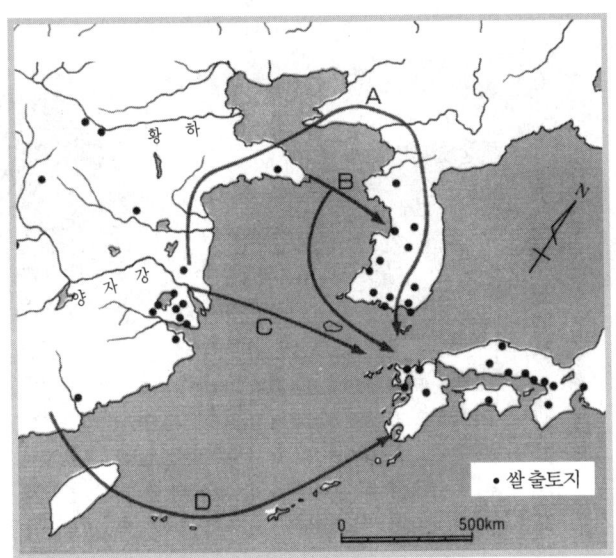

벼농사 전래 추정 경로(B경로가 가장 유력하다)

대륙에서 동쪽으로 전해진 벼농사는 지리적으로도 가깝고 기후 풍
토도 적합한 한반도 남부에서 일정 기간 기술적으로 발전을 이룬
뒤에 인간 집단의 이주와 함께 일본으로 들어갔다는 학설이 가장
믿을 만하다.

　그럼 우리 나라에서 벼농사는 어느 시대에 시작되었을까?

　『삼국사기』 백제 본기의 「다루왕(多婁王) 6년 조」(기원 32년)에는
"2월에 명령을 내려 비로소 논을 만들게 하였다"고 기록되어 있다.
이러한 기록은 논에 의한 선진적인 경작법, 또는 벼농사법의 개량
을 전하는 것으로서, 이는 곧 백제에서는 벼농사를 기원 전후에 시
작했다는 사실을 보여준다. 한편 고고학에서는 1919년 김해의 조개
더미에서 탄화된 한줌의 쌀알이 초기 철기나 석기와 함께 발굴됨으

반달 돌칼

로써 기원 전후에 중국에서 벼농사가 들어왔다는 설명이 나왔다.

그런데 해방 뒤 우리 나라의 고고학은 급속하게 발달하여 1967년 한강 유역인 경기도 여주군 흔암리 유적에서 기원전 6~7세기쯤의 민무늬 토기와, 벼 수확에 없어서는 안되는 반달 돌칼 5개가 탄화된 쌀·보리·수수 껍질과 함께 발굴되었다. 이어서 1981년 6월 평양시 남경 유적에서는 기원전 1000년의 것으로 추정되는 탄화미가 조·기장·수수·콩, 그리고 민무늬 토기·돌도끼·반달 돌칼과 함께 발견되어 우리 나라에서 벼농사의 시초를 한꺼번에 1,000년이나 끌어올렸다.

이렇게 우리 나라 벼농사의 역사는 오래되었으며, 기후 풍토 때문에 북부보다 남부에서 더욱 발달하였고, 일본에서도 쉽게 도입하여 야요이 문화(彌生文化)의 여명을 재촉한 것이다.

아침 해가 비치는 '참으로 좋은 곳'

옛말에 '쌀 방석'이라는 말이 있다. 이것은 쌀을 풍부하게 거둘 수 있는 비옥한 평야를 일컫는 말인데, 우리 나라의 남부 지역은 예로부터 쌀의 명산지로 유명하여 이렇게 부르게 되었다. 따라서 해방 전까지 일본은 우리 나라에서 연간 약 1,000만 섬(한 섬은 쌀 두 가마)이나 수탈하였다.

하지만 고대인들이 육도(陸稻 : 밭에서 재배하는 벼)를 저습지에서 경작할 수 있게 되고, 기술을 더욱 발전시켜 관개 용수에 의한 논농사를 시작하기까지는 매우 오랜 시간이 걸렸다.

한반도 남부에서는 일찍부터 벼농사가 발달했는데, 특히 서남부에 펼쳐진 호남 평야(1,200평방 킬로미터)는 우리 나라 최대의 평야로서, 삼국 시대에 이미 벽골제라는 저수지를 만들 만큼 벼농사의 중심지였다. 때문에 이 지방은 일찍부터 산업이 발달하고 여러 기술도 뛰어났다. 이러한 종합 농경 기술을 갖춘 사람들이 일본과 가장 가까운 낙동강 하류 지역을 발판으로 하여 미개의 신천지 북규슈로 진출한 것이다.

이러한 사정에 대하여 일본 『고사기(古事記)』 상권의 「천손강림

탄화미

(天孫降臨) 조」에서 '니니기노미
고토(瓊瓊杵尊)'는 다음과 같이
말한다.

"이 땅은 가라쿠니(韓國 = 가
라加羅)를 바로 볼 수 있는 곳이
다. 가사사(笠沙)의 곶과도 바로
통하고 있어 아침 해가 비치는 나
라, 저녁 해가 비치는 나라, 그러
므로 이 땅은 참으로 좋은 곳이
다."

그런데 여기에 나오는 '참으로
좋은 곳', 즉 하늘의 자손이 내려
온 땅을 오늘날 많은 일본 역사학
자들은 북규슈라고 보고 있다. 왜
냐하면 아침 해가 비치고 저녁 해
가 비치며, 더구나 가야를 바라보고 있는 곳은 상호 교류나 지리적
조건으로 볼 때 규슈 북부라고 규정할 수 있기 때문이다. 또 천손 강
림(하늘의 자손이 땅에 내려온 것)이란 한반도 남부, 특히 가야계 주
민의 북규슈 진출, 농경 벼농사 기술의 일본 열도 전파와 깊은 관계
를 갖는 것으로 보고 있다.

벼농사는 처음 규슈의 이타즈케(板付) 부근이나 온가천(遠賀川)
유역에 전해진 것으로 보인다. 특히 이타즈케 유적에서는 우리 나
라 김해의 조개더미에서 출토된 것과 같은 탄화미와 일본 최초의

우리 나라식 논두렁이 발견되었다. 뿐만 아니라 가야 지역 민무늬 토기의 영향을 받은 야요이 문화 최고(最古)의 이타즈케 토기나 석기, 그리고 가락바퀴도 출토되어 우리 나라와의 관계를 잘 보여주고 있다.

물론 이러한 유적은 이타즈케뿐만 아니라 여러 곳에서 발견되고 있는데, 특히 구마모토(熊本)의 사이토산(齊藤山) 유적에서 발굴된 철제 도끼는 그 무렵 개척민들의 활동을 보여주는 것으로서 흥미를 끌고 있다. 이러한 철기의 출현은 당연히 농경 작업을 촉진하여 농업 생산에 혁명을 가져왔을 뿐만 아니라 벼농사를 더욱 촉진했다. 그리고 도입된 벼의 종류는 잘 알려져 있듯이 중국·우리 나라·일본 모두 '자포니카형(Japonica型)', 즉 단립미(短粒米)였다.

물론 남방 섬들에서 전래되었다는 설을 뒷받침해 주는 '인디카형(Indica型)'도 조금은 들어온 것이 분명하다는 이원설도 있다.

벼의 종류

벼는 크게 세 종류가 있다. 자포니카형은 낱알 길이가 짧은 것(단립미)으로 중국에서 재배되어 우리 나라·일본에 퍼진 것이다. 인디카형은 낱알 길이가 긴 것(장립미)으로 열대 아시아에 퍼진 것이다. 자바니카형(Javanica型)은 나중에 인도네시아 군도에서 변형된 것이다.

야요이 문화의 여명

　일본 열도는 조몬 시대까지는 수렵·어로 등의 채집 경제가 중심
이었다. 그러나 기원전 4~3세기 이후 조몬 시대 말기에 논농사 문
화가 전파됨에 따라 커다란 생산 혁명이 일어났다. 참된 의미에서
새로운 문명, 즉 야요이 문화의 여명이 시작된 것이다.

　고고학 자료에 따르면, 야요이 문화는 이전의 조몬 문화와는 전
혀 다르며, 더욱 고도의 문화였다는 것이 확인되고 있다. 그리고 이
문화는 주로 북규슈의 후쿠오카(福岡)·사가(佐賀)·나가사키(長
崎)·구마모토(熊本) 등지에서 시작된 새로운 대륙 문화였다.

　또 이 문화는 기존의 사냥·고기잡이 등 채집 생활에 종지부를
찍고, 벼농사가 중심인 청동기·철기 문명을 주체로 한다. 이에 따
른 토기와 석기, 그리고 새로운 무덤(고인돌·돌널무덤·널무덤·
독무덤)과 주택 양식을 동반했다. 벼농사는 기온이 높고 습기가 많
은 서일본 일대로 빠르게 퍼져나갔다. 당시의 논·탄화미·토기 등
귀중한 자료가 북규슈의 이타즈케(板付)·우키쿤덴(宇木汲田)·구
마모토의 우에노하라(上ノ原) 유적 등 여러 곳에서 출토되고 있다.

　그런데 그 뒤 사이타마현(埼玉縣) 구마다니시(熊谷市)의 이케우

야요이 시대의 논농사 풍경

에(池上) 유적에서 야요이 중기의 마을 흔적과 함께 벼농사가 이루 어진 것으로 보이는 플랜트 오팔(plant opal : 쌀 세포의 일부)이 확인 되었다. 그리고 1990년 2월 지바현(千葉縣) 나리타시(成田市)의 아 라미(荒海) 조개더미와 다카라타(寶田) 도바(鳥羽) 유적에서도 조몬 말기의 오팔이 발견되었다.

뿐만 아니라 몇 년 전에 발굴된 아오모리현(靑森縣) 미나미쓰루 가루군(南津輕郡) 다레야나기(垂柳) 유적에서는 야요이 시대의 논 유적과 탄화미가 발견되었다. 그리고 이웃인 히로마에시(弘前市)의 스나사와(砂澤) 유적에서는 기원전 2~1세기에 이미 벼농사를 짓는 야요이인들에 의해 토양 개량이 시도된 흔적도 나왔다(1988년 10 월). 이리하여 야요이 시대에 대륙에서 전해진 벼농사가 아오모리 까지 퍼져 있었다는 사실이 뒷받침되었다.

동탁에 묘사된 탈곡 풍경

이렇게 일본에서 전개된 생산력이 높은 벼농사는 당연히 동·철 등 금속 문화를 동반했다. 야요이 시대의 청동기는 세형 동검이나 동모(銅矛 : 창)·동과(銅戈 : 꺽창)·잔무늬 거울(多金丑細文鏡) 등이 중심이지만, 이 모두가 한반도에서 도입되었다는 것은 학계에서도 정설이 되어 있다. 또 이 시대에 유명한 동탁(銅鐸 : 방울 소리를 내는 의기儀器) 역시 그 기원이 우리 나라의 마탁(馬鐸 : 말방울) 이었음이 널리 지지를 받고 있다.

다음으로 목제 농기구를 보면, 그것을 가공하는 연장인 각종 돌도끼가 우리 나라의 중부·남부 지방에서 서일본에 걸쳐서 많이 발견되고 있다. 또 벼 수확에 사용하던 반달 돌칼도 중국 대륙에 널리 분포하며 한반도 남부에서 서일본에 걸쳐 발굴되고 있고, 쇠솥도 역시 마찬가지다.

최근 발굴되어 큰 반향을 불러일으키고 있는 '요시노가리(吉野ヶ里)' 유적은, 고대부터 선진 야요이인들이 일본에서 두드러지게 비옥한 평지이며, 교통·관개용 수로도 잘 발달되어 있던 사가(佐賀) 평야로 벼농사 문화를 갖고 들어온 장대한 서사시를 말해주는 것이라 하겠다.

야요이 시대에 갑자기 커진 일본인

일본인은 어디에서 왔을까? 지질학에서는 일본 열도는 홍적세(약 2만 년 전)까지 아시아 대륙과 육지로 이어져 있었다고 한다. 일본은 이 대륙의 동쪽 가장자리에 있었던 셈인데, 이곳에서 인류가 발생했다는 증거가 아직까지 없는 이상 일본인은 어딘가 다른 지역에서 유입되었다고 보아야 할 것이다.

빙하기에 서해(황해)는 육지였고 동해는 호수였으며, 우리 나라와 일본, 사할린과 일본은 육지로 연결되어 있었다. 즉 동아시아는 거의가 육지였던 셈이다.

따라서 일본인의 선조는 태곳적부터 아시아 대륙, 혹은 남쪽에서 육지를 밟고 쉽게 일본 열도로 들어온 것이 분명하다. 그리고 약 1만 년 전 마지막 빙하기가 후퇴하여 해수면이 상승함에 따라 일본은 아시아 대륙에서 분리되어 섬이 되고 주민들은 고립되었다. 그리고 일본 열도에서 혹심한 대자연과 싸우면서 원일본인(原日本人)이 형성되었을 것이다. 그러나 이러한 학설은 대략적인 추측일 뿐, 태곳적 옛날을 고고학적인 성과만으로 다 밝혀낼 수는 없다.

어쨌든 바깥 대륙에서 건너간 사람들이 오랜 생활을 보내는 가운

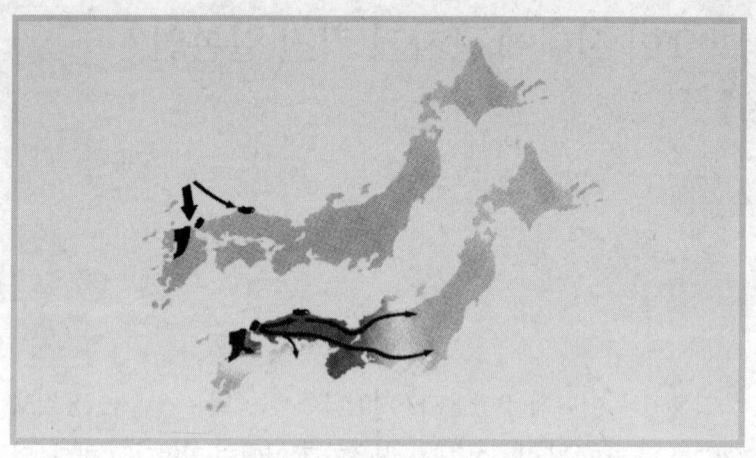

도래계 야요이인의 확대

데 원일본인이 형성되었고, 이를 이어서 조몬인이 생겨난 것이다. 요즘 조몬 시대의 인골이 조사되고 있는데, 일반적으로 키가 작고 두개골도 작으며 남자의 키가 160센티미터를 넘지 않는다고 한다.

그런데 기원전 3세기에서 서기 3세기에 걸친 약 600년 간의 야요이 시대는 그리 길지 않은 기간이지만 일본인의 골격에 커다란 변화가 생겨나고 있었다. 야요이인의 뼈로서 규슈·야마구치(山口) 지방과 미우라(三浦)·보소(房總) 반도를 포함한 간토(關東) 지방 남부에서 출토된 것을 중심으로 현재 연구가 진행되고 있다.

북규슈 야마구치 주변에서 발굴된 야요이인 인골을 연구한 규슈 대학의 가나세키 다케오(金關丈夫)는, 사가현 미쓰(三津) 유적과 야마구치현의 도이가하마(土井ヶ浜)에서 발굴된 인골을 조몬 시대의 인골과 비교 연구했다. 그리고 미쓰인은 162센티미터, 도이가하마인은 162.8센티미터(모두 남성)라는 해답을 얻었다. 이에 기초하여 그는 "야요이 시대에 갑자기 키가 커진 것은 다름 아니라 키가 다른 종족이 일본으로 건너왔기 때문"이라고 설명했다. 그리고 "야요이 인의 키와 현대 한반도 남부 사람들의 키(163.24센티미터)가 같은 것을 보면 새로 건너온 사람은 한반도 남부 사람들이었을 가능성이 있다"고 발표했다.

또 최근에는 한일 양국의 학자뿐만 아니라 소련의 저명한 고고학 자 테레비얀코도, 야요이인은 흑룡강 유역에서 남하하는 도중에 벼 농사를 받아들이고 일본으로 건너갔다는 새로운 학설을 내놓았다. 최근(1989년) 요시노가리의 독무덤에서도 약 300구의 인골이 출토 되었는데, 그 가운데는 키가 163센티미터가 되는 것도 적지 않다. 이러한 발굴을 뒷받침하듯 그 무렵 한반도에서 일본 열도로 건너간 사람은 약 100만 명 정도였으리라고 추측하는 사람도 있다.

또 하나의 수입항 — 동해 연안 지방

거듭 말한 것처럼, 야요이 문화가 규슈 북부에서 시작된 것은 여러 사람에 의해 널리 알려져 있지만, 대륙에서 건너오는 문화의 입구는 결코 북규슈만은 아니었다. 흔히 우라니혼(裏日本)이라 일컬어지는 산인(山陰) 지방에서 노보리(能登) 반도에 걸친 동해 연안 지방은 예로부터 대륙 문화가 들어오는 또 하나의 커다란 현관이었다.

신라 · 고구려 · 발해 문화의 흐름을 흡수한 동해 연안 문화는, 북규슈에서 세토우치해(瀬戸內海)를 지나 야마토(大和)로 진출한 야요이 문화에 뒤지지 않고 산인 지방과 기타리쿠(北陸)에 새로운 문화의 씨앗을 뿌렸다. 그리고 주고쿠(中國) 산맥을 넘어 철제 농기구와 농사 기술을 중심으로 기비(吉備 : 지금의 오카야마岡山) · 하리마(播磨 : 지금의 효고兵庫) · 아와(阿波 : 지금의 도쿠시마德島) 문화를 형성하면서 동쪽으로 나아갔다. 그 후 북규슈 문화와 합류하여 야마토(大和) 문화 창달에 크게 기여했다. 이른바 환동해(環東海) 문화는 야마토 문화의 중요한 구성 부분이기도 했다.

1984년 가나자와시(金澤市)에서 '환동해 문화 심포지엄'이 개최

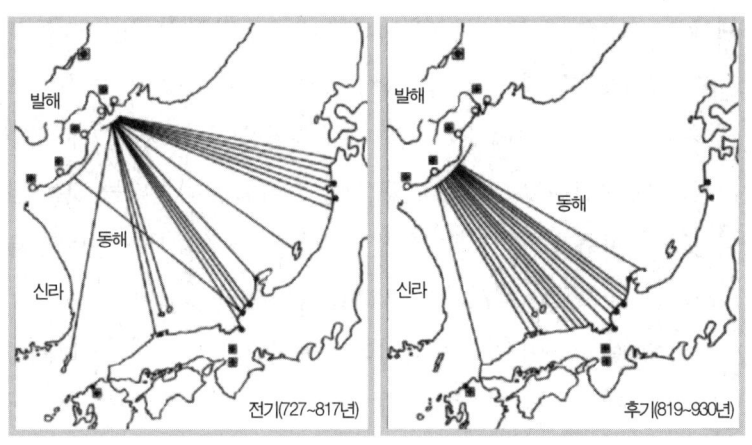

발해 도착지

되고, 우리 나라와 일본 외에 소련·중국·미국의 연구자까지 참가하여 사흘간 열띤 토의가 이루어졌다. 이 심포지엄은 동해를 둘러싼 산인 지방이 한반도와 대륙의 문물이 들어오는 현관이라는 것을 확인했다. 뿐만 아니라 수만 년 전 석기 시대부터 시계 반대 방향으로 돌아 일본의 동해 연안으로 다다른 이른바 '남회(南廻) 문화 루트'와 구별되는, 북부 사할린을 거쳐 오는 '북회(北廻) 문화 루트'의 해명에도 거다란 성과를 올리고 막을 내렸다.

동해를 둘러싼 문화 경로가 이렇게 주목을 끌게 된 것은 훨씬 전의 일이지만, 특히 1984년 7월 시마네현(島根縣) 히카와군(簸川郡) 고진타니(荒神谷) 유적에서 358개의 동검 다발이 발굴된 이후의 일이다.

고대 이즈모(出雲 : 옛날 나라 이름. 산인山陰 지방의 한 나라. 지금의 시마네현島根縣 동반부)와 신라의 관계는 문헌뿐 아니라 기술면에서도 명백하다. 산인 연안에 전해진 대륙 문화를 표착(漂着) 문화라고도 하는데, 우리 나라에서 북규슈로 건너간 사람은 누구나 빠른 쓰시마 해류에 밀려 흘러가는 것을 경험한다. 그리고 그대로 흘러갈 경우 산인에서 노보리 반도 해안 사이에 도착한다는 것은 긴 역사가 보여주고 있다. 이 지역은 야마구치 · 시마네 · 돗토리(鳥取) · 후쿠이(福井) · 이시카와(石川)를 묶는 연안 일대이다.

잘 알려져 있듯이 일본이 당나라로 보낸 사신인 견당사(遺唐使)는 불과 15번에 지나지 않았지만 신라에는 20번, 발해에는 13번이나 사절을 보내고 있다. 또 신라 사절은 40번, 발해 사절은 34번이나 일본을 찾아갔다.

역사적으로 보아서 신라 · 고구려 · 발해 문화가 이 해안 지방에 그대로 심어졌다는 것은 이제 증명이 끝난 일이다. 200여 년이나 만주 · 한반도 북부 · 소련의 연해주까지 걸쳐서 번영한 고구려의 후예국 발해(698~926)와 일본의 교류 관계가 최근 특히 주목을 받게 되었다. 이렇게 동해를 둘러싼 문화 경로는 오호츠크(Okhotsk) 문화의 전파 문제도 있어서 더욱 중시되고 있다.

저마와 목면

야요이 시대의 마포(麻布)로 보이는 작은 베 조각이 최근 나가사키(長崎)의 미나미다카키(南高來) 게이카엔(景化園) 유적의 독무덤에서 발견되었다. 날실 약 40줄, 씨실 약 30줄이 3평방 센티미터에 꽉 들어찬, 꾸지나무 껍질로 만든 실로 짠 매우 거친 평직(平織 : 직물을 날실과 씨실을 한 가닥씩 서로 섞어 짠 천)이다. 하지만 당시의 마(麻 : 삼)에 속하는 대표적인 섬유는 역시 우리 나라에서 건너간 가라무시(苧麻 : 모시)와 대마(大麻 : 삼베)다. 덧붙여 말하면 '가라무시(からむし)'의 'から'는 'から(韓)'에서 온 것이고, 'むし'는 우리말의 '모시'가 전화한 말이다.

또 일본에서는 고구려를 '고마'라고도 부르는데, 이를 한자로 표기할 때는 巨麻・許麻(일본 발음은 모두 고마)라고 한다. 오사카 주변에는 고마천(巨麻川)과 고마향(許麻鄉)이 있다. 게다가 고마 신사(許麻神社)도 있고, 거기서 제사지내는 신도 '고구려 왕령신(高句麗王靈神)・고마 대신(許麻大神)'이어서 고구려 계통의 사람들이 마를 활발하게 재배했다는 것을 엿볼 수 있게 한다.

가나천(神奈川)의 오이소(大磯) 부근도 일찍이 고구려에서 건너

베 짜는 모습   면화의 수확

간 사람들이 상륙한 지역으로 유명한데, 이곳에서 무사시노(武藏野)의 광야 쪽으로 농지를 개척하고 물 맑은 다마천(多摩川) 강가에 대량으로 마를 심었다. 일본의 고대 가요집 『만엽집(萬葉集)』에서는 "다마천에서 베를 씻어 희게 말리네. 아! 이 아이의 고달픔이여"라고 노래하여, 다마천에서 마를 깨끗이 씻고 있는 아이들에 대한 애정을 표현하고 있다. 이 부근에는 마와 관련된 지명(白絲·染屋·布多·布·砧·麻布·麻生)이 집중되어 있고, 비단으로 유명한 고다마(兒玉)·치지부(秩父)도 근처에 있어서 대륙으로부터 비단과 마 등이 전래되었음을 보여주는 사적으로 유명하다.

하지만 면포(綿布 : 무명)가 전래된 것은 훨씬 훗날이다. 원래 우리 나라에 중국의 목화 씨앗이 전래되어 재배를 시작한 것이 14세기 후반이기 때문이다.

주지하다시피 고려의 사신 문익점은 원나라의 수도 북경에서 법을 어기고 중국 남부로 유형을 갔다가 그곳에서 목화 씨앗을 얻어

목면 상점

붓두껍 속에 숨겨서 귀국했다. 그리하여 처음으로 재배에 성공한 해가 1366년이다. 면화는 조선 시대에 남부 지방 전역에서 널리 재배되어 조선은 동양의 '면화 왕국'으로서 외국에까지 알려졌을 뿐만 아니라, 흔히 말하는 '백의 민족'이라는 이름을 더욱 떨쳤던 것이다.

이것이 15세기에 일본에 건너가 무인 가문이나 관리들의 주목을 끌어 '몬멘(もんめん: 木綿)' '소멘(そうめん)' 등의 이름으로 불리면서 고급 의료로 인정받았다. 오늘날 일본어의 '모멘(もめん: 木綿)'이란 말은 우리 나라의 '목면'이란 말이 변한 것이다. 그리고 일본에 대한 수출량은 점점 늘어서 1488년에는 여름 석 달 동안에 10만 필(1필은 약 10.6미터)로 증가했다. 또 목화 씨앗과 재배법도 일본에 전해져서 미가와(三河)에서 재배가 시작되어 오늘에 이르고 있는데, 일본산은 아무래도 조선산에 비하여 질이 떨어졌다. '가라무시(韓芋)의 '무시(ムシ)'가 '무사(ムサ)'로 음이 변하여 '무사시모(ムサ下)'라고 부르던 일대가 오늘날 '무사시노(武藏野)'가 되었다는 설도 있다. 아무튼 목면에서도 역시 우리 나라와 일본은 관계가 깊다.

아름다운 가라코로모

　고대인의 의상을 아는 데 귀중한 자료가 되는 것은 그 당시 사람들이 사용하던 직물 조각인데, 이것은 매우 귀하여 좀처럼 출토되는 예가 없다. 그러나 직물의 흔적이 토기나 청동기 · 철기 등에 붙은 상태로 발견되는 경우는 적지 않다. 또 이들 직물의 실을 잣는 가락바퀴(紡錘車)나 베 짜는 도구가 출토되는 예가 많다.

　평안남도 온천군 궁산리 유적에서는 신석기 시대 사람들이 사용한 것으로 보이는, 마사(麻絲)를 꿴 구멍 뚫린 뼈바늘이 많은 낚시바늘과 함께 발견되었을 뿐만 아니라, 흙으로 만든 가락바퀴가 18개나 출토되었다. 이 밖에 궁산리에서는 뼈로 만든 괭이나 멧돼지 이빨로 만든 칼 등도 발굴되어 당시의 생활상을 엿볼 수 있다. 아마도 마사를 이용한 방적 외에도 사슴 · 양 · 멧돼지 등의 가죽이나 털실의 가공도 일찍부터 이루어졌으리라는 것은 쉽게 짐작할 수 있다.

　그 뒤 중국과 제품을 교류하기도 하여, 중국의 『삼국지』 「위지 변진전(魏誌弁辰傳)」에는 "진한 사람들은 누에치기와 뽕나무 가꾸기를 하며 비단과 베를 짤 줄 안다"고 기록되어 있다. 아마 당시 한반도 남부에서는 벼농사가 일반화한 동시에 누에치기 등도 성행하여

가락바퀴

아름다운 비단 등이 중국까지 알려져 있었던 것이 틀림없다.

3세기의 일본 열도의 모습을 전해주는 것으로 역시 『삼국지』「위지 왜인전」이 있는데, 여기에서도 "벼와 저마를 심고, 누에치기와 뽕나무 가꾸기를 하며 비단도 만든다"고 되어 있어, 그 때 이미 일본에서도 양잠이 성행했다는 것을 보여주고 있다.

일본 열도의 비단 문화는 역시 북규슈에서 시작된다. 1982년 후쿠오카의 히에(比惠) 유적 가운데 야요이 시대 중기의 무덤에서 우리 나라 특유의 세형 동검 한 자루가 비단에 싸인 채 발굴되었다. 현재 이것은 일본에서 가장 오래된 비단으로 인정하고 있다.

그 뒤 후쿠오카의 다테이와(立岩) 유적을 비롯하여 스구 오카모토(須玖岡本) 유적 등 우리 나라와 관계가 깊은 북규슈 일대에서도 비단 조각이 검출되고 있다. 이것은 세형 동검 등과 함께 한반도 계통의 사람들이 가져간 것으로 보이는데, 이 비단 문화는 일본의 북규슈 주변에 널리 퍼져 고분 시대가 되면 긴키(近畿) 지방(교토와 오

천의 염색

사카가 중심이 되는 지방)은 물론이고 간토(關東) 지방(도쿄를 중심
으로 한 지방)으로 퍼지고 품질도 향상된다. 그리고 한인(韓人)의 옷
이 인기를 끈다.

　이 책의 「저마와 목면」에서 언급한 『만엽집』에서는 "가라코로모
(韓衣)를 입혀주고 싶은 내 사랑. 보고 싶은 마음으로 비오는 날을
보냈네"라고 노래하고 있는데, 아름다운 가라코로모를 연인에게
입히고 싶은 여인의 심정이 잘 그려져 있다. 아름다운 비단 천을 자
주색으로 염색하는 기술이 일본으로 전래되어 자주색 · 흰색 · 비
취색 등으로 염색된 귀족의 관복을 보다 다채롭게 했고, 노란색 ·
검은색 등의 서민층의 옷도 풍부하게 했다.

'구레 하토리', '구리 하토리'

앞의 「아름다운 가라코로모(韓衣)」에서도 말했지만 야요이 시대의 비단에 대한 연구는 후쿠오카현 다테이와 유적에서 출토한 철제 창과 칼 등에 붙어 있던 비단을 중심으로 진행되었다. 그 결과 1평방 센티미터당 날실 25줄, 씨실 16줄이라는 평균치를 얻었는데, 이는 당시 중국산 비단에 비해 매우 거칠게 짠 제품이었다.

따라서 『삼국지』 「위지 왜인전」에서 볼 수 있는 야마타이국(耶馬台國)에서 대방군에 바친 공물(3세기 당시)로 왜면(倭錦)이라 일컫는 베와 이색적인 무늬가 있는 베 등은 당시 일본 열도에서 생산한 직물로, 극히 조잡했던 것이 분명하다. 이렇게 일본에서 직물을 만든 것은 야요이 시대부터인데, 이것은 초기의 베 짜기 기술이 조잡했기 때문이다.

하지만 5세기쯤 되자 직물 기계에도 일대 혁명이 일어나 새롭게 바디(筬)를 이용하게 된다. 바디란 대나무를 가늘게 쪼개어 빗처럼 만든 도구인데, 이것을 이용함으로써 날실의 간격을 고르게 할 뿐만 아니라 더욱 아름답고 얇게 비단을 짤 수 있었다. 또 베틀도 야요이 시대의 받침대가 없는 것에서 받침대가 있는 것으로 한층 진보

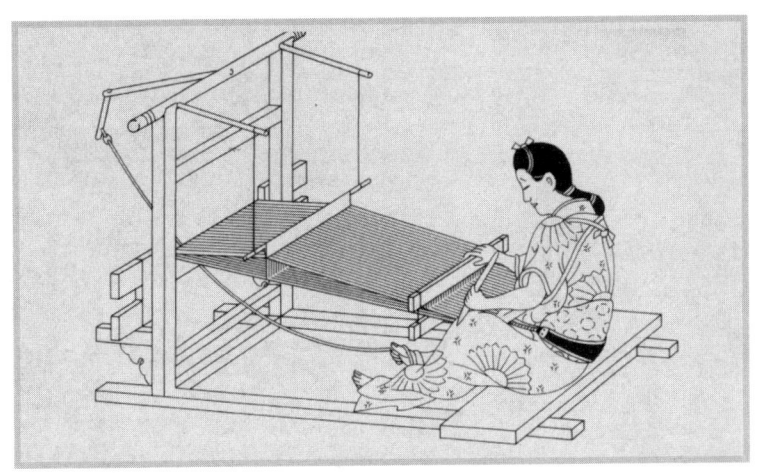

일본식 베틀

하게 되었다. 그리고 종래 무늬 없는 베를 주로 짜온 일본 열도에 여러 가지 색실을 사용하여 문양을 짜는 기술이 새로 건너간 면직 기술자들에 의해 도입되었다.

이러한 사정에 대해, 『일본서기』「오진(應神) 천황 37년 조」는 아치노오미(阿知使主), 쓰가노오미(都加使主) 부자(5세기경 백제에서 도래)를 구레(吳)에 보내어 기누누이(縫工女)를 요구한 사실을 전한다. 그들 두 사람은 구레국(吳國)으로 가는 길을 몰라 고마(高麗 : 고구려)로 가서 길 안내를 부탁했다. 그리하여 구레하(久禮波)·구레시(久禮志) 두 사람의 길 안내를 받아 구레국으로 가서 에히메(兄媛)·오토히메(弟媛)·구레하토리(吳織)·아나하토리(穴織)의 네 여공들을 데리고 왔다고 기록되어 있다. 여기에서 중요한 것은 구레(久禮)와 구레(吳)·하토리(織)의 이름이 자주 나오는데, 그녀들을 스미요시쓰(住吉津 : 지금의 오사카의 스미요시住吉)에 살게 했으

재봉하는 여인들

므로 이곳을 '구레사카(吳坂)'라고 이름지었다는 이야기도 나온다.

이 기록에는 새로운 베 짜는 기술이나 베 짜는 도구가 구레국에서 전해졌다고 되어 있는데, 구레국이라는 나라는 실은 중국 남쪽에서 3세기쯤에 이미 멸망한 나라다. 따라서 '구레(吳)'란 곧 고구려의 구려(句麗 : 일본 발음으로 句麗는 '구리'임)가 변하여 생긴 말이며, 실은 고구려를 말한다.

그리고 '구레하토리(吳織)' '아나하토리(穴織)'는 각각 '구리하토리(句麗織り)' '가라하토리(韓織り)'를 말하며, '구리(句麗 : 구레 吳)' 옷의 기원이 여기 있으며, '하토리베'(織部 : 베 짜기에 전문적으로 종사한 집단)에서 '핫토리'(服部 : 옷 만들기에 종사한 집단)라는 표기도 생겨났다.

『만엽집』에서 볼 수 있는 '고려금(高麗錦)'이란, 고구려 계통 사람인 니시고리노무라 씨(錦部連氏)들이 짠 것으로, '고려검(高麗

劍)' 과 함께 그 아름다움은 유명했다. 앞에서 마포나 비단 등에 대해서도 말했지만, 일본에 의류가 전해진 것은 북방의 고구려에서 건너간 사람들과 관계가 깊은 것으로 보인다.

'도부로쿠' — 일본식 탁주의 기원

일본의 '도부로쿠(濁酒)'는 일명 '니고리자케'(濁り酒)라고도 하며, 이 술의 역사는 매우 오래 되었는데, 원류는 역시 우리 나라의 막걸리이다. 도부로쿠는 매우 거친 술이지만 희고 탁하며 표면에 누룩의 술지게미가 뜬 걸쭉한 술로서, 천수백 년을 지난 오늘날에도 빠른 시간에 만들 수 있고 값도 쌀 뿐만 아니라 감칠맛이 나며 취기가 오래 지속되어 서민들에게 친숙하다.

벼농사를 짓기 이전의 술은 주로 잡곡 또는 토란, 그리고 과실 등을 발효시켜서 만들었다. 그 가운데서도 과실주가 가장 오래 되었는데, 술의 시초는 과실주라는 것이 정설이다. 과실이 숙성하면 일반적으로 단맛을 띠게 되는데, 거기에 적당한 태양열과 자연 효모가 더하면 알코올로 변한다. 그리하여 자극적인 향기를 숲 속 가득 발산하는 것이다.

그래서 인간은 태곳적부터 술을 좋아했다. 인간뿐 아니라 포유류는 물론이고 파충류까지도 이 자극적인 맛과 향기 앞에서는 발길을 멈추지 않을 수 없었다. 그래서 옛날 일본의 건국 신화에서 스사노오노미코토(素戔鳴尊)가 야마타(八岐)의 큰 뱀을 퇴치할 때 뱀에게

술빚기

술을 먹여서 취하게 하여 잠들게 한 뒤 베버렸다는 일화도 나왔을
것이다.

　일본과 우리 나라에는 원숭이와 술에 얽힌 이야기가 있다. 영리
한 원숭이들이 제일 먼저 이 자연주(과실주)를 알아내고 즐겁게 마
시고는 흥청거렸을 것이 분명하다. 강화도 전등사의 가람신(伽藍
神 : 사원을 지켜주는 신)은 묘하게 원숭이로 되어 있다. 이유는 이
법당을 세울 때 일에 지친 목수들에게 네 마리의 원숭이가 숲에서
술을 가져다주어 이 절을 완성할 수 있었다는 것이다.

주점

일본의 설화에도 옛날 미노국(美濃國)에서 어느 효자 나무꾼이 양로(養老) 폭포를 발견하고 거기서 솟아오르는 좋은 술을 부모에게 드렸다는 이야기가 있다. 평양의 대동강가에 있는 주암(酒巖)이라는 바위에 얽힌 일화는 모두 효행 미담이며, 중국 본토에도 비슷한 설화가 있다. 이 설화들은 모두 자연주(과실주)와 관계된 것이다.

그런데 도부로쿠의 뿌리인 막걸리는 찐쌀에 밀 누룩을 섞어 발효시켜 만든다. 벼농사를 지은 이후 한반도 남부에서 개발된 술이다. 『고사기』의 「오진기(應神記)」에는 백제에서 "술 빚는 법을 아는 니호(仁番)라는 사람의 다른 이름은 스스호리(須須許理)인데, 이들이 건너왔다"라고 기록되어 있고, 천황은 "스스호리가 빚은 술에 나는 완전히 취했다. 재앙을 물리치는 술, 웃음을 자아내는 술에 나는 완전히 취했네"라고 노래하며 매우 흥겨워한다. 도부로쿠가 전래된 것이다. 교토(京都)에는 일본 전국의 술의 총본산인 마쓰비대사(松尾大社 : 한국계)가 있고 사케신사(佐牙神社)·사카야신사(酒屋神社)도 있는데, 술을 뜻하는 일본어 고어 '사케(サケ)' '사카(サカ)' '사가(サガ)'는 우리말의 '삭았다(발효되었다)'에서 유래한 것이라고 한다.

일본의 된장과 간장

　고대에 양조 기술의 발전은 술 빚는 기술에 기댄 바가 크지만, 이 것은 동시에 된장·간장 등 조미료의 발달을 촉진시켰다. 또한 김 치를 비롯한 야채절임과 장조림 기술도 발전하게 되었다.

　삼국 시대 우리 나라의 막걸리는 찐쌀에 밀 누룩을 섞어서 발효 시킨 것인데, 이것이 일본에 건너가 전통적인 밀 누룩 대신에 쌀누 룩을 사용하게 되었다. 즉 찐쌀에 쌀누룩을 섞어서 발효시켜 쌀만 으로 만든 술인 시로마(白馬 : 탁주)를 만들었다. 그리고 일본인은 에도(江戶) 시대 초기(17세기)에 투명한 술, 말하자면 오늘날의 '일 본주'로 그 기술을 발전시켰다. 일본에서 '막걸리'가 청주로 발전 히는 데는 풍부한 벼농사에 기댄 바가 큰데, 결국 벼농사의 보급은 술 빚는 기술도 촉진한 것이다.

　그러면 된장·간장은 어떻게 시작되었을까? 일본의 야요이 시대 에 어떤 사람이 익힌 콩을 짚단과 함께 내버려둔 데서 맛있는 낫토 (納豆 : 삶은 콩을 발효시킨 일본 음식)가 생겼다는 전설이 있는데, 이 것이 일본 된장의 시작이라던가? 과연 볏짚에는 몇억 마리의 헤아 릴 수 없이 많은 낫토 균이 붙어 있기 때문에 낫토는 아무래도 벼농

간장 만들기

사의 전래와 관계가 깊은 듯
하다.

하지만 일설에 따르면 이
훌륭한 발효 식품은 약 2,000
년 전에 중국에서 생겨나 유
명한 감진화상(鑑眞和上)이
일본에 전했다고 하며, 미나
모토 요시에(源義家 : 1041~
1108)가 오쿠슈(奧州) 평정 때
군량으로 사용했다는 이야기도 있다. 그 탓인지 오늘날 낫토를 서
부 일본보다 동부 일본에서 더 잘 먹는다.

우리 나라는 삼국 시대에 이러한 식품 가공법이 발달하여 된장·
간장의 양조 기술이 발전했다. 된장은 콩에 쌀이나 보리 등을 섞어
서 찧고, 여기에 소금과 누룩을 섞고 통에 재어 발효시켜 만든다.
우리 나라와 일본은 콩을 삶아서 찧는 것까지는 똑같지만 우리 나
라에서는 이것을 메주로 빚어 허공에 매달아 발효시키는 습관이 오
래 계속되었다. 또 우리 나라의 된장은 콩이 중심인 데 반하여, 일
본의 된장은 콩 외에 쌀과 보리도 섞는다. 그리고 여기에 쌀누룩을
쓰는 것이 특징이다.

된장의 '된' 이라는 말은 곧 '딱딱하다' 는 뜻이며, 간장의 '간' 은
소금을 말한다. 즉 메주를 딱딱하게 굳혀서 발효시켜 만드는 것이
된장이고, 여기에 소금과 물을 더하여 우려낸 액체가 간장이다.

일본에서는 옛날 된장을 '미쇼(未醬)' '미소(美蘇)' 혹은 '고마비

시오(高麗醬)'라고도 했다. 우리 나라에서도 옛날에 된장을 '밀조(密祖)' 또는 '미소(美蘇)'라고 했고, 또 앞에서도 말했던 대로 '장(醬)'이라고도 불렀다. 이렇게 보면 일본의 된장과 간장의 뿌리는 역시 우리 나라에 있는 듯하다.

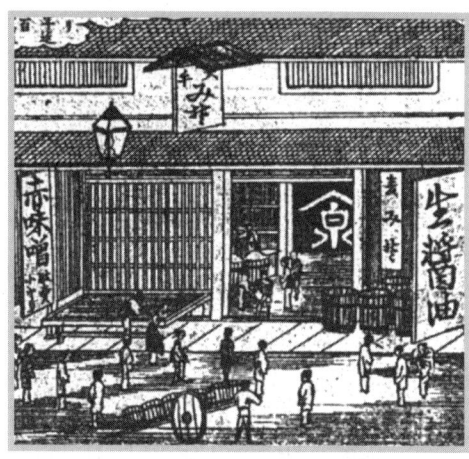
간장과 된장 판매점

그런데 일본인의 음식에서 훌륭한 단백질원이 되는 두부는 당나라에서 전해져 육식 대용으로 절에서 발달했다. 일본식 채식 요리(精進料理)는 이렇게 하여 생겼다.

세계로 진출하는 김치

　삼국 시대에 된장·간장과 같은 고급 조미료가 개발됨에 따라 야 채절임 기술도 발달했다. 김치의 시초인 셈이다. 하지만 당시의 김 치는 된장이나 간장 따위에 야채를 절인 간단한 음식에 지나지 않 았다.

　오늘날 일본 시장에서 흔히 볼 수 있는 다양한 쓰케모노(漬物：일 본식 김치, 야채절임)의 뿌리도 여기서 찾을 수 있는데, 앞의 「'도부 로쿠' — 일본식 탁주의 기원」에서도 말한 『고사기』 속의 오진 천황 항목을 보자. 백제계의 술 빚는 기술자 스스호리가 처음 술을 빚었 다고 기록되어 있는 부분이다.

　나라(奈良) 시대에는 이 술 외에 '스스호리즈케(須須許理漬)' 라 는 야채절임도 있었다. 이 역시 그 이름 그대로 스스호리 등이 일본 에 건너가서 된장·간장 등으로 맛을 낸 야채절임 종류였다는 것이 「나이젠시시키 엔기시키」(延喜式內膳司式)*에도 나온다.

　또 '나라즈케(奈良漬け)' 는 나라 시대에 처음 만든 야채절임이라

---

* 나이젠시시키는 10세기 전반 헤이안 시대에 편찬된 법령집을 말한다. 그 가운데 엔기시키는 천 황이 먹는 음식물을 관장하는 부서에 관한 법률이다.

김치 만들기

는 것이 일반적인 견해인데, 실은 일본어의 '나라(ナラ)'는 우리말
로 나라 = 국가라는 뜻이며, 자신의 나라를 떠난 도래인들이 고향
의 맛을 그리워하여 막걸리의 술지게미에 오이 등을 담그기 시작한
것이 그 시초라고도 한다. 결국 술에서 시작되는 고대의 양조 기술
은 된장·간장 등의 조미료 기술과 연결되고, 야채의 발효를 적당
히 이용한 절임 종류도 풍부해졌을 것이다.

　여기에서 '누카즈케'(糠漬け : 야채를 소금 넣은 쌀겨에 담근 졸임)
에 관하여 덧붙이자면, 일본에서는 쌀겨를 중요시하여 값싸고 맛있
는 '누카즈케'를 창안하고, 그 기술을 보존 식품인 단무지로 발전
시킨 것은 참으로 훌륭하다고 하겠다. 이는 대륙에서 전래된 벼농
사, 정미 기술의 진보가 뒷받침되었던 것이다.

김치는 삼국 시대에 시작되었는데, 김치가 우리 민족의 귀중한 보존 식품으로서 문헌에 처음 등장한 것은 고려 시대의 시인 이규보(李奎報 : 1168~1241)의 『동국이상국집(東國李相國集)』이다. 여기에서 이규보는 무를 장에 담가 여름에 먹고, 소금에 절여서 겨울을 대비한다고 썼다. 이렇게 김치에는 여름에 먹는 간단한 것과 가을에 담가 겨울을 대비하는 절임 종류가 있었다. 우리 나라에서는 늦가을이 오면 바쁜 김장철이 된다. 긴 겨울에 대비하는 김치에는 조선 시대에 고추가 수입된 이래 고추 등 향신료 외에도 과실이나 젓갈류, 육류까지 첨가되었다.

　　매콤하고 맛 좋은 이 김치류는 오늘날 세계의 김치로 발전했다. 그런데 이 김치는 이웃 나라인 일본에는 좀처럼 건너가지 못했다. 매운 맛과 마늘 냄새가 식민지를 경멸하는 분위기와 연결되어 있었을 뿐만 아니라, 청초하고 담백한 일본 정신에 반한다는 것이다. 그러나 제2차 세계 대전 뒤 일본의 식품 시장에서 김치는 단골이 되었다. 그리하여 오이 김치, 깍두기 등 우리 나라 명칭이 그대로 쓰이는 경우도 있다. 김치가 세계적으로 인기를 얻자, 요즈음은 일본에서 김치 공장을 만들어 외국으로 수출하는 경우까지 생겨나고 있다.

한국의 전통 음식 불고기

일본의 옛말에 '찐 것보다는 구운 것'이라는 말이 있다. 생선이나 육류는 찌기보다는 구워 먹는 것이 더 맛있다는 데서 나온 말이다. 사람들은 태곳적부터 구운 음식을 좋아했다. 사냥이나 고기잡이로 얻은 육류를 구워서 먹었던 것이다. 이에 비하여 찌는 것은 손질이 많이 갈 뿐만 아니라 고도의 기술을 요하는 토기가 필요했다.

중국의 고서 『수신기(搜神記)』에는 '맥적'(貊炙 : 불고기)은 북방족(맥족貊族 : 부여·고구려 계통)이 시작한 것이라고 쓰고, 그 맛이 매우 좋아서 중국에서도 귀한 손님을 대접할 때 빼놓을 수 없는 음식이라고 전하고 있다. 이렇게 시작된 우리 민족의 불고기는 오늘날 세계적인 식품으로 손꼽히며, 유럽에서도 '김치'와 '불고기'만은 원래 이름을 그대로 달고 팔리고 있다. 원래 기마와 수렵에 유목 농경을 생업으로 해온 우리 민족은 예로부터 불고기·맥적 요리가 풍부했다는 것을 『수신기』는 뒷받침해 주고 있다.

특히 부여는 다른 나라와 달리 마가(馬加)·우가(牛加)·저가(猪加)·구가(狗加) 등의 동물 이름이 붙은 귀족들이 국토를 나누어 통치하고 있었다. 이것은 북방의 우리 민족(맥족)이 원래 목축을 생업으로 한 유목민에서 점차 농경민으로 정착하게 되었다는 것과 육식을 선호했음을 보여준다.

이러한 전통이 있는 우리 민족의 육식 선호는 중국에서 불교가 전래하면서 크게 바뀌었다. 불교는 살생을 금했기 때문이다. 하지만 일본처럼 엄격하지는 않았다. 때문에 닭고기는 서민들의 간편한 음식이 되었고, 농민들 사이에서는 밀도살 풍습이 뿌리 깊게 계속되었다. 그리고 원나라의 침략은 지배자들 사이에 육식을 크게 부활시키게 되었다.

조선 시대에 고추가 들어오면서 고기 요리는 크게 진보했다. 『일본서기』 「고교쿠(皇極) 천황 조」에는 소를 잡아 기우제를 지냈다는 사실이 기록되어 있으며, 덴표(天平) 시대(792~749년)에는 금령이 발표되었다. 그리하여 일본 요리에는 육류가 거의 등장하지 않고 주로 어류가 쓰였다. 그런데 오미(近江)에서만은 쇠고기를 먹는 습관이 있었다. 그리고 이이(井伊) 가문은 19세기에 이르기까지 쇼군(將軍)에게 쇠고기를 헌상하고 있었다. 마쓰사카 소(松坂牛), 고오베 소(神戶牛)도 역시 이를 잇는 것이다.

우리 나라에서는 살코기 · 갈비 외에 머리끝에서 꼬리 끝까지 먹을 수 있는 것은 모두 먹었으며, 돼지 역시 마찬가지여서 심지어는 '족발'로까지 발전했다. 육식 민족인 영국인은 소를 35가지로 분류하여 먹고 일본인은 겨우 15가지로 분류하지만, 한국인은 무려 120가지로 분류한다고 한다. 그 다채로움은 도대체 어디에서 온 것일까? 일본인도 패전 이후 우리로부터 자극을 받았는지 육식을 선호하게 되어 급속하게 포식국이 되고 있다.

고추는 일본에서 건너왔을까

　일본인은 '고추와 마늘'이라면 우리 나라 조미료의 대명사처럼 인식하고 있다. 많은 일본인이 이 두 가지 독특한 향신료의 원산지가 우리 나라라고 믿고 있다. 마늘은 고조선의 건국 신화인 '단군신화'에도 나올 정도이며, 일본에도 일찍이 전해졌으니 무리도 아니지만, 고추의 경우에는 사정이 조금 다르다.

　고추의 원산지는 중앙 아메리카이며, 콜롬버스가 신대륙을 발견한 뒤에 스페인에 전해지고, 이것이 유럽으로 널리 퍼져서 마침내 아시아에도 전해졌다. 그리고 중국에서는 명나라 때부터 식품으로 이용하였다. 일본에는 1559년 포르투갈 배에 의해 전래되었다는 설도 있지만, 16세기 중반쯤 남만선(南蠻船 : 동남 아시아 배)에 의해 전해졌다는 것이 거의 틀림없는 듯하다.

　한국사에서 고추라는 말이 처음 등장한 것은 실학의 선구자 이수광(李晬光 : 1563~1629)의 저서 『지봉유설(芝峰類說)』에서다. 그는 이 책에서 "남만호초(南蠻胡椒 : 고추)는 아주 독한데, 왜국에서 처음 전해졌다. …… 때로 술집에서 소주와 함께 팔기도 하지만 이것을 먹고 많은 사람이 죽는다"고 기록하여 매우 무서운 것으로 보

양념을 한 김치

왔다.

그런데 이수광의 주장과는 달리 고추를 일본에 전한 것은 가토 기요마사(加藤淸正 : 1562~1611)였다는 설도 있다. 당시부터 고추를 조선에서는 '왜신자(倭辛子)', 일본에서는 '고마코쇼(高麗胡椒)' 라고 불러서 조금 혼란스러운 면도 있지만, 도요토미 히데요시의 군대가 임진왜란 때 조선에서 가져간 것도 사실인 듯하다. 생각건대 16세기에 남만선이나 중국을 경유하여 양국에 전래된 것이 임진왜란 중에 상호 교류된 것으로 보인다.

어쨌거나 조선 중기에 전해진 이 고추는 곧 우리 나라 요리, 특히 김치의 핵심 재료가 되었다. 특이한 향기와 맛, 혀를 찌르는 그 매운 맛이 민족성에 맞았는지도 모른다.

그런데 일본에서도 최근 뒤늦게나마 고추에 대한 수요가 날로 늘어나고 있다. 특히 이 매운 맛의 주성분인 캡사이신이 점막을 자극하여 위의 운동을 활발하게 하기 때문에 식욕을 높여준다. 그뿐만 아니라 그 매운 맛이 땀을 내게 하여 체온을 떨어뜨리므로 여름철 음식으로도 좋고, 고혈압·비만 치료에도 좋으며, 비타민 종류도 풍부하다 하여 큰 인기다.

오늘날 한국인은 매운 김치 없이는 살 수 없다고 하는데, 일본인

은 '시치미토가라시'(七味唐辛子 : 일곱 가지 양념, 즉 고추 · 깨 · 진
피 · 앵속 · 평지 · 삼씨 · 산초를 빻아서 섞은 향신료)로 만족하고 있
다. 하지만 사람들이 고추의 선명한 붉은색과 그 독특한 풍미에 매
혹되었는지, 향신료 중에서도 특히 인기 순위가 높아 세계적으로도
유명해지고 있다.

일본식 다도의 기원

일본에서는 식후에 차를 마시는 습관이 깊이 뿌리를 내렸지만, 우리 나라에서는 꼭 그렇지도 않다.

동백과에 속하는 차나무는 동남 아시아의 온열대 지방이 원산지이며, 중국에서는 운남성(雲南省) 남부에서 시작되어 서기 800년대쯤에 전국으로 널리 퍼져 점차 동쪽으로 확산되었다. 그리하여 마침내 우리 나라와 일본에도 전해지게 되었다. 『삼국사기』에 따르면 우리 나라에서 차를 재배한 것은 신라 흥덕왕 3년(828년)에 당나라에 사신으로 갔던 김대염(金大廉)이 중국에서 차 씨앗을 가지고 돌아와 지리산 기슭에 심은 것이 시초라고 전해진다.

하지만 신라의 대문호 설총이 692년에 지은 『화왕계(花王戒)』에는 차를 마시는 내용이 나오며, 『삼국유사』에는 충담(忠談)이라는 승려가 경주 남산의 미륵불에게 날마다 차를 공양하다가 경덕왕(景德王 : 742~65)에게 불려가서 왕에게도 차를 대접했다는 기록도 있다. 나아가 신라의 젊은 화랑들은 명산 성지를 순례하며 차를 끓여 천지 신명에게 바치는 풍습이 있었다고 하므로 우리 나라에서도 일찍부터 왕과 귀족 사이에서는 차를 마시는 습관이 정착되어 있었다

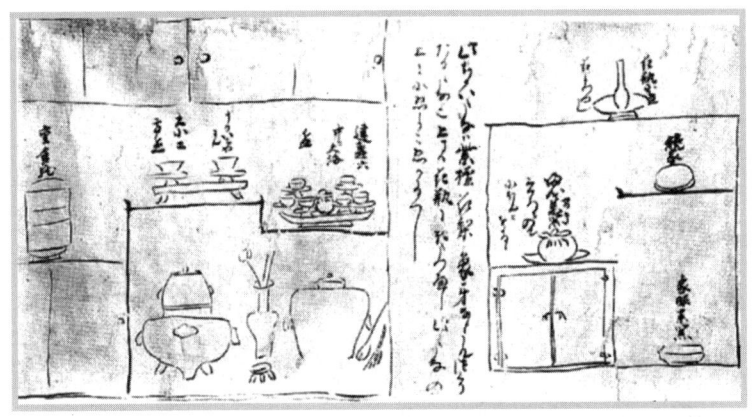

찻잔 그림

고 하겠다.

　고려 시대는 불교가 융성함에 따라 커다란 사원에 다촌(茶村 : 야
생 찻잎을 따서 차를 만드는 마을)이나 찻물 전용 샘까지 있었고, 궁
중에는 약과 차를 공급하는 부서인 '다방(茶房)', 그리고 중요한 국
가 의식에는 반드시 '진다례'(進茶禮 : 차를 올리는 의식)가 따르기
마련이었다. 하지만 이러한 독특한 다도는 조선의 배불 정책에 의
해 쇠퇴하고 말았다.

　일본에서 차의 역사를 더듬어 보면 『도다이사 요록(東大寺要錄)』
에 승려 교키(行基 : 668~749)가 사원 건립과 함께 여러 나라를 돌
아다니며 차나무를 심었다고 되어 있어, 한반도 계통 사람들의 활
동을 전하고 있다. 앞서 말했듯이 이 때 신라에서도 『화왕계』에 차
를 마신 기록이 있고, 왕궁이나 사원에서 차를 마시는 풍습이 정착
되기 시작한 것을 고려하면, 차와 관련된 두 나라의 관계를 떠올릴
수 있을 것이다.

미요키안의 다실

　일본에서 차를 수입한 것도 신라의 사신 김대염이 당나라에서 그
씨앗을 가지고 돌아왔을 때와 대체로 같은 시기이다. 805년 사이초
(最澄)가 귀국할 때 견당선에 타고 있던 승려 에이추(永忠：743~
816)가 당시 오미(近江)의 가라사키(唐前)에 행차하여 머물고 있던
사가(嵯峨) 천황에게 차를 끓여서 대접했다고 되어 있다(『일본후기
日本後紀』). 그리고 이것을 기뻐한 천황은 차를 기나이(畿內：교토
에 가까운 지방)・단바(丹波)・하리마(播磨)에 심게 했고, 그 뒤 조
정에서도 제다소(造茶所)가 만들어졌다고 한다.

　또 1191년 중국에서 송나라의 대장경을 배우고 차 씨앗을 가지고
돌아온 승려 에이사이(榮西)는 이것을 즈쿠젠(筑前)의 세후리산(背
振山) 남쪽 기슭에 심어 이와야마(岩山) 차가 생겨났다. 이 씨앗을
물려받은 제자 고벤(高弁)은 이것을 야마시로(山城)의 도가노(木母

尾)에 옮겨 도가노 차가, 나아가 지질이 좋은 우지(宇治)에 심어 우지 차가 생겼다고 전한다.

아즈치 모모야마(安土桃山) 시대*에 다도는 서민에게도 확산되어 '와비차(侘び茶)' 등이 출현함으로써 본격적인 일본식 다도 문화가 꽃피었다. 그러나 여기에는 고려에서 융성한 다례(茶禮)·다방(茶房)의 영향이 선종과 함께 일본에 들어간 것으로 생각된다.

---

* 일본 문화사에서 16세기 말에서 17세기 초에 이르는 기간을 가리킴. 오다 노부나가(織田信長)·도요토미 히데요시(豊臣秀吉) 등으로 대표되는 신흥 무장들과 대상인의 재력이 바탕이 되었다. 지금까지 남아 있는 화려한 성곽과 함께 사치스럽지 않은 다실과 다구를 사용하여 적막하고 고요한 풍취를 즐기고자 한 와비차, 그리고 서양인의 왕래에 의한 이국 취향이 특징이다.

고구마와 담배는 일본에서 온 것

고구마 · 담배 · 고추는 모두 일본에서 우리 나라로 전해졌다고 하는데, 고추만은 아무래도 우리 나라와 일본이 서로 전했다는 것이 정설인 듯하다. 하지만 고구마와 담배는 분명히 일본에서 우리 나라로 전래된 것이며, 그 기록도 분명히 남아 있다.

고구마가 우리 나라에 전해진 것은 1763년 조선 통신사의 사신이었던 조엄(趙曮)이 일본으로 향하는 도중에 쓰시마(對馬島)에서 고구마가 식량으로 쓰인다는 말을 듣고 그 씨앗 몇 말을 부산진과 제주도에 보내어 재배를 시도한 것이 시초다. 왜냐하면 일본은 교호(享保) 시대(1716~1736년)에 대기근을 만났지만 이 고구마를 심은 지방에서는 재해를 넘길 수 있었다는 말이 조선에도 알려져 있었기 때문이다.

고구마의 인기는 쓰시마에서도 대단하여, 기근이 들었을 때 고구마 덕분에 효도를 할 수 있었고, 노인들이 굶어죽는 것을 막았다 하여 일명 '고코이모(孝行藷)' 라고도 일컬었다. 이 이름이 조선에 전해져서 지금도 '고구마' 라고 부르고 있다. 그러나 이 고구마가 조선의 농업에 녹아들기까지는 상당한 시간이 필요했다. 1834년 상남

(湘南) 순찰사 서유구(徐有榘)가 임지에서 두 번이나 가뭄을 겪고 이에 대한 대책으로 『종저보(種藷譜)』를 저술했는데, 이것은 일본에서 고구마가 도입된 지 실로 70여 년이 지났을 때의 일이다.

서유구의 『종저보』는 그때까지 강필리(姜必履)와 김장순(金長淳)의 『감저

끽연의 유행

보』(甘藷譜 : 1776년)를 더욱 구체화하고, 명나라 서광계(徐光啓)의 『감저소』(甘藷疏 : 1813년)를 참고하면서도 어디까지나 조선 특유의 기후와 풍토에 적합한 경작법을 담은 명저다. 현재 고구마는 한반도 북부 일부를 제외한 전국 각지에서 풍부하게 재배되고 있다.

우리 나라에서 담배에 관한 최초의 기록은 역시 이수광의 『지봉유설』에서다. 그는 이 책에서 "담파고(淡婆姑)는 풀 이름, 또 남령초(南靈草)라 하며, 근세에 처음으로 왜국에서 건너왔다"고 씌어 있어 일본에서 전래되었음을 전하고 있다. 또한 일본에서 건너온 끽연 풍습은 빠른 시간 내에 크게 유행하고 만주까지 퍼졌다.

조선에서 담배로 유명한 것은 평안도의 성천초(成川草)로서 왕실 향초로서 알려졌다. 이에 따라 개발된 것이 담뱃대인데, 조선의 담뱃대는 일본 것에 비하여 꽤 길다. 옛날 양반들은 1미터가 넘는 장

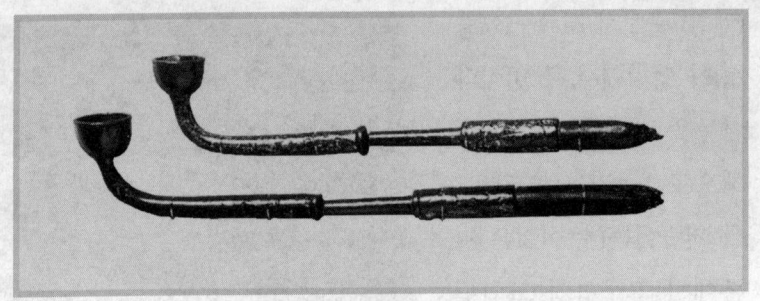

일본의 담뱃대

죽을 입에 물고 스스로 권위를 뽐내었는데, 때로는 이것을 하인에
게 들려서 돌아다니기도 했다.

　도쿠가와 시대의 조선 통신사들도 이 긴 담뱃대를 입에 물고 일본
인과 필담을 나누었다고 하는데, 일본인들이 이것을 이상하게 보고
질문하자, "신분이 높은 자는 담뱃대도 길고 신분이 천한 자는 짧다"
고 대답했다고 한다(1764년, 제술관製述官 남옥南玉과의 필담).

4장
주조와 가라카누치

고대인은 오랫동안 석기 시대, 청동기 시대를 거쳐 마침내 철기 시대를 맞이했다. 고조선의 영역, 즉 요동 반도
와 한반도 서북부에서 시작한 철기 기술의 개발은 빠른 기세로 한반도 남부에도 전해져서 그 무렵의 농기구를
개조함으로써 농경 기술을 크게 높였다. 뿐만 아니라 무기의 질을 비약적으로 높여서 국방력도 높였다. 일본의
경우, 스사노오노미코토에서 비롯되는 가라카누치들의 이즈모 진출은 철기 문화의 우월성과 금속 문화의 전래
를 말해준다. 이렇게 일본 열도로 전해진 삼국의 기술은 눈부신 것이었다.

숨겨버린 구석기 시대

　일찍부터 한반도에 구석기인이 살고 있었다는 사실을 처음 보고한 것은 1940년 만몽(滿蒙) 학술 조사단의 도쿠나가 시게야스(德永重康) · 나오라 노부오(直良信夫) 두 사람이었다. 그들은 「두만강 연안 동관진(潼關鎭) 발굴물 조사 보고서」와 「조선 동관진 발굴 — 구석기 시대의 유물」이라는 논문을 발표하였다. 그런데 기이하게도 발굴 작업 자체가 당시 일제의 만주 침략을 위한 철도 부설 공사를 계기로 시작됨으로써 이미 불운의 그림자가 드리워져 있었다.

　두 사람은 일본 외무성 문화 사업부의 협력 아래 함경북도 동관진의 두만강변 경사면에서 발굴을 진행한 결과 지하 3미터 지층에서 두 개의 흑요석(黑曜石) 잔석기(細石器)와 코끼리 · 코뿔소의 화석, 그리고 넣 개의 뼈 도구를 찾아냈다. 이것이 틀림없이 구석기 시대의 유물이라고 주장하자 즉시 커다란 반발이 일어났다. 이 반발은 그 때까지 아직 일본 본토에서도 출토되지 않았던 구석기의 증거가 식민지 조선에서 먼저 나왔다는 것을 부정하려는, 다분히 정치적인 사정에 기인한 것이었다.

　그리하여 조선의 구석기 유물은 수수께끼에 쌓인 채 해방을 맞이

주먹도끼(연천 전곡리 유적에서 출토)

하였다. 그리고 일본 학계는 대체로 한반도와 일본 열도에 구석기
인이 살았다는 것에 대하여 지극히 부정적이었기 때문에 많은 양심
적인 학자들이 천덕꾸러기 취급을 받았다.

　그런데 해방 뒤 우리 나라와 일본에서 잇따라 발견된 고고학적인
유물은 이들 종래의 의견에 커다란 수정을 강요하게 되었다. 먼저
1949년 일본 열도 내의 구석기 유물이 군마현(群馬縣) 이와주쿠(岩
宿) 유적에서 발견되었기 때문이다.

　그리고 1963년 함경 북도 웅기군 굴포리에서 중석기 시대의 유물
이, 나아가 1966년에는 평양시 검은모루 동굴 유적에서 약 40～60
만 년 전의 깬석기와 동물 화석이 발굴되었다. 한편 1964년 충청남
도 공주군 석장리에서도 3만～2만 년 전의 깬석기가 발견되고, 이
어서 70년대에는 경기도 연천의 전곡리에서도 구석기의 발굴이 대

대적으로 이루어졌다.

80년대에는 마침내 그 때까지 아시아에서는 발견되지 않았던, 전기 구석기 시대인 약 30만 년 전의 것으로 추정되는 주먹도끼가 연천 전곡리에서 출토되어 학계를 놀라게 했다. 또 80년대에는 평양 부근의 용곡동 구석기 동굴에서도 몇 개의 화석 인류가 발견되었는데, 이 역시 40~50만 년 전의 것으로 감정되어, 한반도에는 구석기 시대가 없었다는 기존의 학설을 완전히 뒤집어 버리기에 이르렀다.

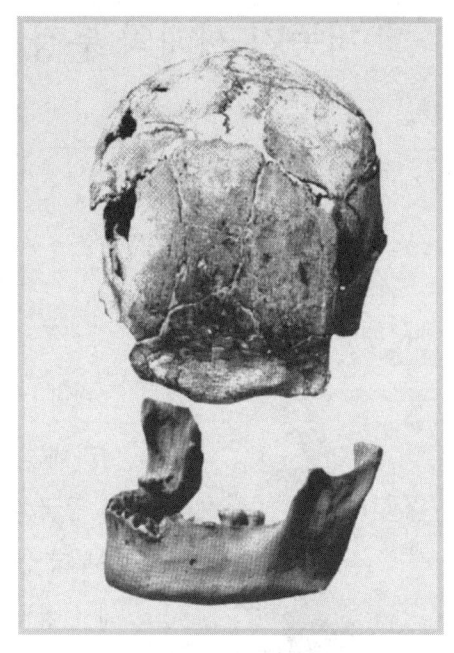

구석기 시대 인골(만달 사람)

하지만 해방 전에 나오라 노부오 등이 발견한 '동관진 구석기 유물'은 일부 학자들의 식민지 사관에 희생되어 행방 불명이었다. 그런데 이 귀중품이 워싱턴에서 발견되었다. 한국 전쟁의 전화 속에서 유출된 것을 미군 병사가 헐값에 구입하여 미국으로 반출한 것이다. 다행히도 재미 동포에게 되팔려 최근 서울 국립 중앙 박물관에 돌아온 것은 참으로 다행스러운 일이 아닐 수 없다.

청동기 시대의 부정 ― '금석 병용기'

세형 철 단검

해방 전 일부 일본인 고고학자들은 우리 나라에는 청동기 시대도 없었다고 주장했다. 즉 중국의 전국 시대(기원전 403~221년) 말쯤부터 한(漢)나라 말기에 걸쳐서 중국 대륙에서 청동과 철 제작 기술이 한꺼번에 들어옴으로써 아직 신석기 시대에 있던 우리 나라에 처음으로 금속 문화가 시작되었다고 주장했다. 그리하여 이 시대를 '금석 병용기(金石倂用期)'라고 불렀던 것이다.

예를 들면 고고학자 후지타 료사쿠(藤田亮策)는 "석기 시대 말기에 대륙 문화의 여파를 받아 …… 더구나 금속기가 들어옴에 따라 석기 시대의 양상이 전면적으로 바뀌었을 뿐만 아니라, 조개더미·움집 등의 구태도 여전히 보존되어 동검(銅劍)·동모(銅矛)와 같은 발달된 무기를 이용하고, 고인돌·독무덤

과 같은 새로운 양식의 매장
법도 이용되어, 이른바 금석
병용의 문화 상태를 보여주
기에 이르렀다"고 말했다
(『조선 고고학 연구』).

이렇게 일부 사람들은 우
리 나라의 금속 문화는 중국
에서 수입하여 이루어진 것
이라는 견해에 서서, 구석
기 → 신석기 → 청동기, 그
리고 철기 시대로 정상적인
발전 과정을 거치지 않고 석
기 시대에서 곧바로 철기 시
대로 이전했다고 설명한 것
이다.

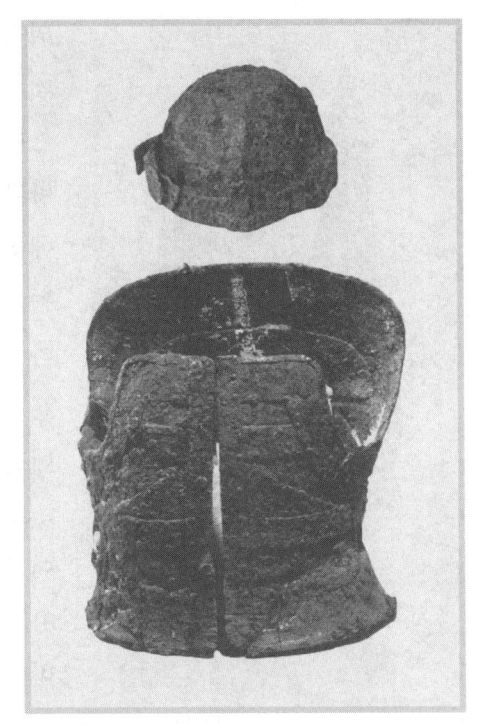

철갑옷과 투구

그러나 '금석 병용'이라는 말은 고고학상의 용어다. 역사적으로
는 신석기 시대의 극히 초기에 그 무렵 사람들이 자연동(自然銅)이
유출되어 있는 것을 발견하고 이것을 이용하던 문화 발전 단계를
규정하는 용어였다. 그러므로 중국에서 제철 기술이 유입되었다고
하는 기원전 4~3세기 무렵을 '금속 병용기'라고 이름 붙인 것 자
체가 옳지 못한 규정이다.

하지만 여기에 반발하는 힘은 약했다. 왜냐하면 당시 이러한 의
견에 반대하는 것은, 한국사의 낙후성을 선전하고 싶어하던 일본

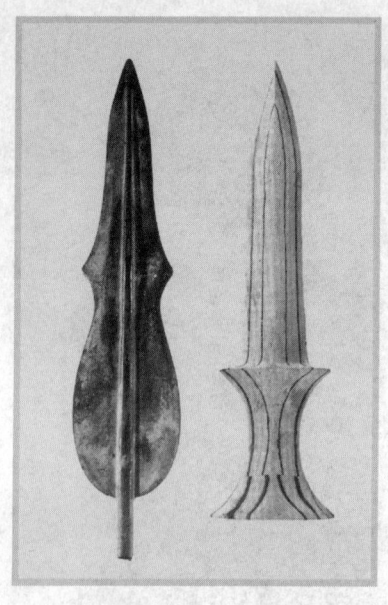

비파형 동검과 마제석검

위정자들의 식민지 정책에 어긋나는 것이었기 때문이다.

또 해방 전 우리 나라의 고고학적 발굴과 연구는 모두 일본인 학자들에 의해 이루어졌으며, 한국인 학자는 단 한 명도 여기에 참가할 수 없었다. 이렇게 당시 우리 나라의 고고학은 오로지 일본인에 의해서만 이루어졌던 것이다.

그러나 해방 후 남북한의 고고학이 새로운 단계를 맞이하여, 기원전 8세기쯤부터 이미 우리 나라 특유의 비파형 동검을 비롯한 청동기 문화가 요하(遼河) 유역에서 한반도 남부까지 널리 퍼지고, 기원전 3~2세기쯤에는 일찍이 철제 무기와 농기구를 비롯한 각종 노동 용구를 만들고 있었다는 것을 확인했다.

또한 한국 고대사는 구석기를 이어 신석기 · 청동기 · 철기 시대로 순서대로 발전해 왔다는 것도 증명했다. 우리 나라의 구석기 시대도 전기 · 중기 · 후기로 나누어지며, 전기 구석기 시대가 40~60만 년 전으로 거슬러 올라간다는 점 등에서 남북한의 학계는 거의 일치하고 있다.

동탁의 수수께끼

　일본 문화의 원류를 더듬어 보면, 한반도·중국 대륙과 관련하여 여러 가지 해석이 성립하지만, 그 가운데서도 야요이 문화, 특히 농경 문화의 상징이라고도 하는 동탁(銅鐸)을 둘러싸고 다양한 논쟁이 계속되고 있다.

　동탁이란 청동제(주로 구리·주석·납의 합금) 종(鐘)과 같은 것인데, 큰 것은 1미터가 넘기도 한다. 그리고 이 동탁은 세형 동검을 비롯한 동모(銅矛)·동과(銅戈) 등이 실용적인 목적보다는 장식용·위엄 과시용 목적을 띠게 되는 것과 때를 같이 하여 점점 대형화해 간다. 그리고 그 시기가 철기가 급속히 확산된 야요이 시대 후기와 일치하고 있다는 것은 일본의 금속 문화의 발전 과정을 보여준다고 보아도 좋다.

　오늘날 이 수수께끼와 같은 동탁의 기원이나 용도에 대해서는 지금도 여전히 명백히 밝혀지지 않았는데, 그 무렵 사람들이 사용하던 제기(祭器)인 듯하다는 설이 유력하다.

　동탁은 지금까지 일본 전역에서 400개 이상 알려져 있는데, 최근까지 그 분포 지역이 긴키(近畿) 지방(교토·오사카를 중심으로 한

동령에서 동탁으로(오른쪽부터)

지방)을 중심으로 하여 동쪽으로는 도카이(東海) · 호쿠리쿠(北陸)
지방까지, 서쪽으로는 히로시마현(廣島縣)에서 세토우치해(瀬戸內
海) 연안으로, 그리고 시코쿠(四國) · 산인(山陰) 지방까지 넓게 퍼
져 있는데, 이상하게도 우리 나라에 가장 가까운 북규슈(北九州)나
야마구치현(山口縣) 등에서는 아직 발견되지 않았다.

때문에 대륙의 동검 · 동모 · 동과 등 우리 나라의 세형 동검 문화
를 먼저 받아들인 규슈의 '청동 무기 문화권'에 대하여 긴키의 '동
탁 문화권'이 대립하고 있었던 것처럼 주장하기도 했다.

뿐만 아니라 많은 사람들은 "동탁은 일본에서만 만들어진 독특
한 것"이라고 규정하거나 "동탁이 긴키 지방에서 시작되어 동서로
확산되었지만 결국 규슈까지는 이르지 못했다"라고 해석함으로써
고대 우리 나라 문화가 동쪽으로 건너갔음을 전혀 인정하려 하지
않았다.

그런데 1960년 이래 동탁 문화권 밖에 있어야 할 후쿠오카(福

岡)·오이타(大分)·사가현(佐賀縣)
에서 몇 종류의 동탁과 그 거푸집이
발견되었다. 뿐만 아니라 이것이 최
고 20센티미터를 넘지 않는 가장 오
래된 동탁이며, 그 가운데에는 우리
나라 동탁과 공통된 것도 있었다. 또
한 오이타현 우사시(宇佐市) 벳부(別
府)의 것은 우리 나라식 작은 동탁이
거의 틀림없다고 판정되어 갑자기
'동탁 북규슈 기원설' 이 부상했다.

 게다가 최근 가라쓰시(廣津市) 우
키쿤덴(宇木汲田) 유적의 널무덤에
서는 세형 동검의 손잡이와 함께 동
탁의 혀 부분이 출토되었다. 뿐만 아
니라 1985년에는 시마네현(島根縣)
고진다니(荒神谷) 유적에서 358개의
야요이 동검과 16개의 동모에 이어 6

일본 최대의 동탁

개의 동탁이 한꺼번에 출토되어 일본 열도와 우리 나라의 관계가
주목받았다. 나아가 평양·대전을 비롯한 몇몇 유적지에서도 세형
동검·동모·동과·잔무늬 거울 등과 함께 동탁이 출토되었다. 따
라서 이는 세형 동검 문화의 흐름을 보여주는 것이고, 동탁 북규슈
기원설을 한반도까지 더욱 거슬러 올리고 있는 것이 지금의 실정이
다.

다시 찾은 잔무늬 거울

　일본 야요이 문화의 상징은 뭐니뭐니 해도 대륙에서 전해진 새로운 벼농사 농경 문화와 금속 문화로 특징지을 수 있다. 그리고 이 금속 문화에는 세형 동검, 세형 동모, 동과, 동탁 등 청동제 무기류에 잔무늬 거울(細紋鏡)이 동반되고 있다.

　후쿠오카 평야의 이모리(飯盛) 지구의 다카키(高木) 유적에서는 전라북도 완주군 여의리에서 출토된 것과 같은 잔무늬 거울이 청동 기류와 함께 발굴되어 고대 우리 나라와 깊은 문화적 관련이 있음을 보여주었다.

　잔무늬 거울이란 일반적으로 거울 뒷면에 무수히 섬세한 직선과 삼각 무늬를 조화시킨 기하학 도안을 새긴 것을 말한다. 그리고 끈을 꿰는 걸이(金丑)가 거울 중심에서 약간 벗어난 곳에 두 개 이상이나 뚫려 있어서 '다뉴 세문경(多金丑細文鏡)' 이라고도 부른다. 이렇게 끈을 꿰는 걸이가 2개 이상인 거울은 한반도에서만 나오며, 중국의 고대 거울은 걸이가 하나밖에 없다. 그리고 대개 거울 앞면이 오목하게 들어간 모양인데, 고대인이 빛을 집중하여 불을 만드는 데 사용한 것인지, 아니면 햇빛을 반사시켜서 불의 신에게 신탁(神

託)을 묻는 제사 의식용으로 사용한 것인지는 분명하지 않다.

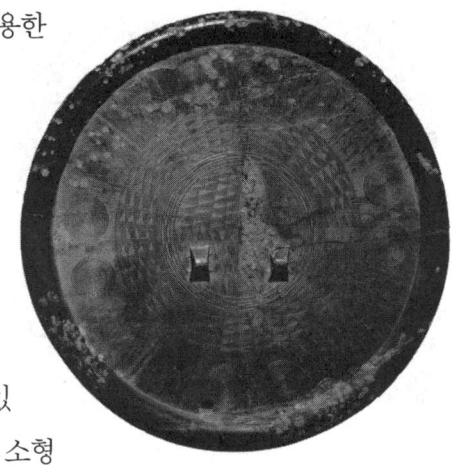
잔무늬 거울

　고대 우리 나라의 잔무늬 거울은 질 좋은 백동(白銅)을 사용했다. 거울의 크기도 중국 요녕성 조양(朝陽)에서 출토된 직경 22.5센티미터의 대형부터 10센티미터 전후의 작은 것도 있고, 일반적으로 남쪽으로 갈수록 소형화하고 있다. 또 이 잔무늬 거울은 중국의 동북 지방(만주)과 소련 연해주, 그리고 우리 나라의 각지에서 60개 가까이나 발견되어 고대 우리 민족의 창작물임을 보여주고 있다.

　뿐만 아니라 이 거울은 사가·야마구치·오사카·나라에서도 계속 출토되고 있는데, 그것이 종종 우리 나라의 것과 똑같은 소형 동탁과 함께 발굴되고 있다. 이러한 사실은 두 나라 사이의 관계를 뒷받침해 주고 있다. 하지만 해방 전 일본의 학자들 가운데 일부는, 거울 뒷면 무늬가 정교하게 되어 있는 우수한 거울은 중국제이며 무늬가 거친 거울 역시 외국품을 모방한 것에 지나지 않다고 주장하기도 했다.

　그런데 1953년 중국 요녕성 조양에서는 고조선 초기의 비파형 동검과 함께 거친무늬 거울(粗文鏡)이 발굴되었다. 또한 그 뒤 심양에서는 과도기적인 거울(거친무늬와 잔무늬)이 발굴되었으며, 우리 나라 각지에서 잔무늬 거울이 여럿 발굴되기에 이르러 일부 사람들의

귀신상(왼쪽)과 짐승상

주장은 부정되었다.

잔무늬 거울의 뒷면 문양은 무수한 가는 선의 기하 무늬인데, 현대의 제도기를 이용하더라도 매우 그리기 힘든 기교를 보여주고 있다. 『삼국지』 「위지 왜인전」에는 야마타이국(耶馬台國)의 여왕 히미코(卑彌呼)가 보낸 사신에게 청동 거울 100개를 하사했다고 되어 있다. 이 거울이 일본에서 발견된, 뒷면 가장자리에 삼각형 무늬와 함께 신성한 동물을 새겨넣은 거울 같다는 것이 학계에서도 유력하다. 하지만 이것이 중국제라는 증거는 현재 무엇 하나 분명한 것이 없다.

이렇듯 거울 세계는 고고학에서도 복잡한데, 이 가운데 잔무늬 거울은 북방적 요소를 갖고 있는 우리 민족의 뛰어난 주조물이라는 확증을 얻고 있다.

동아시아의 철기 문화

　인류의 역사는 구석기 시대에서 비롯되어 신석기 · 청동기 시대를 거쳐 오늘날의 철기 시대로 발전해 왔는데, 사람들이 철기를 사용하기 시작한 것은 그리 오랜 옛날이 아니다.

　인간이 금속을 사용하게 된 역사는 대체로 어느 나라에서나 비슷한데, 모래 속에 섞여서 빛을 반사하는 사금을 채취하거나, 은광석을 부수거나, 자연동 · 소철(素鐵) 등을 가공하는 단순한 방법에서 비롯되었다.

　그러나 그러한 자원이 그리 많지 않고 이것을 찾아내기도 매우 힘들게 되자, 사람들은 철광석에 주목하기 시작했다. 하지만 철을 야금하는 데는 구리나 납 등과 비교할 수 없는 높은 열이 필요하며, 특수한 담금질과 망치질을 반복해야 한다. 따라서 제철 기술은 청동 주조의 경험을 쌓은 바탕 위에 발전해 온 것이다.

　한편 구리나 청동은 고대 사회에서 그리 풍부하게 쓰이지는 않았으며, 주로 지배자나 귀족들의 점유물에 지나지 않았다. 이에 비하여 철은 유력한 생산 도구로 등장했기 때문에 빠른 기세로 확산되어 갔다. 즉 철은 민중에게 더욱 친근한 금속이었던 것이다. 따라서 철기의 본격적인 생산은 사회적 노동 용구, 특히 농경 생산 도구의 요구를 충족시키는 형태로 확산되어 갔다.

그러면 동양에서는 언제부터 제철이 시작되었을까? 최근까지의 발굴 결과를 보더라도 중국에서는 전국 시대(기원전 403년에 시작됨) 이전의 유물에서는 철기가 별로 보이지 않는다. 하지만 전국 시대 이후가 되면 여러 지역에서 주조한 철기류가 많이 출토되고 있다. 이것은 전국 시대에 중국 본토에서 본격적으로 철기 시대가 시작되었음을 보여주는 것이다.

전국 시대의 유적에서 철기가 출토된 지방은 20개소에 이른다. 하지만 그 가운데서도 성도(成都)·소화(昭化)·형양(衡陽)·신양(信陽)·장사(長沙) 등 다섯 지방을 빼고는 모두 황하 이북, 그것도 만리장성 북방에 있는 안산(鞍山)·금주(錦州)·적봉(赤峰)·승덕(承德) 등 지금도 유명한 철산지에서 당시의 유물이 주로 출토되고 있다.

또 흔히 중국에서 전래된 것으로 여겨지던 유명한 '명도전(明刀錢)'도 현재까지는 중국 본토보다는 요동과 한반도 서북 지방에서 더욱 집중적으로 발굴되고 있다.

잘 알려진 바와 같이 이 지역들은 그 무렵 고조선의 영역이거나 고조선과 인접해 있던 곳이다. 그렇다면 우리 나라의 철기 문명은 중국 본토와 대체로 같은 시기에 고조선 영토에서 시작되어 남쪽으로 확산되었으며, 농경의 발전과 함께 일정하게 성숙한 뒤에 조몬 시대 말기 무렵부터 동·철과 함께 가장 가까운 일본 열도로 전해진 것이라고 보면 거의 틀림없을 듯하다.

철기 문화의 소유자들

예로부터 중국인은 우리 민족을 포함한 동북 아시아인을 '동이 (東夷)'라 불렀다. 왜 이렇게 불렀을까? 다음과 같이 설명하는 학자가 있다. "철(鐵)의 고자(古字)는 원래 '이(金夷)'라고 썼으며, 쇠금 (金) 변에 이(夷)자가 붙어 있었다. 이것은 말할 것도 없이 옛날에 제철 기술을 동이족이 가져다 주었다는 역사적 사실을 반영한다"라고.

이러한 고증의 진실성은 원래 반(半)농경 유목민이었던 동이족이 생업을 찾아 요하 유역에 정착하여 고조선을 세웠다는 사실과도 일치한다.

어쨌는 고대의 여러 종족은 수리와 기후가 좋은 농경지와 철산지를 찾아서 나라를 세웠던 것이다. 고구려의 시조 주몽의 아들 온조는 일족을 이끌고 남하하여 한강 하류(지금의 서울 부근)에 백제국을 세웠다. 말할 것도 없이 이 땅은 비옥한 평야일 뿐만 아니라 예로부터 사철(砂鐵 : 풍화·침식 작용에 의해 모래 모양으로 변한 자철광)의 산지로도 유명한 곳이다.

신라·가야국이 있던 진한·변한 지역에서도 일찍부터 청동 문

철정(부산 복천동 유적)

화가 번영하여 유물이 풍부한데, 이것은 이 지역이 금속 자원이 풍부한 좋은 조건이었기 때문이다. 그러나 특히 중요한 것은 한반도 남부가 동양에서 유력한 벼농사 지대로서 번영하여, 새롭고 왕성한 생산 활동의 기반 위에 제철 문화가 결실을 맺었다는 것이다.

고대 국가는 제철 기술이 보급됨에 따라 농업 생산력이 급속하게 높아져 나라의 부를 늘릴 수 있었다. 뿐만 아니라 철제 무기를 사용함에 따라 전투력도 크게 강화되었던 것이다.

여기에 제철에 얽힌 한 가지 일화가 있다. 신라의 제4대 왕 석탈해(昔脫解)는 매우 욕심이 많아서 호공(瓠公)의 저택을 빼앗으려 했다. 그리하여 송사가 벌어지게 되었는데, 그는 재판관에게 "우리 선조는 대대로 대장장이었습니다. 땅을 파보십시오"라고 요구한다. 그래서 땅을 파보니 야금에 사용하던 것으로 보이는 탄가루가 나왔다. 물론 석탈해가 지난 밤중에 몰래 묻어둔 재였다. 이렇게 야심 만만한 석탈해는 남의 집을 가로채는 데 성공했다는 것이다. 이 이야기는 철기 시대 초기의 사회상, 특히 지배자들의 철에 대한 집념을 반영한 것이라고 볼 수도 있겠다.

그런데 일본과 인연이 깊은 가야 땅인 경상남도 합천군 성산리에서는 46기에 달하는 고분군 가운데 화려한 금동제 보관(寶冠)과 투구 등 520여 점이 발굴되었다(1985년 말).

특히 이 지방의 야로면 금평리 일대는 '불메골'이라고도 하여 『세종실록지리지』에도 나오는 3대 광산 가운데 하나인 '야로철산(冶爐鐵山)'이 있었던 것이 확인되었다. 이렇게 보면 철 소유자들의 수수께끼와 같은 일본 열도 진출은 이 지방과 관련이 깊었는지도 모른다.

가라카누치와 야마토카누치

앞의 「동아시아의 철기 문화」와 「철기 문화의 소유자들」에서 말한 바와 같이 우리 나라에서 철기 시대는 중국 본토와 거의 같은 전국 시대에, 요동을 포함한 한반도 서북쪽에서 고조선 사람들에 의해 개발되어 온 것으로 보아도 좋다. 이 제철 기술을 갖춘 사람들은 모험심을 품고 금속 자원을 찾아 남쪽으로 진출하여 여기에 단야터를 만들어 정착했다.

나아가 가까운 섬 일본 열도로 어렵지 않게 건너가 다타라(蹈鞴 : 골풀무[*]) 집단이 되어 신천지 일본을 개척하기 시작한 것이다. 그 무렵 가야 사람들의 북규슈 진출, 신라 사람들의 이즈모(出雲) 진출에는 벼농사 기술과 함께 뛰어난 단야공(鍛冶工)들이 뒤따랐는데, 왜인들은 우리 나라산 철에 매혹되어 그들을 '가라카누치'(韓鍛冶 : 한국에서 온 대장장이)라고 불러 '야마토카누치(倭鍛冶)'와 구별했다. 하지만 여기까지 이르는 여정은 수백 년에 이르는 긴 세월이었다.

---

* 땅바닥에 네모지게 골을 파서 중간에 골대를 박고, 그 위에 골에 맞는 널빤지를 걸쳐놓은 것으로, 두 발로 번갈아 널빤지의 양끝을 디뎌서 바람을 일으킴.

용해로(경주 황성동 유적)

그러면 우리 나라의 북부와 남부 지방에서 제철 기술은 어떻게 발전되어 왔을까? 함경북도 부령군 사하동에서는 해방 전까지만 해도 강 주위에 사철을 약 60센티미터 정도 높이까지 쌓아올린 뒤 그 위에 많은 장작을 쌓고 하룻밤 내내 사철을 녹여서 다음날 아침에 흘러나와 굳은 쇠 덩어리를 모았다는 것이 확인되고 있다. 이것은 초기 철기 시대의 제철 모습을 연상시키는 것인데, 이렇게 하여 만든 철은 매우 물렀다.

송풍관 파편(경주 황성동 출토)

하지만 평안북도 영변군 세죽리 유적에서는 기원전 3~2세기쯤의 쇠도끼가 발굴되었는데, 그 성분은 놀랍게도 탄소가 1.43퍼센트를 차지하고 있어서 그 사이에 크게 진보한 흔적을 보여 주었다.

나아가 한강 하류인 경기도 가평군 마장리 부근은 예로부터 사철의 산지로 유명한데, 이곳의 주거지(기원전 2~1세기)에서 풀무의 송풍관으로 보이는, 자연유(自然釉)가 묻은 직경 7~10센티미터 정도의 토관이 발견되었다. 이는 높은 열을 얻기 위하여 도가니에 불을 땔 때 토관을 이용하여 강제로 바람을 불어넣는 수준까지 단야 기술이 발전되었다는 것을 보여 준다.

그러면 낙동강 하류 부근은 어떠했을까? 1990년 8월 경주시 황성동 유적에서는 광석을 녹이는 정련로(精鍊爐)와 주물을 만드는 용해로, 대단야·소단야용 단야로 등 20여 기가 발견되었다. 이것은 기원 4~7세기쯤에 제철을 전담한 공장으로 확인되어 우리 나라와 일본을 통틀어 가장 오래된 것으로 보인다.

그런데 『일본서기』에는 스사노오노미코토가 바로 이 신라의 소시모리(曾尸茂梨)에 도착했다고 기록되어 있는데, '소(曾)'는 '소에'(そえ: '쇠'라는 뜻), '모리(茂梨)'는 산이라는 뜻이므로 이것을 '쇠의 산'으로 보는 설도 최근 나오고 있다.

『일본서기』에도 금관가야(김해)를 '素那良' '須奈良'이라 기록하고 있는데, 여기에서도 '素'와 '須'는 '쇠'의 표기 자이고, '나라(那良)'는 '나라(奈良)'와 마찬가지로 우리말의 '나라'를 뜻하므로 '쇠를 가져온 나라', '철산지'와 관련이 있을 듯하다.

　유명한 김해 조개더미에서 해방 전 쌀알과 함께 철기가 발굴된 것은 꼭 우연이라고 단정할 수 없는 문제가 있어, 이러한 양국의 관계는 점점 흥미로워지고 있다.

메이지 천황이 숭배한 가라카누치

이즈모국(出雲國)을 세운 것은 한반도에서 건너간 신라계 이주민이라는 설이 유력하며, 일본에서 유명한 오쿠니누시(大國主神)는 농업의 신으로 되어 있는데, 이것은 아마도 신라의 선진적인 농경 기술의 도입과 관계가 있을 것이다. 이 신은 신라에서 내려온 스사노오노미코토의 직계 자손으로 이 일족을 제사 지내는 신사가 일본의 도처에 있다. 그런데 사실은 이 집단이 한반도계 도래인들로서 제철을 본업으로 한 부족이기도 했다. 이 부족은 고도의 철기 문화를 갖추고 신천지 이즈모로 건너간 것이다.

일본 신화에서 스사노오노미코토가 야마타(八岐)의 큰 뱀을 퇴치했다는 히노천(簸川) 상류는 실은 유명한 사철 산지였다. 노인의 딸을 잡아먹는 큰 뱀을 스사노오가 퇴치한 사건은, 여기에 있던 호족과 새로 건너간 제철 기술 집단과의 대립 속에서 하천의 이용이나 여인에 얽힌 충돌을 표현한 것이라고 한다. 그런데 이 소동은 도래족의 우두머리인 스사노오가 뱀을 죽이는 형식으로 나타났다. 또한 죽은 뱀의 꼬리에서 한 자루의 검이 나왔다고 하는데, 이 검은 아마테라스오미카미(天照大神)에게 바쳐져 '세 가지 신기(神器 : 일본 고

스사노오의 큰 뱀 퇴치

대의 왕권을 상징하는 칼·거울·굽은옥)'가 된다.

문제는 스사노오가 뱀 퇴치에 사용한 이 검의 별명이 '오로치노 가라사이노쓰루기(蛇韓鋤之劍)'인데, '가라사이(韓鋤)'란 우리 나라에서 땅을 파는 '가래'를 뜻하며, 이것이 당시 권위의 상징인 검과 농경 철기 문화, 일본으로 건너간 다타라 집단의 건국 과정을 표현하고 있다. 즉 금속 문화에 얽힌 철의 신들의 용맹스런 활약상을 표현하는 것이라고 말할 수 있다.

오늘날 일본 전국에는 이즈모다이샤(出雲大社 : 신사)를 비롯하여 스사노오와 그 후손을 제사지내고 있는 이즈모 계통의 신사가 매우 많은데, 모두 도래계 다타라(踏鞴) 집단이나 농경의 신과 관계가 깊다. 또한 이즈모를 비롯한 일본 방방 곡곡에 그 유적도 많다.

예를 들면 이즈모의 요코타(橫田)에서는 '다타라후키'(多多羅吹き : 일본의 전통적 제철 방식)가 지금도 이루어지고, 그 사철에서 일

본도의 원료인 '다마가네(玉鋼)'가 만들어지고 있다. 또 이즈모와 기비(吉備)는 야마토(大和) 정권에 대립하는 유력한 세력이었으며, 또한 한반도에서 건너간 사람들이 제철 및 농경을 크게 번성시킨 곳이기도 하다.

나아가 이 다타라 집단과 농경 집단은 간토의 무사시국(武藏國)에도 발길이 미쳤다. 그리고 구리 산지로 유명한 지지부(秩父)에 가까운 고다마군(兒玉郡)의 가나사카(金讚) 신사에서는 철의 신을 제사 지내고 있는데, 이 또한 와카사(若狹)를 거점으로 하는 신라계 도래인들이다.

또 무사시국 제일의 오미야(大宮)인 히카와(永川) 신사는 스사노오와 오쿠니누시(大國主神)를 제사지내고 있다. 메이지(明治) 천황은 도쿄로 천도하자마자 이 신사에 참배하고 있다. 즉 가라카누치들을 숭배하고 있는 것이다.

우리 나라와 달리 일본은 많은 비와 온난한 기후 때문에 삼림이 쉽게 우거지고 땅속에 제철용 탄이 다량으로 매장되어 있어 다타라 집단을 기쁘게 했다. 실로 스사노오 무리는 일본을 바꾼 정열적인 개척자들이었으며, 그 뒤에 건너오는 도래인들의 선구자적 역할을 훌륭하게 해냈기 때문에 점차 원주민들에게 친근하게 받아들여졌다.

일본에 수출한 철정

한반도 남부의 철 생산에 대하여 『삼국지』 「위지 동이전 변진조」
에는 "진한에서는 철이 생산되는데 한(韓)·예(濊)·왜인(倭人)들
이 모두 와서 사간다. 시장의 모든 거래에 철이 사용되는데 마치 중
국에서 화폐를 쓰는 것과 같다"고 하고 "낙랑군과 대방군에도 철을
공급하고 있다"는 기록도 있다.

「위지 동이전」의 이러한 기록은 이 지역의 기술과 문화가 예상한
것보다 오래되었고, 한반도 남부가 그 무렵 동양의 철기 문화의 한
중심지였다. 뿐만 아니라 중요한 점은 철과 금이 물품 거래를 중개
하는 화폐로 쓰였다는 것이다. 그러면 어떤 경로를 거쳐 한반도에
서 일본으로 철 문화가 전래되었으며, 철재(鐵材)는 어떻게 사용되
었을까?

일본에서 가장 오래되었다고 하는 철기는 구마모토현 사이토(齋
藤) 유적에서 발굴된 쇠도끼가 잘 알려져 있다. 최근 야마구치현의
아야라키(綾羅木) 유적에서 대패가 출토되었는데, 이것은 구마모토
현의 도끼와 대체로 같은 시대의 것으로 판정되었다.

또 고대 나노국(奴國)이 있었다고 하는 후쿠이현 가스가시(春日

일본에 수출된 철정(나라현 야마토 6호 고분 출토)

市)의 오카모토 유적에서도 야요이 전기의 것으로 보이는 동시에 구마모토나 야마구치의 철기와 시기가 거의 같은 철검이 출토되었다. 같은 후쿠이현 무나가타군(宗像郡) 이마가와(今川) 유적에서 야요이 초기의 것으로 생각되는 쇠화살촉과 관옥이 발견된 것은 앞서 말한 바와 같다.

이상이 현재 일본에서 출토된 철기 중 가장 오래된 예인데, 이것들이 발굴된 지역은 모두 한반도 남부와 매우 가깝고, 더구나 고대로부터 교통의 요지에 해당한 곳이다. 물론 이 지방은 중국 대륙에서도 가까운 만큼 중국에서 직접 바다를 건너간 문물도 적지 않았을 것이다. 그러나 이것은 나중 일이며, 역시 시초는 한반도에서 간 것이 중심이었다.

다음으로 「위지 동이전」이 보여주는 철의 화폐 기능에 대하여 설명하자면, 이 철정(鐵鋌)이 일본에 전해진 것은 훨씬 훗날의 일이었다. 『일본서기』 「진구 황후(神功皇后) 46년 조」에는 백제 왕이 일본의 사신에게 '철정' 40개를 주었다고 나온다. 여기에서 말하는 철정(てってい)은 '네리가네(ねりがね)'라고 설명되어 있는데, 이것은 아마 단철로 만들어져 아직 가공되지 않은 철재, 즉 현대의 시트 바(sheet bar)를 작게 한 것과 같은 것이었음에 틀림없다. 그 무렵 일본에서는 철재가 매우 귀하여 백제 왕이 외교 증여품으로 줄 정도였으므로, 그 때까지 일본은 우리 나라의 철재에 의지하고 있었을 것이라 여겨진다.

현재 긴키(近畿) 지방의 고분에서 대체로 30~40센티미터 정도 크기의 철정이 대량으로 발굴되고 있는데, 특히 나라(奈良)의 우와나베(宇和奈邊) 고분의 배총(陪塚 : 큰 무덤 주위에 딸린 작은 무덤. 큰 무덤 주인공이 살았을 때 공을 많이 세운 신하들의 무덤으로 마련되는 것이 보통이다), 즉 야마토 6호분에서 출토된 크고 작은 870개의 철정은 유명하다.

그런데 우리 나라와 야마타이국(耶馬台國)과의 창구였다는 금관가야(김해) 왕릉에서 1990년 7월 대량의 철제 무기와 함께 150여 점의 대형 철정이 출토되어 마침내 「위지 동이전」의 서술에 더욱 무게가 실리게 되었다.

도다이사 대불은 백제인의 솜씨

고대 청동 주조 기술과 도금술의 수준을 더욱 높인 것은 역시 불교의 영향에 기인한 바가 크다고 하겠다. 삼국 시대에 빠르게 대두한 불교는 사원이나 왕궁 건축을 더욱 화려하게 만들었을 뿐만 아니라 불상·불구(佛具)의 주조 기술과 도금 기술의 발전도 촉진했다.

일찍부터 일본에 불교를 전한 백제는 금동 불상 주조술과 금속 가공술로 알려져 있었는데, 그 높은 수준을 보여주는 실례로 나라(奈良)의 도다이사(東大寺) 대불(大佛)을 들 수 있다.

나라의 대불은 먼저 그 커다란 규모로 유명한데, 주조물로서는 실로 세계 최대의 것으로서, 그 크기는 불상의 높이 약 16.2미터, 얼굴 길이 약 4.8미터, 눈의 길이 약 1.18미터, 귀의 길이 약 2.57미터, 손가락의 길이 약 1.6미터나 된다니 먼저 그 거대함에 놀라지 않을 수 없다.

여기에 사용한 열동(熱銅)은 440톤을 넘고 도금에 약 180킬로그램의 금을 사용했으며, 완성되기까지 동원된 인부가 하루 평균 약 600명이었다고 한다. 이런 규모로 23년이나 걸려 이 대불을 만들어냈다고 하니 참으로 일본 왕조가 시작된 이래 최대의 프로젝트 가

운데 하나로 꼽힌 것도 당
연하다 하겠다.

나라의 대불은 뛰어난
기술을 필요로 했을 뿐만
아니라 아직 어느 나라에
서도 이렇게 커다란 불상
을 만든 적이 없었던 만큼
어려운 사업이었다. 이 어
려운 사업을 지도한 것은
백제계 도래인 구니나카

도다이사의 대불 만들기

노무라지기미마로(國中連公麿呂)이다. 뛰어난 기술자인 기미마로
(公麿呂)를 총지휘관으로 하여 대주사(大鑄師) 다케치노마쿠니(竹
市眞國), 건축가 이나베모모요(猪名部百世)·마스타노나와테(增田
繩手) 등이 협력하여 만들었는데, 그들은 모두 한반도에서 건너간
도래계였다.

대불을 제작하려면 먼저 목새로 골조를 짜서 실물과 같은 크기로
세우고 이것을 정성스럽게 조각하여 상과 똑같은 것을 만든다. 여
기에 찰흙을 붙여서 굳힌 뒤 불상의 틀을 몇 개로 나누어 떼어낸다.
이것을 바깥틀이라고 하며, 이것들을 다 맞추면 불상과 똑같은 찰
흙의 공동(空洞) 같은 것이 만들어진다. 다음에 원형을 더욱 깎아내
고 찰흙을 붙여서 굳힌 뒤 다시 틀을 몇 개로 나누어 떼어낸다. 이것
을 전부 짜 맞추면 안틀이 된다.

이렇게 만들어낸 안틀에 바깥틀을 씌우고 불에 구워 굳힌 뒤 이

나라의 대불

사이에 청동 용액을 붓는 것이다. 하지만 이 작업은 한 번으로 끝내기는 무리였으므로 여덟 부분으로 나누어 주조했다.

그런데 이 대불 주조에 쓰인 대량의 구리는 야마구치현 미토정(美東町) 나가노보리(長登銅山)에서 정련한 것으로 보인다. 여기에서 출토된 정련 부스러기가 대불전 서쪽에서 나온 용동괴(溶銅塊) 성분과 유사할 뿐만 아니라 찰흙 노벽(粘土爐壁), 풀무의 날개도 동시에 발견되어 나라 대불의 구리 산지라는 것을 뒷받침하기 시작했다.

또 불상의 도금에 금 900량이 부족했는데, 무쓰노국(陸奥國)의 백제왕(百濟王) 교후쿠(敬福)가 헌상하여 완성했다. 동산(銅山)을 비롯하여 모두 도래계와 관계가 깊다.

일본 구리 와도의 기원

기원전 3~2세기쯤을
정점으로 하여 이미 고도
의 발전을 이룩한 한반도
의 청동 문화는 전문적인
공인(工人)들과 함께 일본
열도로 건너간다. 그런데
야요이 시대 중기가 되면
선진적인 북규슈를 비롯
하여 긴키 주변에서도 청

와도산에 있는 구리 광산 갱

동기 주조가 이루어지게 된다. 후기가 되면 실용적이고 예리했던
청동 무기는 점점 비대화하고 대형화하여 둔중한 것으로 변하고,
제기로도 이용되었다는 것은 「동탁의 수수께끼」 항목에서도 언급
했다.

하지만 이들 청동 제품의 원료를 처음에 어디에서 조달했는지는
분명하지 않다. 그러나 여러 군데 발굴이 진행됨에 따라, 초기 단계
의 주형에 한반도와 공통되는 활석 종류의 석재가 사용된 점으로

동 제련소

보아 그 형성이나 원료는 아마 우리 나라에서 도입된 것으로 여겨
진다.

후쿠이현 다가와군(田川郡)에 가하루(香春) 신사가 있는데, 이 부
근은 신라에서 간 도래인들이 구리를 채굴하고 정련했다는 유적이
지금도 남아 있다. 그리고 이 광산을 두고 때때로 지방 호족이 쟁탈
전을 벌였다고 전해진다. 그리고 이 가하루 신사에서 제사 지내는
신(神) 역시 신라계 신이라고 한다. 이것은 신라에서 간 기술자들이
이 지방에서 처음으로 동 채굴과 정련을 시작했다는 사실을 뒷받침
하는 것이다.

그러나 구리 생산이 궤도에 오른 것은 꽤 시간이 흐른 뒤의 일인
듯하다. 일본에서 구리와 주석을 채굴했다는 최초의 기록은 7세기
말쯤의 일로서, 『속일본기』에는 698년에 구리와 주석이 이나바국
(因幡國) · 이요국(伊予國) 등에서 발굴되어 조정에 헌상했다는 기

록과 708년 정월 11일 조에는 "무사시국(武藏國) 지지부군(秩父郡)에서 와도(和銅 : 일본 구리라는 뜻)를 헌상했다"는 기록도 나온다.

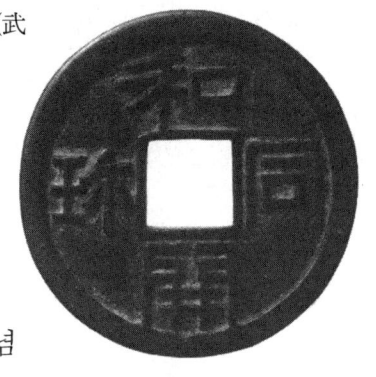

와도카이친

게다가 정부는 무사시국에서 나온 구리를 기념하여 연호를 '교운(慶雲)'에서 '와도(和銅)'로 고쳤다. 그리고 이 기념할 만한 발굴을 기뻐한 정부는 노인에게 선물을 주고 효자를 표창했다. 뿐만 아니라 관리들에게 임시 수당을 지급하고, 나아가 지지부군에 대해서는 일부 조세를 면제해 주었다고 한다. 또 신라에서 건너간 광물사(鑛物師) 김상무(金上无)는 구리를 발견한 공적이 인정되어 종5위의 관위를 받고 국사(國司)로서 호키(伯耆 : 돗토리鳥取)국에 부임하는 파격적인 대우를 받았던 것이다.

이리하여 일본 최초의 금속 화폐 '와도카이친(和同開稱)'도 만들어지게 된다. 오늘날 지지부의 구로야(黑谷)에 있는 세이(聖) 신사의 신체(神體)는 이 때 뒤쪽 와도산(和同山)에서 생산된 자연 동괴(銅塊 : 구리 덩어리) 바로 그것이다. 이상하게도 이 신사의 왼쪽에 와도이즈모(和銅出雲) 신사라는 작은 신사가 있는데, 역시 이즈모의 가라카누치(韓鍛冶)들과 깊은 관계가 있을 것이다.

신라 금관으로 오해한
오시키노타마카즈라

신라의 순금 공예 가운데 가장 뛰어난 것을 꼽으라면 역시 금관일 것이다. 그 중에서도 1921년에 발굴된 경주 금관총(金冠塚)의 금관, 1926년에 경주 서봉총(瑞鳳塚)에서 발견된 금관, 금령총(金鈴塚)의 금관, 그리고 최근에 출토된 천마총(天馬塚)의 금관이 유명하다. 하지만 한반도 남부의 귀금속 공예는 북방에서 전해졌다는 설도 있다.

왜냐하면 몇 년 전 전라남도 나주에서 출토된 금동관(金銅冠)이나 충청도 공주 무령왕(武寧王 : 재위 501~523)릉에서 발굴된 두 개의 금관, 그리고 전라북도 익산군 입점리에서 발견된 금동관과 금동 관모(冠帽)가 모두 신라의 것과 유사한 모양을 하고 있을 뿐만 아니라 고구려의 기법까지 엿보이기 때문이다.

일본에서는 아직 금관이 출토되지 않았고 금동관이 몇 개 출토되고 있다. 그런데 신라 계통으로 보이는 것은 군마현 고조(古城) 고분에서 출토된 금동관이 산(山) 자형 장식이기 때문이다.

여기에 눈부신 장식이 궁정에서 일으킨 한 사건을 소개하고자 한다.

안코(安康) 천황 원년(453년)에 천황은 동생.오하쓰세(大泊瀬) 황자를 혼인시키고자 오쿠사카(大草香) 황자의 동생에게 네노미(根使主)를 사자로 보낸다. 중병에 걸려 누워 있던 오쿠사카 황자는 매우 감격하여 "나는 이제 병으로 죽지만 동생 걱정으로 편히 죽지도 못했습니다. 천황으로부터 감히 바라지도 않던 청혼을 받으니 황공하오며, 어찌 이를 감히 싫다 하겠습니까. 약속의 표시로 나의 보석 오시키노타마카즈라(押木珠

금제 관 장식(백제 무령왕릉에서 출토)

縵)를 헌상합니다" 라고 대답하고 그것을 네노미에게 주었다.

그런데 네노미는 보물에 눈이 멀어 오시키노타마카즈라를 가로채고 천황에게는 오쿠사카 황자가 청혼을 거절했다고 거짓 보고를 했다. 천황은 이를 곧이듣고 병사를 일으켜 오쿠사카 황자를 죽이고 동생 오하쓰세 황자와 그 동생을 강제로 혼인시킨다. 마침내 시간이 흘러 오하쓰세 황자는 유랴쿠(雄略) 천황이 되고 오쿠사카 황자의 동생은 황후가 된다. 유랴쿠 천황 14년(470년)에 궁정에서는 다른 나라의 사자를 맞이하여 연회가 열렸는데, 아니나 다를까 이 자리에 네노미는 예전에 가로챘던 훌륭한 오시키노타마카즈라를 걸치고 나왔다. 이것이 천황에게 발각되어 사형에 처해졌다는 이야기다(『일본서기』).

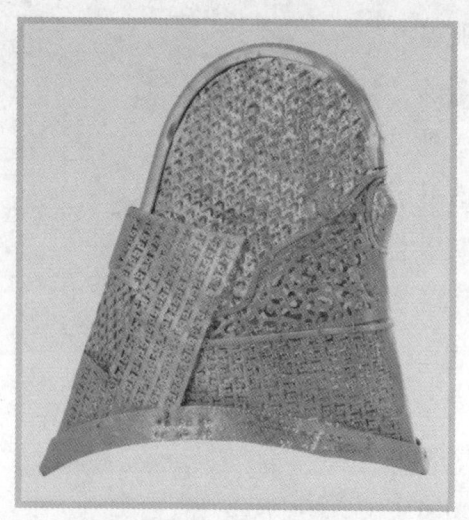
금제 관모(경주 천마총에서 출토)

이 오시키노타마카즈라는 오랫동안 일본 학자들 사이에서는 나뭇가지 모양을 한 보석 장식이라고 여겼다. 그리고 신라의 경주 금관총이나 서봉총 등에서 출토된 나무 모양의 장식이 달린 금관 혹은 여기에 보석이 달린 것으로 추정했다.

그런데 1989년 가시하라(橿原) 고고학 연구소에서는 후지노키(藤ノ木) 고분에서 출토된 발(簾) 모양의 유리 구슬 장식을 위와 같은 사연이 얽힌 오시키노타마카즈라로 단정하고, 다른 금동제 관과 함께 훌륭하게 복원했다. 오랫동안 신라의 금관으로 잘못 여겨지던 이 오시키노타마카즈라가 이렇게 정리되어 다행이 아닐 수 없다.

금·은이 많은 나라 — 신라

『고사기』에는 진구 황후에게 신라를 정복하라는 신의 계시가 있었다고 하면서 다음과 같이 기록되어 있다. "서쪽에 나라가 있으니, 금·은을 비롯하여 각종 눈부시고 진귀한 보석이 그 나라에 많도다." 또 『일본서기』에도 "아마테라스오미카미(天照大神)의 동생 스사노쿠는 가라쿠니(韓鄕)의 섬에 금·은이 있다"고 했다. 그리고 「추아이(仲哀) 천황 8년 조」에도 또 신라를, "눈부신 금·은·채색이 그 나라에 많다"고 기록하고 있다.

즉 당시 일본은 신라를 눈부신 금·은의 나라, 재보의 나라로 여긴 것이다. 그리고 멀리 바다를 건너 수입된 약간의 금·은 세공은 오로지 지배자들의 장식물로 이용했다. 물론 그 무렵 일본에서는 금·은 채굴은 말할 것도 없고 세공도 주로 도래계 사람들에 의해 이루어지고 있었다.

그러면 무엇이 이렇게까지 신라에 귀금속 공예를 성하게 한 것일까?

그것은 먼저 이 땅에 진국(辰國) 시대 이래의 정치적 안정이 계속되어 북방족에게서 전해 받은 청동 기술의 전통과 백제의 금속 공

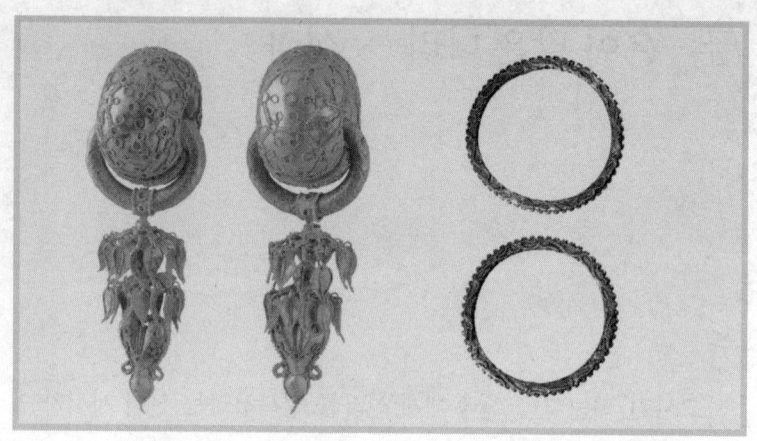

귀걸이와 팔찌

업 기술 등의 성과를 흡수할 수 있었기 때문이다. 예를 들면 기원전 2세기 전후의 것으로 보이는 경주시 입실리에서 출토된 잔무늬 거울이나 낙동강 지역에서 발굴된 팔수형 동령(八手形銅鈴) 등은 다른 곳에서는 볼 수 없는 뛰어난 것이다. 또 전라남도 나주에서 출토된 금동관(4세기쯤의 것)은 신라 것에 비하여 간략하기는 하지만 역시 신라 금관의 뿌리로 보이며, 고구려의 전통이 나타난다.

신라의 귀금속 공예를 발전시킨 또 하나의 이유는 금·은에 대한 지배자들의 집념이었다고 볼 수 있다. 머리에는 금관, 귀와 목에는 화려한 장식을 걸치고 황금 허리띠에 팔찌와 반지, 나아가 황금 신발까지 신고 금·은 술잔을 애용하던 신라의 왕자·귀족들의 모습은 분명히 '눈부신' 모습이었을 것이다.

권력자들에게 황금은 부와 권력의 상징이고, 그 광채와 화학적 안정성은 불로 장수와 영세 집권에 대한 동경과 통하는 바가 있다.

후지누키 고분 현실과 석관

일본에도 이러한 경향이 있었던 것이 분명하다.

오사카시 히라노구(平野區) 가미(加美) 유적에서 근래 일본 최대의 방형 주구묘(方形周溝墓)가 발견되었다. 이 묘에서 한반도에서 건너간 청동제 팔찌와 푸른옥 등이 출토되어 고대 가와치(河內)의 왕묘가 아닌가 하는 관심을 불러일으켰다. 또 잘 알려져 있는 지바현 기사라즈시(木更律市)의 금령총(金鈴塚) 고분에서도 찬란한 큰칼·금·은 세공·마구 등이 1,200여 점이나 출토되었으며 무덤의 주인도 신라 계통이라고 한다.

　하지만 가장 충격적인 것은 최근 발굴된 후지노키 고분일 것이다. 여기에서 출토된 금동관 · 금동 장식구 · 귀고리 · 목걸이 · 흔들리는 장식들이 달린 금동제 신발, 그리고 앞서 말한 오시키노타마카즈라 등을 본 사람은 반드시 신라의 왕자 · 귀족들의 모습을 떠올리면서 무덤의 주인과 신라의 관련성을 인정할 것이다.

백제와 일본의 반가사유상

삼국 시대의 중형 금동불 가운데 가장 대표적인 것으로 미륵보살 반가상이 있다. 반가(半跏)란 한쪽 다리를 다른 다리 위에 얹고 앉은 자세를 말하는데, 대체로 오른쪽 다리를 왼쪽 무릎에 얹고 오른손의 두 손가락 끝으로 가볍게 얼굴을 바치고 있는 것이 많다.

조용한 미소를 띤 얼굴은 깊게 생각(思惟)하는 것처럼 보인다. 섬세하고 온화하며 부드러운 선이 살아 있어 한없이 자비롭고 아름다운 이 미륵반가사유상(彌勒半跏思惟像)은 삼국 시대의 기술이 갖고 있는 매력을 살린 최고 걸작 가운데 하나로서 일본에서도 높이 평가받고 있다.

그러면 이 불상이 일본에 전래된 것은 언제쯤일까? 백제의 성왕은 538년 일본에 사절을 보내 불상과 경전을 전했다고 한다. 대륙 불교가 일본에 전래된 것이다. 또 552년 전해진 석가불 금동상이 바로 반가상이었다고 한다.

하지만 반가상의 시초는 역시 인도에서 비롯된다. 인도의 간다라에서 시작된 반가상은 출가 직전의 석가, 즉 싯달타 태자를 표현하는 것인데, 중국·우리 나라·일본에 전해지는 과정에서 미륵보살

금동 미륵반가사유상(국립 중앙 박물관 소장)　　　　목재 미륵반가사유상(일본 교류사 소장)

로 정착되어 6~7세기에 걸쳐 많이 만들어지게 되고, 일본에서는 8
세기까지 성행했다.

　현재 우리 나라에는 약 30개의 반가상이 알려져 있는데, 일본에
도 거의 같은 수의 상이 남아 있다. 두 나라의 반가상은 매우 닮았
다. 중년이나 노년의 상은 거의 없으며, 젊고 아름답고 따뜻하고 자

비로운 표정을 짓고 있는 것이 특징이다.

　기술적으로 보아서 흥미로운 것은 반가상은 대체로 머리와 몸체를 각각 따로 주조한 다음 이 양자를 용접하여 연결하는, 당시의 기술로서는 상당히 진보한 방법을 사용하고 있었다는 점이다. 또 철심(鐵芯)과 정(釘)으로 내형을 받쳐 주조하는 어려운 기술도 도입되었다. 물론 완성된 불상은 수은 아말감법으로 도금되었다.

　경주를 찾은 독일의 저명한 미술가 칼히트는 이 미륵반가상을 보고 "이 불상은 새로운 형식의 시작이며, 신선하고 힘차고 혈기 왕성하며 살아 호흡하고 있다. 그리고 생생하고 청결한 인격의 의사로 충만해 있다"고 찬사를 보내면서, 이렇게 뛰어난 예술을 낳은 당시 사람들의 기술을 높이 평가하고 있다.

　이 불상은 현재 서울 국립 중앙 박물관에 옮겨져 있는데, 이 반가상과 똑같이 생긴 적송(赤松)으로 만든 미륵반가사유상이 교토의 고류사(廣隆寺)에 있으며 일본 국보 제1호로 지정되어 있다. 고류사는 신라 계통의 호족 하타 씨(秦氏)의 절인데, 『일본서기』의 「스이코(推古) 천황 조」에는 "신라 대사 나말(奈末 : 신라 제11등 관등) 지세이(智洗爾)를 보내어 …… 불상은 가도노(葛野)의 진사(秦寺 : 고류廣隆)에 두었다"고 되어 있어 한반도에서 건너간 불상임을 알려 주고 있다.

일본에 있는 한국 종

앞에서도 말했듯이 불교가 중국에서 우리 나라로 들어온 것은 삼국 시대 초였다. 불교의 전파는 고대 우리 나라 문화에 커다란 영향을 주어, 사원이나 왕궁의 건축·불상·종·불구(佛具)의 주조는 물론이고 조각·회화 등의 발전도 촉진했다. 그 무렵 주조된 경주의 봉덕사 종은 높이 3.33 미터, 구경 2.27 미터의 거대한 것으로, 성분은 구리 86%, 주석 13%, 아연 0.085%, 철 0.07%, 기타 금·은·안티몬 등을 포함한 훌륭한 것이다(과학기술처의 조사).

일화에 따르면 신라 제35대 경덕왕은 황동 12만 근을 써서 종을 주조하려 했지만 큰 폭발이 일어나 이루지 못하고, 어린 왕인 혜공왕 시절에 두 번째 주조에 성공하기는 했지만 소리가 나지 않아 실패했다. 부처의 노여움 때문이라고 생각한 사람들은 갓난아기를 용광로 속에 던져 넣어 겨우 주조에 성공했다 한다.

이 종의 소리는 신묘하고 아름다우며, 그 여운이 10리 밖까지 들렸을 뿐만 아니라 사람들에게는 '에밀레, 에밀레'(어머니, 어머니!) 하는 갓난아기의 슬픈 소리로 들렸다고 하여 후세에 이 종을 '에밀레종'이라 이름 지었다고 한다. 이 일화는 당시 지배자 앞에서 한없

에밀레종

이 무력했던 민중들이 부처에게 구원을 비는 비운의 설화에서 나온 것이 분명하다. 중요한 것은 종을 주조하는 기술이 당시 얼마나 힘든 것이었는지를 잘 말해주고 있다는 점이다. 같은 주조물이라도 불상이나 불구는 형태만 잘 나오면 이를 잘 갈아서 완성시킬 수 있지만, 종은 그 음색이 뛰어나야만 했기 때문이다.

　백제 · 신라에서 시작된 우리 나라 종에는 보상초문(寶相草紋) · 당초문(唐草紋) · 비천상(飛天像) 등이 새겨져 있다. 뿐만 아니라 고려 종은 여래 보살(如來菩薩), 조선 시대의 종은 보살 입상(菩薩立像) 등이 장식되었다. 그리하여 일본 종이 직선과 종횡으로 부조한 몇 개의

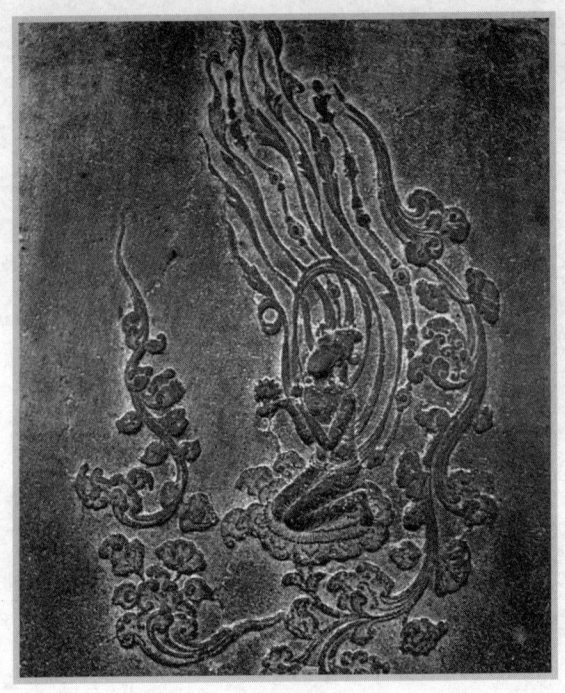

에밀레종에 있는 비천상

간단한 장식으로 된 것과는 명백히 구별되고 있다. 이것을 보면 고대의 우리 나라와 일본은 불상·불구의 교류가 활발하게 이루어지게 된 후에도, 종의 주조법은 좀처럼 전해지지 않고 미미하게 교류되는 정도에 머물러 있었던 듯하다.

현재 확인된 신라 종은 총 13개가 있는데, 그 가운데 일본에 7개나 있다. 고려 종은 157개가 있는데, 그 가운데 41개가 일본에 있다. 이 밖에 임진왜란 당시 강탈당한 것도 상당수 있다.

일본에 있는 우리 종 가운데 가장 오래된 것은 833년에 만든 즈루가조궁(敦賀常宮) 신사의 종과 904년에 주조된 우사하치만궁(宇佐

八幡宮)의 신라 종이다. 고려 종 가운데 가장 오래된 것은 히로시마 다타케하라쇼렌사(竹原照蓮寺)의 종이며, 무로마치 시대·에도 시대가 되면서 조선 종은 일본의 주조사들에 의해 많이 만들어지게 되었다.

5장
약물과 의학

중국인들에게 불로 장수의 꿈을 상징하는 봉래산은 고조선의 영토인 요동에 있다고 했다. 여기에서 자라는 불로초인 우리 나라 인삼은 이 땅에 있는 선인이 갖고 있는 묘약이라고도 했다. 이렇게 알려진 우리 나라 의학은 매우 유명하여 도래인에 의하여 바다 건너 일본에도 전해졌다. 나라를 다스리고 의약을 가르쳤다는 오쿠니누시와 스쿠나히코나도 도래계이며, 흰 토끼의 전설은 이 사실을 증명한다. 하지만 한반도에서 강제 연행된 의사나 잃어버린 의학 서적도 잊어서는 안 된다.

오쿠니누시와 흰 토끼

『일본서기』에는 신라에서 간 스사노오노미코토(素戔嗚尊)의 6세손이라고도 하는 오쿠니누시노미코토(大國主神)가 역시 같은 도래계의 신인 스쿠나히코나노가미(小名彦名神)와 힘을 합쳐 천하를 다스리고, 사람들을 위하여 의약과 주술을 가르쳤다고 기록되어 있다.

나아가 『고사기』에는 오쿠니누시가 게타(氣多)의 곶(돗토리현鳥取縣 게타군氣多郡)에 당도하니 가죽이 벗겨진 흰 토끼가 심술궂은 신들의 꼬임에 넘어가 소금물로 상처를 씻었다가 아파서 우는 장면을 재미있게 전하고 있다.

이유를 묻는 오쿠니누시에게 토끼는 "나는 오키섬(淤岐島 : 시마네현島根縣 오키섬隱岐島)에서 이곳으로 건너오고 싶어서 바다의 상어들을 꾀어 이용하기로 하였소. 우리 일족과 당신 일족 가운데 어느 쪽이 더 수가 많은지 견주어 보자고 부추겼단 말이오. 내 말에 감쪽같이 속은 상어들이 이 섬에서 게타의 곶까지 나란히 줄지어 서고, 우리는 상어를 한 마리씩 세면서 뛰어 건넜는데, 마침 해안에 다 닿았을 때 맨 끝에 있던 상어에게 들통이 나서 이처럼 가죽이 벗겨지게 되었소……" 하며 소금물에 상처를 씻게 된 사정을 말했다.

오쿠니누시는 "어서 수문(水門)으로 가라. 수문의 물로 몸을 씻은 뒤 부들 꽃가루(지혈과 소염제라고 한다) 위에서 뒹굴면 예전처럼 가죽이 되살아날 것이다"라고 친절하게 가르쳐 준다.

토끼는 이 말대로 실행하여 깨끗하게 나았을 뿐만 아니라 덕분에 오쿠니누시도 사랑하는 공주와 맺어지게 되었다는 것이다.

이야기는 이것으로 끝나지 않는다. 공주에게 버림받아 심술이 난 신들은 증오심에 사로잡혀 불의 돌을 굴려서 오쿠니누시를 태워 죽이려고 한다. 오쿠니누시는 새고막(赤貝 : 화상 치료약)의 껍질을 잘게 부수어 대합에 담고 어머니의 젖을 섞어서 발랐더니 상처가 깨끗하게 나았다는 이야기가 계속된다.

『일본서기』와 『고사기』에 나오는 이러한 신화들은 고대 의술의 시초를 알려주는데, 도래계의 오쿠니누시와 스쿠나히코나의 두 신은 오늘날에도 의약의 시조로 숭앙 받고 있다.

또 신라에서 이즈모(出雲)로 건너간 스사노오노미코토의 자손들에 대한 이러한 기록은 우리 나라에서 일본으로 전해진 원시적인 토착 의술을 반영하는 것으로 보아도 좋다. 미개 시대의 의술은 대부분 경험 의료에서 비롯되는데, 그것을 전해주는 자료는 지극히 적다. 하지만 한반도는 일찍부터 중국 의학의 영향을 받았다. 뿐만 아니라 우리 나라 고유의 의술도 발달해 있었기 때문에 이것이 바다를 건너 일본에도 전해져 일본의 의료 개발에 크게 기여한 것이다.

불로 장수의 나라를 찾아서

불로 장수! 인간에게 이처럼 매력적인 말은 없을 것이다. 이 짧은 말 속에 삶의 온갖 꿈이 깃들이어 있기 때문이다.

이것은 보통 사람들로서는 도저히 바라기 힘든 일이다. 하지만 권력자 가운데는 풍족하고 사치스런 생활에도 만족하지 못하고 애타게 장수를 희구하며 회춘할 꿈을 좇았던 경우가 적지 않았다.

중국 역사상 처음으로 중국 대륙을 통일하고 만리장성을 쌓은 진나라 시황제(기원전 259~210)도 만년에 불로 장수의 선약(仙藥)을 애타게 찾았는데, 특히 시황제는 도교의 신선 사상에 사로잡혀 산동의 방사(方士 : 중국 고대 사회에서 점복占卜 · 의술 · 도술에 능한 사람을 가리키는 말) 인 서복(徐福)을 우두머리로 하여 수천 명의 동남 동녀(童男童女)를 삼신산(三神山)을 향해 출발시켰다. 그리고 그때 출발한 항구가 발해만에 있는 현재의 진황도(秦皇島)라고도 한다. 왜 이렇게 대대적인 수색 작업을 했을까?

그것은 당시 방사들이 찾아가려던 봉래산(蓬萊山) · 방장산(方丈山) · 영주(瀛州)의 삼신산이 저 멀리 동방 고조선의 영토인 요동에 있고, 여기에는 3,000년에 한 번 꽃을 피우고 그 향기만 맡아도 360

불로초를 구하는 진시황

년은 장수할 수 있다는 불로초와, 장수의 선약 '단(丹)'을 갖고 있
는 선인(仙人)이 있다고 믿었기 때문이다. 그러나 이것은 꼭 근거
없는 이야기만은 아니었다.

당시 동방에서 자라는 불로초, 즉 우리 나라 인삼은 일찍부터 중
국에 알려져 있었고, 불로의 선약을 만드는 '연단술(鍊丹術)'도 요
동에서 크게 성행하고 있었다. 여기에서 말하는 '단(丹)'이란 현재
의 수은(水銀)을 말하며, 1989년 3월 일본의 사가(佐賀)·요시노가
리(吉野ヶ里) 유적의 무덤에서 나온 항아리관 안에서도 이 새빨간
수은이 대량으로 발굴되었다. 감정 결과 이것도 대륙의 산물인 듯
하다고 한다.

그런데 서복의 무리는 폭풍을 만나 돌아가지 못하고 시황제도 죽고 말았다. 아무튼 서복의 유적이 요동에는 없고 일본의 와카야마현(和歌山縣) 구마노(熊野)에 있다. 또 제주도의 바위에도 '徐市過此'(서시가 여기를 지나갔다)라는 글자가 새겨져 있다. 한반도 남해안을 표류하다가 일본의 구마노에 도착한 것일까? 어쨌든 교토 단고(丹後)의 아라이사키(新井崎) 신사에서도 서복을 제사지내고 있고, 그가 이 땅을 개척했다고도 한다. 또 성급한 사람들 중에는 요시노가리 유적과 그를 연관지으려는 사람도 있다.

나아가 아라이사키와 가까운 혼조하마(本庄浜)로 나오면, 거북을 타고 도코요국(常世國 : 고대 일본인이 죽어서 가는 곳이라고 생각했던 상상의 나라)인 용궁(봉래산)으로 갔다는 우라 섬(浦島) 전설이 남아 있는 우라(宇良) 신사를 볼 수 있다. 옛날 중국인들이 불로초가 있다고 믿었던 고조선의 산과 연관되는 이야기이다. 그 밖에도 봉래산은 일본 곳곳에 있는데, 이는 대륙 도교 사상의 영향일 것이다. 하지만 이것은 동시에 동방에서 행복을 찾고자 한반도를 거쳐 일본으로 건너간 사람들이 믿었던 불로 장수의 약과 '단' 의 흔적일지도 모른다. 나아가 고국 한반도에 대한 지울 수 없는 향수의 흔적인지도 모른다. 아무튼 대륙의 동북 지역에서 자라던 불로초 우리나라 인삼은 이렇게 일본에도 소개되어 일찍부터 이 나라의 의료에 공헌했다.

마늘과 쑥

「한반도의 농경, 일본의 사냥·채집」에서도 언급한 것처럼, 『삼국유사』 앞 부분의 단군 신화에는 하늘 나라의 황제인 환인의 아들 환웅이 농경을 비롯하여 지상의 360여 가지를 다스리는 신들을 거느리고 하늘에서 태백산으로 내려오는 장면이 있다.

이 신들 가운데에는 의술에 종사하는 신도 있다. 그런데 재미있는 것은 마늘과 쑥을 먹고 인간으로 환생하는 곰이 나온다는 사실이다. 이렇게 인간으로 변한 곰은 환웅과 결혼하여 고조선 건국의 시조 '단군'을 낳았으며, 그는 국호를 조선으로 정하고 평양에 도읍을 정하여 나라를 다스렸다는 것이다.

이 '단군 신화'는 물론 사실이라고는 할 수 없지만 고조선이 건국될 당시의 생활상을 반영하는 것이며, 우리 나라에서는 아주 오랜 옛날부터 마늘과 쑥을 식용이나 약제로 이용하고 있었음을 보여 주므로 주목할 만하다.

마늘은 그 분해물인 알리신이 살균력이 풍부하고 정력 보강에도 뛰어나기 때문에 오늘날 약이나 조미료로 널리 보급되어 있다. 그러나 중국에서는 6세기쯤까지도 약물로 취급하지 않았다. 그런데

『일본서기』에는 야마토타케루노미코토(日本武命)가 동쪽으로 원정을 떠났을 때 마늘을 사용하여 산신(山神)의 방해를 피했다고 기록되어 있어, 마늘은 정력 보강제 혹은 부적으로 간주되고 있다(『일본서기』 권6에 따르면, 야마토타케루노미코토가 원정 도중 큰 산을 넘을 때 산신이 흰 사슴으로 변하여 괴롭히려 했다. 그리하여 마늘 한 개를 사슴에 쏘아 죽임으로써 화를 면했는데, 이 때 흰 개가 나타나 길을 안내했다. 그 전에는 이 고개를 넘는 자가 병이 들어 많이 죽었으나 이후로는 마늘을 씹고 사람·소·말에 마늘을 발라 무사히 지나다녔다고 한다).

또한 『일본서기』에 다지마 모리(田島守)라는 도래계의 사람이 제주도로부터 향기 있는 열매(귤)와 함께 마늘을 전했다고 나온다. 그리고 『겐지모노가타리(源氏物語)』*에는 "감기에 걸려서 마늘을 먹었으니 냄새가 없어질 때까지 곁에 오지 마소서……"라며 연인에게 호소하는 사랑스러운 여인의 모습도 보인다.

이렇게 옛날에는 일본에서도 마늘을 사용했다. 그러나 그 강렬한 냄새 때문에 헤이안(平安) 귀족들은 마늘을 멀리했고, "냄새 나는 음식과 술은 산문(山門)에 들어오는 것을 허락지 않는다"며 절에서도 추방했다. 해방 전 일본에서는 마늘이 한국인을 멸시하는 대명사처럼 쓰이기도 했다. 청초 담백한 일본 정신에 어울리지 않는다는 이유에서였다. 하지만 재미있는 사실은, 최근 마늘이 일본에서

---

* 11세기 초에 무라사키시키부(紫式部)가 쓴 장편 소설. 귀족 사회의 화려한 생활을 배경으로, 한 남성과 주변의 여러 여인들의 사랑을 소재로 한 작품이다. 인간 심리와 자연 등을 뛰어나게 묘사하여 일본 문학의 백미로 꼽힌다.

도 없어서는 안되는 조미료가 되어 있다는 점이다. 이에 비하여 쑥은 일본에서도 고대부터 뜸과 함께 널리 이용되어 약쑥 혹은 음식물로 귀하여 여겨지고 있다.

일본으로 건너간 의학 기술

의학을 일본에 전한 것은 삼국(고구려 · 백제 · 신라)이 중심이었는데, 삼국 시대라면 기원 전후에서 7세기 중반에 걸친 시기이므로 상당히 오랜 기간이라고 하지 않을 수 없다.

앞의 「56. 마늘과 쑥」에서도 말했고, 또 「한국 인삼의 약효」에서도 설명하겠지만, 예로부터 우리 나라의 뛰어난 토착 민간 요법은 외국에까지 알려져 있었다. 예를 들면 중국 최고의 의학서인 『황제내경(皇帝內經)』에는 펌석술(石乏石術 : 석침술石針術)은 동방에서 온 것이라 했고, 뜸도 북방 유목 민족에서 시작된 것이라고 기록하고 있다. 즉 유명한 인삼, 오늘날의 침과 뜸, 그리고 마늘 모두가 우리 민족 고유의 민간 요법에 그 뿌리를 두고 있다는 것이다.

이리하여 삼국은 고조선 · 삼한 이래의 우리 민족의 전통적인 토착 민간 요법을 계승하고 대륙 의학을 흡수하면서 더욱 발전시켰다. 특히 중국 대륙과 육지로 연결되어 있기 때문에 접촉이 수월했던 고구려의 의술이 가장 앞서 있었다.

고구려의 의술에 관한 기록으로는 중국 양(梁)나라의 도홍경(陶弘景 : 456~536)이 편찬한 『신농본초경집주(神農本草經集註)』가 있다. 여기에서는 고려(고구려) 인삼뿐만 아니라 연금 약물(鍊金藥物 : 금단金丹)을 높이 평가하고 있다. 또 당나라의 『외대비요방(外臺秘要方)』(752)에는 『고려노사방(高麗老師方)』이란 책을 인용하면서 각기병 치료도 언급하고 있다.

『삼국사기』에는 백제 중앙 관청의 내궁(內宮)에 '약부(藥部)'가 설치되어 있었다는 기록이 있다. 즉 백제에서는 일찍이 약초 밭을 관리하고, 전문적으로 약재의 채집과 조달을 담당하는 부서가 있었던 것이다. 이러한 약제법은 불교와 함께 비교적 자연스럽게 일본에도 전해졌다. 그리하여 일본에서는 부처의 자비를 빌려 병마를 퇴치하는 시약원(施藥院 : 쇼토쿠 태자가 가난한 병자들을 치료하기 위해 시텐노사四天王寺에 설치했다고 전해지는 시설) 등도 설치했던 것이다.

692년 신라의 수도 경주에 처음으로 의학교를 설립했다. 여기에서는 수 · 당 시대의 대표적인 기초 의학 부문인 『본초경(本草經)』 · 『갑을경(甲乙經)』 · 『소문경(素問經)』 · 『침경(針經)』 · 『맥경(脈經)』 · 『명당경(明堂經)』 · 『잡경(雜經)』 등을 체계적으로 교육했다.

이렇듯 신라는 중국 의학을 흡수하면서 의료 제도와 의학 교육을 확립했고, 삼국 통일 이후에는 예로부터 내려오던 토착 민간 요법을 보다 풍부하게 발전시켜 우리 나라 의학의 골격을 만들었을 뿐만 아니라 이를 고려로 넘겨주었다.

또한 삼국의 어지러운 정치 정세로 인하여 일본으로 건너가는 사람도 늘어나 여러 가지 문물이 전파됨과 동시에 의술도 전래되었다. 그리하여 일본 의학의 기초를 다지는 데에 커다란 기여를 했다.

일본 의학의 새로운 발전

삼국에서 일본으로 문물이 건너간 것은 오진(應神) 천황 즈음을 경계로 하여 더욱 활발해진다. 그런데 의약면에서는 414년(인교允恭 천황 3년) 천황이 오래도록 앓고 있던 병을 신라에서 간 김파진한기무(金波鎭漢紀武 : '파진한기'는 신라 제3등 관등인 파진찬, 김무는 성명)가 고쳐 주자 후하게 대접하여 돌려보냈다는 기록이 『일본서기』에 나온다. 이 때부터 일본에서도 비로소 '의(醫)'라는 말을 쓰기 시작했다고 한다.

그 뒤 459년(유랴쿠雄略 천황 3년) 일본은 백제에 의사를 파견해 줄 것을 요청하고 있다. 이에 백제는 바로 고구려의 의사 덕래(德來)를 보냈는데, 그는 나니와(難波 : 현재의 오사카)에서 자자손손 의료를 업으로 하여 '나니와 약사'라는 칭호를 받았다. 이것이 일본에서 세의 문벌(世醫門閥 : 대대로 의사를 배출한 가문)의 시작이다. 또 덕래의 5대손 혜일(惠日)은 처음으로 당나라에서 의학을 배우고 당 의학을 일본에 직접 전하는 중요한 역할을 하여 대륙 의학과 가교를 놓았다.

나아가 561년 고구려 사람 지총(知聰)은 내외전(內外典)·약서(藥

書)・명당도(明堂圖) 등의 책 164권을 가지고 고구려에서 일본으로 건너갔다. 여기에서 말하는 내외전이란 『황제내경』을 비롯하여 『외경(外經)』・『맥경(脈經)』・『침경(鍼經)』 등을 의미하며, 약서는 본초학에 관한 책, 그리고 명당도는 『신농명당도(神農明堂圖)』・『명당공혈도(明堂孔穴圖)』 등이다.

이렇게 의학서가 체계적으로 전해졌는데, 중국 의학서가 직접 일본에 전해진 것은 아니고, 중국에서 먼저 고구려에 전해졌다가 일정 기간이 흐른 뒤 일본에 전해졌다고 보아야 한다. 또 당시 의술에서 백제는 고구려와 같은 수준에 있었고, 지총이 전한 책 가운데는 백제의 의학서도 상당수 포함되어 있었다고 한다.

아무튼 고대 의학서는 이러한 과정을 거쳐 일본으로 흘러 들어갔다. 『일본서기』에 따르면 553년, 일본은 백제에 의(醫) 박사・역(易) 박사・역(曆) 박사뿐만 아니라 복서(卜書)・역본(曆本) 및 각종 약물을 보내줄 것을 요청하고 있다.

이에 백제는 이듬해에 의 박사로 왕유능타(王有陵陀)를, 채약사(採藥師)로 반양풍(潘量豊)・정유타(丁有陀)를 보냈다. 이리하여 한반도 계통 채약사들의 활동에 의하여 일본에서 처음으로 약물의 재배・채집도 시작된 것이다. 나아가 642년에는 기하변기남마(紀河邊幾男麿)가 신라로 건너와 침술을 배우고 귀국하여 침 박사가 되어 침구술을 일본에 보급했다.

그리하여 야요이 시대 이전에 시작된 한반도와 일본의 의술 교류는 수나라와 당나라 의학의 영향과 어우러져 점점 그 인연을 두텁게 해 갔다. 718년에 여러 제도의 정비와 함께 양로율령(養老律令)*

이 공포되었는데, 그 가운데 '의질령(醫疾令)' 26조가 정해져서 명실 상부하게 일본 의학은 새로운 수준으로 발전하게 된다.

---

* 701년에 집성된 대보율령(大寶律令)을 보충하여 718년에 제정한 일본의 율령. 그 가운데 '의질령'은 관리들의 의료에 관한 사항을 규정한 법률이다.

부처의 자비로 병을 고치다

인간의 의료 활동은 경험 의료에서 비롯되지만, 주술 요법도 동시에 발생했다. 이것은 대자연의 위협 앞에서 전혀 무력했던 고대인들이, 인간의 질병이 눈에 보이지 않는 신이나 악마의 장난 때문에 생긴다고 믿고, 기도를 드리거나 어루만짐으로써 질병의 고통과 재해를 피하고자 한 지극히 소박한 신앙에서 비롯된 것이다.

오늘날에도 우리 나라에서는 이러한 무속 신앙이 행해지고 있는데, 이는 동북 아시아의 샤머니즘에서 유래한 것으로, 고대인들의 하늘 숭배 사상과 자연 숭배 사상에 그 기원을 두고 있다.

이렇게 원시 시대부터 비롯된 경험 의료와 신비적인 주술 요법의 혼합에서 비롯된 우리 나라 의학은 곧 중국 한의학의 영향도 받게 되는데, 그 가운데서도 도교와 불교 사상은 의약사의 발전에 커다란 영향을 주었다. 앞의 「불로 장수의 나라를 찾아서」에서도 말했듯이 도교 사상은 불로 장수의 신선 사상과 그 선약을 탐구하는 연단술을 우리 나라에 끌어들였지만, 불교 역시 부처를 받드는 승려의 기도로 악마를 제거하고자 하는 주술을 함께 전했다.

『삼국사기』「선덕여왕 조」에 따르면 636년 3월, 왕이 병에 걸려

쇼토쿠 태자상

약도 주술도 효과가 없자 황룡사(皇龍寺)에 백고좌(百高座)[*]를 설치하고 여기에 승려들을 모아 『인왕경(仁王經)』을 외게 했다. 나아가 100명의 사람에게 승려가 되는 것을 허락했다고 전하고 있다.

---

* 『인왕반야경』에 근거한 불교 의식. 외적이 침입하거나 나라가 혼란스러울 때 이 경전을 설법하여 국토와 중생을 지키려는 의식이다.

『삼국유사』에는 또한 선덕여왕의 병이 오래 계속되자 이름 높은 밀본법사(密本法師)의 『약사경(藥師經)』 염불로 완치했다고 기록되어 있다.

이렇게 당시의 승려들은 시의(侍醫)로 일하면서도 기존의 주술 요법 대신 독경 요법에 전념하고 있었던 것이다.

602년(스이코推古 천황 10년) 백제의 승려 관륵(觀勒)은 일본에 건너가 역서·천문·지리·둔행(遁行)·방술(方術)을 전했는데, 특히 야마시로노오미히니타테(山背臣日立立)는 방술을 배워 이것을 업으로 삼았다. 여기에서 말하는 방술이란 아마도 선술(仙術)·마술(魔術)에 속하는 것으로 독경 요법도 이에 속하는 것이다.

또한 백제의 승려 법명(法明)이 내대신(內大臣) 후지와라 가마타리(藤原鎌足)의 병을 기도로 완치하여 인기를 끌었다. 이리하여 일본에도 의사가 출현한 셈인데, 당시의 승려들은 불법(佛法) 외에도 의료를 겸하고 있었던 것이다.

유명한 쇼토쿠 태자는 나니와에 시텐노사(四天王寺)를 세우고 여기에 시약원(施藥院)·요병원(療病院)·비전원(悲田院)을 세워 널리 의료를 펼치게 했다. 당시 시약원은 약초 재배와 약재의 조합(調合)을 담당했고, 비전원은 고아를 기르는 곳이었다. 607년 호류사(法隆寺)가 건립되고, 610년 고구려의 승려 담징이 일본에 건너감으로써 승려에 의한 의료가 본격화했다. 이리하여 부처의 자비는 일본인의 마음속 깊이 침투해갔던 것이다.

한국 인삼의 약효

예로부터 동양의 약물 가운데서도 우리 나라 인삼은 아주 유명하다. 오랫동안 동양의 여러 나라에서 선약·영약·묘약으로서 뭇 약의 왕좌를 차지해 온 고려 인삼은 지금도 평판이 떨어질 줄 모른다.

중국의 옛 의학서 『신농본초경집주(神農本草經集註)』에는 당시의 생약을 365종으로 나눈 뒤 다시 이것을 상·중·하 세 종류로 나누고 있다. 그리고 인삼을 상약 가운데 하나로 꼽고, "인삼은 오장(五腸)을 보하고, 정신을 편안히 하여 혼백을 안정시키고, 경기(驚悸)를 멎게 하여 나쁜 기운을 없애고, 눈을 밝게 하여 마음을 가볍게 하며 수명을 늘린다"고 설명하고 있다.

결국 오장을 보하고 내장을 튼튼하게 하며, 정신을 안정시켜서 조화를 유지하게 하고, 장수할 수 있도록 하는 매우 좋은 만능약이라는 것이다.

이렇게 예로부터 유명했던 한국 인삼은 의외로 일찍부터 일본에 들어갔다. 나라의 정창원(正倉院)에 가면 지금도 신라의 생생한 인삼이 약물 가운데 특히 두드러지게 보이는데, 이는 삼국 시대에 벌써 우리 나라와 일본 사이에 인삼을 비롯한 의약품의 교류가 활발했음을 알려주는 것이다.

또 신라와 관계가 깊은 『이즈모 풍토기(出雲風土記)』(732)에도 인삼이 등장하며, 『북월설보(北越雪譜)』(1830)에도 다음과 같은 인삼에 관한 전설이 실려 있다. "비추(備中 : 오카모토岡山) 시라이시섬(白石島)에 사는 한 농부가 매에게 물려 상처를 입은 학을 치료해 주었다. 그러자 그 이듬해 학들이 대륙에서 인삼 씨앗을 물어다주어 은혜에 보답했다는 미담이 남아 있다"는 것이다.

나아가 청나라의 시조 누루하치는 명나라에 던진 선전 포고 7개 조항 가운데 명나라 사람의 침입과 산삼 절도에 대한 불만을 말하고 있다. 즉 이렇게 강정 · 강장(强精强壯)에 뛰어난 인삼은 권력자들의 재정도 돕고 있었던 것이다.

최근 인삼은 현대인의 고민인 스트레스를 해소해 줄 뿐만 아니라 현대 의학의 최대 난제인 '암' · '중금속 중독' · '마약 중독'에도 효과가 있다 하여 연구가 활발하다.

약용 인삼은 오갈피나무과에 속하는 다년초로, 이것을 그대로 햇볕에 말린 것을 '백삼(白蔘)', 이것을 쪄서 그늘에서 말린 것을 '홍삼(紅蔘)', 말리지 않은 날것을 '수삼(水蔘)'이라 부른다.

인삼 재배는 매우 어려워서, 처음 묘판에 씨를 뿌린 뒤 1년이 지나면 옮겨 심어야 하며, 이것을 5년 뒤(6년근)에 수확하지 않으면 못 쓰게 된다. 게다가 연작(3년간)을 피해야만 하며, 토양(사질토砂質土)의 선택과 시비(施肥 : 건초 · 매연 등)의 선택, 그리고 배수 처리도 매우 까다롭다. 인삼은 일본에서도 자라는데, 일본의 지질은 일반적으로 비옥하고 습기가 많기 때문에 인삼을 심으면 마치 무처럼 자라 그다지 인기가 없다. 역시 본고장인 한국에서 난 인삼을 쳐준다.

인삼 재배에 쏟은 도쿠가와
이에야스의 집념

예로부터 중국의 동북 지방(만주)과 한반도에 걸쳐 자생하던 산삼은 약효가 뛰어나 의외로 일찍(기원전)부터 사람들에게 애용되었다.

기록에 따르면 우리 나라에서는 예로부터 산삼 채집이 성행했는데, 대부분 왕실이나 권력자들의 강요에 의한 것이었다. 왕족이나 양반들만이 이 묘약을 독점했고, 외국에 대한 선물용이나 무역품으로도 쓰였다. 때문에 서민들에게 산삼이란 그림의 떡이었고, 실제로 복용하는 일은 지극히 드물었다. 복용하려면 도저히 감당하기 힘든 비싼 값을 치러야만 했기 때문이다.

그래서 농민들은 법의 감시를 피하여 남몰래 '산삼 도채(盜採)'를 했다. 산삼 채취에 종사하는 자는 품행이 선량하고 입이 무거워야 하며, 입산 전부터 비밀과 은어를 엄수하고 금기를 지킬 것을 요구받았다. 그리고 육식도 금했을 뿐 아니라 장례식이나 혼례에 참가해서도 안된다고 믿고 있었다. 왜냐하면 몸을 더럽혀 부정을 타면 '산신령님'의 노여움을 사서 산삼을 캘 수 없을 뿐만 아니라, 사고를 만나기 쉽다고 믿었기 때문이다. 그들은 엄한 훈련을 받고서

야 입산하게 되는데, 이 불로 장생의 약초는 좀처럼 사람 눈에 띄지 않았다. 다만 평안도에는 특별히 산삼이 많아 산삼 채취를 업으로 삼는 사람도 있었다고 한다.

이렇게 귀한 우리 나라 산삼을 더욱 고갈시킨 것은 고려 말 몽고군의 갑작스러운 침략과 산삼에 대한 가혹한 공출·징수 때문이다. 그리하여 고려에서는 산삼에 대한 남획이 점점 심해져서 마침내 그 자원이 고갈될 지경이었다. 이러한 사회적 배경과 산삼 수요의 증대는 산삼의 인공 재배 연구를 더욱 촉진하여 오늘날의 고려 인삼·한국 인삼의 성황을 보기에 이른다.

조선과 우호를 두터이 하던 아시카가 요시미쓰(足利義滿 : 1358~1408)는 조선 인삼을 좋아하여 당시 일본에서 많이 나던 은과 교환했다. 도요토미 히데요시(1536~1598)는 욕심 많게도 아이즈와카마쓰(會津若松)에서 재배해 보라고 명했지만 실패를 거듭하는 가운데 저승으로 떠났다.

천하의 대세를 읽고 있던 도쿠가와 이에야스(1542~1616)는 조선과 친교를 도모하여, 막부는 조선 통신사를 12번에 걸쳐 초대했다. 한편 조선은 명품 산삼을 처음에는 100근(보통 1근은 600그램 정도), 나중에 50근, 마지막으로 33근을 보내어 도쿠가와 장군들을 기쁘게 했다. 드디어 이에야스는 인삼의 국산화를 결심하지만 채 이루지 못하고 죽고, 도쿠가와 이에미쓰(德川家光 : 1604~1651)도 그 유지를 이어받아 에도에 인삼 조합까지 열었지만 역시 재배에 실패했다.

이렇게 도쿠가와 시대 중기까지 어약원(御藥園)에서 종자를 키우려고 했지만 실패를 거듭할 뿐이었다. 하지만 이에야스의 집념이 열매를 맺어 8대 쇼군 요시무네(吉宗 : 1684~1751) 때 닛코엔(日光園)에서 그 첫 재배에 성공했다. 1728년, 이에야스가 죽은 지 112년이 되는 해였다.

조선에서 끌려간 의사들

중국 의학을 섭취하면서 독자적으로 의학을 개척해 온 조선의 의약학은 일찍부터 바다를 건너 일본 열도에 큰 영향을 주었다. 우리의 삼국 시대에 일본에서도 양로율령 가운데 '의질령' 26조가 정해져 세상에 공포하기에 이르렀다. 에도 시대에 서구의 네덜란드 의학이 보급될 때까지는 다른 문화와 함께 의학도 줄곧 교류되었다. 물론 중국과도 교류가 있기는 했으나 일본의 주된 교류 상대는 역시 조선이었다.

예를 들면 도쿠가와 시대에는 조선과 통신사 등의 교류도 있어서 양국간의 선린 우호 관계는 막부 말까지 계속되었다. 그런데 막부는 통신 사절단이 올 때마다 '양의(良醫)'를 함께 데려올 것을 간청했다. 때문에 통신사가 서일본에서 에도로 향하는 각지에서 의사문답(醫事問答)이 벌어져 약의 처방 등도 전수되었다. 이러한 의사교류 결과 간행된 『상한의담(桑韓醫談)』(1711)·『상한필담(桑韓筆語)』(1764) 등은 오늘날까지 남아 있다.

하지만 이러한 선린 우호와 달리 전쟁(임진왜란)에 의해 납치·

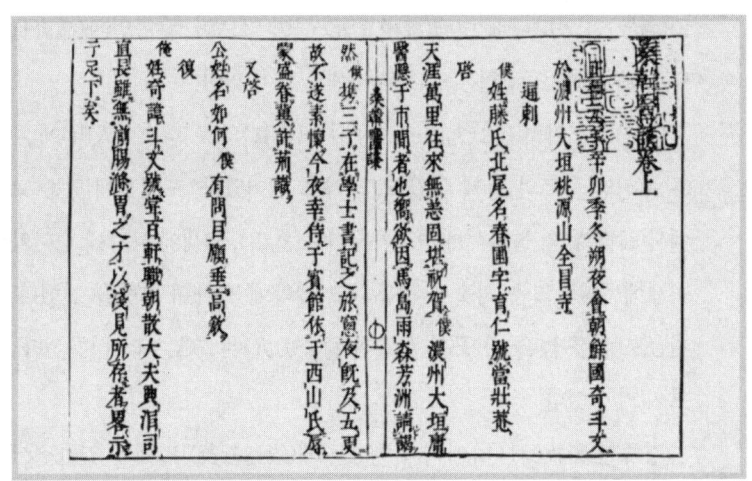

상한의담

연행된 조선의 의사들이 많았다. 여기에서는 특히 일본 의학에 커
다란 영향을 끼치고 이름을 남긴 의사들에 대해서만 김두종(金斗
鐘)의 『조선의학사(朝鮮醫學史)』에 의거하여 언급하고자 한다.

　김덕(金德) : 전쟁 당시 포로가 되어 사쓰마(薩摩)로 보내진다. 본
초학에 정통했다.
　김덕방(金德邦) : 전란중에 의관을 지내다가 포로가 되어 게이조
(慶長) 시대에 나가다(永田)·도쿠모토(德本) 등에게 침구술을 가르
쳤다. 또 이것이 모토카라 겐테이(本邨元貞)에게 전수되어 1778년
『침구극비전(鍼灸極秘傳)』이 쓰여진다.
　장고(張膏) : 전란에서 포로가 되어 일본으로 끌려가 히데요시의
허락을 받고 귀국한다. 특히 안과를 전공했고 그 문하(門下)에 사누

키(讚岐)의 와타나베 릿겐(渡邊立軒) 등이 있으며 『귤류안과(橘流眼科)』라는 이름으로 일본 안과 역사에도 남아 있다.

마루야마 미치키요(丸山道淸) : 사가(佐賀)의 도진정(唐人町)에 다른 조선인 포로와 함께 살았고, 의약에 뛰어났다. 도진정에 있는 교엔사(鏡圓寺)의 돌비석에는, "마루야마(丸山), 33세에 사가에 건너와 88세에 죽다. 그는 의술에 정통하고 제약에 능하여 비방을 전했다. 지금도 이름 높은 이 곳의 신효환(神交力丸)은 그로부터 비롯된다"고 새겨져 있다.

정죽건(鄭竹搗) : 나베시마 나오시게(鍋島直茂) 밑에서 일하면서 대대로 사가에 살았고, 그의 아들 정유석(鄭幽碩)은 의학을 업으로 삼았으며, 이 가문에는 '조선영주태수전진사(朝鮮榮州太守前進士)'라는 위비기(位碑記)와 하야시 라잔(林羅山)이 보낸 시문(詩文)도 남아 있다.

이경택(李慶宅) : 고려의 高(다카), 일본의 本(모토)을 한 자씩 따서 다카모토 케이타쿠(高本慶宅)라 이름지었으며, 호소카와(細川) 가문에서 후한 대접을 받고 구마모토(熊本)에서 대대로 시의(侍醫)로 일한다.

이성현(李聖賢) : 모리(毛利)에게 연행되어 하기(萩)에서 이가(李家)로 칭하며 대대로 의원이 되어 모리 가문 밑에서 일한다.

잃어버린 의학 서적

　임진왜란 당시 일본의 무장들이 조선에서 약탈한 의학 서적 중에서 가장 중요한 것으로 가토 기요마사(加藤淸正)가 빼앗아간 『의방유취(醫方類聚)』(전266권)가 있다. 『의방유취』는 이름 그대로 의방(醫方)의 유취(類聚), 즉 같은 종류를 모은 것인데, 이 책은 한(漢)·당(唐)·송(宋)·원(元)·명대(明代) 초기까지 발간된 153종의 대표적인 한의학 고전을 모아 정리한 의학의 대백과사전이라 할 만한 총서로서, 1477년에 겨우 30부가 발간되었다.

　또한 이 책은 『향약집성방(鄕藥集成方)』·『동의보감(東醫寶鑑)』과 함께 조선 의학의 3대서로서 외국에서도 간행되었다. 특히 『의방유취』는 "동서 고금에 유래가 없는 대규모 의학서로서, 세계적인 보서(寶書)이기도 하다" 하여 일본에서 특히 유명했다. 기요마사에게 빼앗긴 이 책들은 1852년에 에도에서 축각(縮刻) 간행되었고, 지금은 일본 궁내청(宮內廳) 도서료(圖書寮)에 있다. 하지만 정작 본국인 우리 나라에는 한 부도 없다. 그런데 최근(1980) 북한에서 한글로 번역되어 원본과 함께 나온 것은 매우 다행한 일이라 하겠다.

　이제 막부의 의관 마가세 쇼린(曲瀬正琳)이 작성한 『안노원 장서

(安老院藏書)』의 내용을 통하여 히데요시에게 빼앗긴 책을 살펴보자.

■ 우리 나라의 고유 의학서

자금단방(紫金丹方)1권(현존)　　산서해록(産書該錄)2권(현존)

창진집(瘡疹集) 3권(현존)　　치종비방(治腫秘方) 1권(현존)

치종지남(治腫指南) 1권(현존)　　침구택목(針灸擇目)2권

달학역해방(疸学易解方) 1권　　구급양방(救急良方) 1권

치포방(治疱方) 1권　　보구록(普救錄) 1권

제산치방(諸疝治方) 1권　　양생대요(養生大要) 1권

간이벽온방(簡易벽溫方) 1권(현존)

촌가구급방(村家救急方) 1권(현존)

임신최요방(姙娠最要方) 1권(현존)

■ 중국 의학서의 조선판

양생론(養生論) 1권　　수친양로서(壽親養老書) 3권(현존)

직지방(直指方) 6권(현존)　　부인대전(婦人大全) 8권

외과발휘(外科發揮) 2권　　활인심방(活人心方) 2권

득효방(得交力方) 11권(현존)　　자생경(資生經) 4권

본초대전(本草大全) 10권　　십사경발휘(十四經發揮) 1권

본초발휘(本草發輝) 2권　　의서대전(醫書大全) 7권

신응경(神應經) 1권　　화제국방(和制局方) 8권(현존)

의가필요(醫家必要) 1권　　화제지남(和制指南) 1권

의안론(醫眼論) 1권(현존)   속의설(續醫說) 1권

찬도맥(纂圖月永) 1권   구급역방(救急易方) 1권

의려집(醫閭集) 3권   삼원연수(三元延壽) 1권(현존)

식품집(食品集) 2권(현존)   식물본초(食物本草)(重刊)

의설?(醫說?)(현존)   침구집방(針灸集方) 4권(현존)

의방집략(醫方集略) 5권(현존)

영류령방(永類鈴方) 9권(현존)

학고산인맥어(鶴皐山人脈語) 1권

산거사요(山居四要) 1권(현존)

■ 의약 관계 조선본

우역방(牛疫方) 1권(현존)   농사직설(農事直說) 1권(현존)

마의방(馬醫方) 1권(현존)   구황절요(救荒切要) 1권(현존)

우마양저치료(牛馬羊猪治療) 1권(현존)

위에서 '현존' 이라고 기입한 것은, 일본의 도서관 혹은 우리 나라 장서가의 것을 포함하여 그와 똑같은 책이 현존하는 경우이다.

놀라운 사실은 우리 나라의 고대 의학서는 본고장인 우리 나라에는 별로 없고 대부분이 일본에 있다는 현실이다. 이것은 그 무렵 조선에서는 인쇄 기술이 매우 성행하여 의학서 출판이 쉬웠고 더구나 풍부하게 이루어지고 있었던 데 반하여, 일본에서는 인쇄 기술다운 것이 거의 없었기 때문에 약탈이라는 수단을 통해 본고장인 조선에서 일본으로 많이 건너갔기 때문이다.

6장
공작과 조선

가깝고도 먼 나라란 지금의 우리 나라와 일본을 가리키는 데 꼭 알맞은 말이다. 하지만 양국의 유구한 역사로 보면 가깝고도 가까운 나라였다. 오랫동안 서로 육지로 연결되어 있었을 뿐만 아니라, 우리 선조들이 통나무배를 만들어 사용하기 시작한 때부터 진취적인 기상을 품고 쉽게 일본 열도로 건너갔기 때문이다. 그리고 시간이 흐름에 따라 점점 왕래가 잦아져서 배에 얽힌 전설도 많다. 그러나 서로 군선을 떠우기 시작하자 평화적인 관계는 가끔 깨어지기도 했다.

하늘을 날고 싶은 꿈 — 연과 비차

예로부터 새처럼 자유롭게 하늘을 날아다니고 싶어한 것은 동서 어느 나라나 다를 게 없다.

"높이 높이 날아라, 하늘 높이 날아라, 솔개처럼 구름 위로 날아라!" 차가운 북서 계절풍이 부는 12월쯤부터 이듬해 2월까지 우리 나라 어린이들은 모두 들로 나가 연날리기 재주를 겨루어 왔다. 우리 나라의 연은 일본 연에 비하여 화려하지는 않지만, 높게 올려서 서로 실을 끊는 연싸움이 재미있다.

최근 일본 다카쓰키시(高槻市)의 가미다베(上田部) 유적에서 나라(奈良) 시대 후반기(8세기 후반)의 것으로 추정되는 대형 대나무 톰보(청영 : 잠자리. 연의 일종)가 출토되었다. 길이 1.3미터, 폭 6센티미터나 되는 대형인데, 주위가 논 유적인 점으로 보아 참새를 쫓는데 이용한 것으로 보인다. 일본에서도 일찍이 나라 시대부터 프로펠러 원리가 이미 알려져 있었고 이것을 실생활에 이용하고 있었다는 것을 보여주는 사례이다.

시간은 흘러 1780년대, 일본의 오카야마(岡山)에 사는 표구(表具) 기술자 고요시(幸吉)는 새처럼 하늘을 훨훨 날아보고 싶은 마음에

순흥 고분 어형도와 고이노보리

자기 몸에 맞는 날개를 만들어 시험을 했다. 그는 먼저 자기 몸에 달 날개를 만들어 지붕에서 뛰어내려 보았다. 이 실험에서 무난하게 날아 내려오자 용기 백배했다.

이에 용기를 얻은 이 용감한 청년은 높은 절벽에 올라가 뛰어내렸는데, 하필 마을 사람들이 모여 꽃놀이를 즐기던 자리로 추락했다! 이에 놀란 마을 사람들은 결국 그를 마을에서 쫓아내고 말았다고 한다.

우리 나라에서도 공중을 날아보려는 시도가 있었는데, 매우 현실화했던 것으로 보인다. 특히 조선 시대에 크게 발전한 천문 의기(天文儀器)의 제작 기술에 자극을 받아 여러 가지 시도가 있었다.

임진왜란 당시 경상도의 어느 성이 일본 침략군에 포위되어 고립무원에 빠졌을 때, 정구평(鄭九平)이라는 사람은 성주에게 '비차법(飛車法)'이라는 방법이 있음을 알리고, 외부의 아군과 연락을 취하는 데 성공했다고 한다.

비차란 가죽으로 만든 자루에 공기를 넣어 부풀린 것인데, 그 모양이 꼭 따오기의 날개를 닮았다고 한다. 여기에 네 사람이 올라타고 그 배 부분을 두드려 공기를 뿜어내면서 바람 부는 방향을 잘 헤아려 원하는 방향으로 기류를 타고 날았다고 한다. 아마도 글라이더 종류일지도 모른다.

영국인 케리가 처음 글라이더를 탄 것이 1853년인데, 우리 나라의 연·코요시의 날개·정구평의 비차 등 동양의 지혜도 대단한 것이었다.

　최근에는 잉어 모양의 깃발 그림이 경상북도 영풍군 순흥의 고분 (약 1,500년 전) 벽화에서 발견되었다. 이를 근거로 일본 사람들이 단오절에 달아놓는 종이로 만든 잉어(고이노보리鯉のぼり)의 기원을 우리 나라에서 찾는 사람도 있다.

일본에 건너간 삼국의 음악

　　머나먼 원시 시대부터 지금까지도 예능이 인간의 정서 생활에 큰 도움을 주었다는 점은 변함이 없다. 고조선 시대부터 사람들에게 익숙했던 서정 가요 '공후인(箜篌引)'*이라는 노래는 여옥(麗玉)이라는 여인이 공후(하프를 닮은 현금)를 뜯으면서 만들었다고 하며, 그 리듬이 매우 슬픔에 가득 찬 것이었다고 한다. 또 그보다 앞선 시대의 것으로 보이는 길이 17센티미터나 되는 뼈피리(10개의 구멍이 있음)도 함경북도 서포항 유적에서 발굴되었다.

　　한반도에서 일찍부터 음악이 발달한 나라는 역시 중국과 국경이 맞닿아 있던 고구려였다. 왕산악(王山岳)이라는 고구려 사람은 4세기 중반에 이미 중국의 것과는 음색이 다른 거문고라는 현악기를 만들었다고 한다. 그런데 이 거문고 소리가 너무나 아름다워서 이를 연주하면 검은 학이 날아 내려왔다고 하여 후세에 '현금(玄琴)'

---

* 어느 강가에서 흰머리를 한 미치광이 같은 남자가 아내가 만류하는 데도 물에 뛰어들어 죽었다. 그러자 그 아내도 공후를 타면서 슬프게 노래한 뒤 물에 빠져 죽고 말았다. 이를 지켜본 뱃사공이 집에 돌아가 아내 여옥에게 이야기해주자 여옥은 공후를 뜯으며 슬픈 곡조를 옮겨 불렀다. 일명 '공무도하가'라고도 하는 이 노래는 현재 전하지 않고, 중국 노래로 보는 학자도 있다.

현금을 타는 여인(무용총 벽화)

이라고 부르게 되었다.

이 거문고의 모습은 오늘날 고구려 영토였던 통구(通溝)의 무용
총과 안악 3호분 벽화에서 볼 수 있다. 이 거문고가 백제로 들어가
군후(箜篌)라 부르게 되고, 나아가 일본에 건너가서는 구다라고토
(百濟琴)라 불렀다. 이것은 역사적으로 백제악이 고구려악보다 먼
저 일본에 건너갔다는 것을 보여주는 것이다.

우리 나라에는 또한 유명한 가야금(伽耶琴)이 있다. 6세기에 가야
사람 우륵(于勒)이 가야국 가실왕(嘉實王)의 명령을 받아, 전래되어
오던 진한금(辰韓琴)을 개조하여 12현의 가야금을 만들었다. 이 가
야금은 당시 지방색이 풍부한 가야금 곡 185곡을 모을 수 있을 정도

신라의 가야금(일본 정창원 소재)

로 사람들에게 사랑을 받았다. 이 곡들은 우륵이 신라로 망명한 뒤로는 곧 신라의 궁중 음악으로 채용되었다. 그리고 그 원형은 고신라의 토우나 일본의 정창원(正倉院)에 있는 '시라기노고토(新羅琴)' 라고 부르는, 12현에 양(羊) 머리를 한 특이한 악기로서 옛 자취를 보여주고 있다. 이렇게 거문고와 가야금은 우리 나라의 대표적인 민족 악기로서 지금까지 계속 연주되고 있다.

최근 일본에서도 이러한 거문고 종류가 출토되고 있다. 시즈오카현(靜岡縣)의 도로(登呂) 유적에서는 야요이 시대의 거문고 같은 것이 발견되었고, 후쿠오카(福岡) 가스가시(春日市)의 쓰지다(辻田) 유적에서는 울림통이 달린 거문고가 출토되었다. 나아가 지바현(千葉縣) 모바라시(茂原市) 고즈세키(國府關) 유적에서도 거문고판(6현, 길이 1.6미터로 쓰지다의 것과 같은 모양)이 발굴되었다.

『일본서기』에 따르면 554년에 백제의 악사 시덕(施德 : 제8등) 삼근(三斤), 계덕(季德 : 제10등) 기마차(己麻次), 계덕(季德) 진노(進

奴), 대덕(對德 : 제11등) 진타(進陀) 등 네 사람이 건너왔고, 아스카 (飛鳥) 시대가 되면 삼국(고구려 · 백제 · 신라)의 음악이 궁중 음악 으로 받아들여진다. 또 612년 백제에서 건너간 미마지(味摩之)가 구 레가쿠(伎樂 : 가면극)를 가르쳤다고 나온다.

이리하여 한반도에서 건너간 음악과 춤은 '삼한악(三韓樂)'이라 부르고, 809년에는 아악료악사제(雅樂寮樂師制 : 아악을 담당하는 악사를 관직으로 임명한 제도)로서 고구려 악사 4명, 백제 악사 4명, 신라 악사 2명을 정하고 있다. 흔히 말하는 덴표(天平) 시대(710~ 794년) 아악의 화려함은 이렇게 만들어졌고, 오늘날의 궁중악은 우 방악(右方樂 : 고려악)에 좌방악(左方樂 : 당악唐樂)을 받아들인 것이 다. 그리고 이런 전통은 지금까지도 그다지 변하지 않았다.

날짜를 헤아리고 시간을 재다

  우리 나라와 일본 사이에서 천문학이 교류된 역사를 더듬어 보
면, 기원 554년에 백제의 역(曆) 박사(천문 · 역법을 담당한 관리) 고
덕(固德 : 백제 제9등 관등) 왕보손(王保孫)이 긴메이(欽明) 천황의 요
청에 따라 일본에 갔다. 그 뒤 602년에는 백제의 승려 관륵(觀勒)이
역서 · 천문서 · 지리학 · 둔갑술 · 방술을 전수하기 위하여 일본에
갔다는 내용이 『일본서기』에 기록되어 있다.

  관륵에게 배운 몇몇 제자 가운데 야고노후히토(陽胡史)의 선조인
다마후루(玉陳)는 역법을 배우고, 오토모촌(大友村)의 촌주 고소(高
聰)는 천문 · 둔갑술, 야마시로노오미히니타테(山背臣日竝)는 방술
을 각각 배워 이를 업으로 삼았다고 한다. 여기에서 둔갑술이란 수
를 이용하는 점술이며, 방술이란 선술(仙術) · 마술을 말한다. 재미
있는 것은 관륵의 제자인 다마후루 · 고소 등은 모두 일본식 이름이
아니라 우리식 이름을 가졌다는 점이다. 이는 야마토(大和) 정권 초
기의 지식인이나 기술자의 대부분이 모두 한반도에서 건너간 사람
들이었던 까닭이다.

  이렇게 중국이나 한반도에 비해 천문 기상학이 조금 뒤떨어져 있

던 일본에서 628년에 일식을 관측하고 643년에는 월식을 관측했다는 기사, 나아가서는 혜성·유성 등을 관찰한 기록이 계속된다. 675년에는 신라의 첨성대와 나란히 일본에서 비로소 '점성대'를 세웠다.

그리하여 일본에서 천문 기상의 관측과 역법 연구는 순조롭게 발전했으며, 우리 나라와 일본 사이에 천문·역학의 교류는 근세까지 계속되었다. 15세기는 조선 천문학의 절정기이기도 했다. 이 때 조선에서 편찬한 『칠정산내편(七政算內編)』*은, 당시 명나라 말기에 중국의 역산학(曆算學)이 쇠퇴하는 현상과도 관련하여 수시력(授時曆)을 연구하는 동방 유일의 뛰어난 역서로서 도쿠가와(德川) 막부의 역학에 커다란 영향을 미치고 있다.

나아가 역법 말고도 671년에 백제에서 일본에 누각(漏刻 : 물시계)을 전한다. 물을 넣은 네 개의 항아리가 있고, 위 항아리에서 밑으로 물이 흘러 마지막 항아리에는 시간을 가리키는 화살을 띄우고 이것이 떠오르는 정도로 시간을 알 수 있게 되어 있었다.

1981년 나라현 아스카촌(明日香村)에서 이 때의 것으로 보이는 아스카 시대의 물시계나 시각을 알리는 북 등을 놓아둔 누각(樓閣)도 발굴되었다. 말하자면 시계대(時計臺)의 유적이다. 이 누각(漏刻)도 역시 네 개의 항아리로 이루어져 있고 '야천지(夜天池)' 라는

---

* 1444년(세종 26)에 이순지(李純之)·김담(金淡) 등이 왕명으로 편찬하여 간행한 역서. 원나라의 수시력을 해설한 것으로 천체의 운행에 관한 자료를 담고 있다. 같은 해에 아라비아 역법을 연구하여 편찬한 『칠정산외편(七政算外編)』도 간행되었다. 칠정이란 해(日)와 달(月), 목·화·토·금·수(木火土金水)를 말한다.

복원된 아스카 시대 물시계

가장 위의 나무 항아리에 물을 채우고 마지막에 '수해(水海)' 라는 항아리에 고인 물의 양으로 시간을 재는 구조로 되어 있었다.

일본의 학자들이 고증한 결과, 이 시계를 만든 때는 670~680년으로 추정되는데, 이 시기의 토기도 함께 출토되어 이것을 뒷받침하고 있다. 일본에서는 이 기념할 만한 날을 태양력으로 환산하여 6월 10일로 정하고 시간을 소중히 지키기 위한 캠페인의 날, 즉 '시간 기념일' 로 정하고 있다. 다이쇼(大正) 시대(1912~1925)에 시작된 '시간 기념일' 인데 최근에는 거의 잊혀져 가고 있는 듯하다.

담징이 전해준 물레방아

아르키메데스는 기원전 214년 로마의 대군이 쳐들어올 때 지렛대 원리를 이용한 투석기를 이용하여 크고 작은 돌들을 비오듯 적에게 퍼부어 공격했다고 한다.

우리 나라와 일본의 선조들도 원시 시대부터 지렛대 원리를 이용하여 작은 힘으로 큰 힘을 얻어 대규모 공사를 한 것이 분명하다. 이 도구들은 오랜 세월을 지나며 썩어 없어져서 오늘날에는 그 유물이 거의 남아 있지 않다.

그러나 4세기 중엽에 만들어진 고구려의 안악 제3호 고분의 벽화에는, 긴 대의 짧은 쪽에 무거운 추를 달아 양쪽 공이의 무게를 같게 하여 손으로 쉽게 물을 퍼 올릴 수 있도록 고안한 용두레 우물의 그림이 보인다.

마찬가지로 안악 3호분의 동쪽 곁칸에는 아낙네들이 디딜방아를 찧는 장면이 선명하게 그려져 있다. 이 역시 지레의 짧은 쪽에 체중을 싣고 그 떨어지는 무게로 곡식을 찧는 역학 원리를 응용한 예이다.

『일본서기』「스이코 천황 조」에는 "고구려의 승려 담징(曇徵)은

돌절구(후타오키현 관세음사에 소재)

오경(五經)을 알며, 또한 물감 · 종이 · 먹을 만들고 '덴가이(石展石豈)'를 만들었다. 생각건대 일본에서 덴가이가 만들어진 것은 이 때가 처음이다"라고 기록되어 있다.

이 해가 610년으로, 고구려의 영양왕이 담징을 일본에 파견했고, 쇼토쿠 태자는 그를 매우 우대하여 막 지은 호류사(法隆寺)에 살게 하고 스스로 가르침을 받았던 것이다.

여기서 말하는 '덴가이' 란 '돌방아 · 맷돌' 을 가리키는데, 일본에서는 보통 수력을 이용하여 움직이는 탈곡기 혹은 제분용 돌절구를 '덴가이' 라고 일컫는 경우가 많다. 이 기계는 광산에서 광석을 빻는 데에도 이용되었다.

따라서 담징이 일본에 전해준 덴가이란 틀림없이 흐르는 물의 힘을 동력화한 물방아임이 분명하며, 우리 나라에서 흔히 말하는 물레방아이다. 이 물레방아야말로 풍차와 함께 고대인들의 자동화에 대한 꿈이었다.

그러나 그 뒤 우리 나라에서는 잇따른 전란으로 물레방아 종류의 발전은 별로 없었던 것으로 보인다. 1429(세종 11)년 당시 우호 통신사의 임무를 마치고 일본에서 귀국한 박서생(朴瑞生)의 보고서에서는 일본의 물방아를 언급하며 '일본의 물방아(水車)는 흐르는 물로 돌리는 훌륭한 것' 이라고 말하고 있다. 그 시절에 조선에서는 '당수차(唐水車)' 라는 것이 사용되었다. 즉 중국의 물방아가 도입되어 있었던 것이다. 사정을 듣고 크게 놀란 세종은 서둘러 왜수차(倭水車)의 모형을 만들게 하고 이것을 수차 기술자들에게 주어 각 도에 보내 이 편리한 수차를 만들도록 장려했다. 이번에는 일본의 기술이 조선으로 역수입된 셈이다.

통나무 배와 뗏목

옛날 석기 시대 사람들은 통나무의 속을 파내서 만든 배를 호수나 강에 띄우고 수상 교통 수단으로 사용하거나 고기잡이에 이용하고 있었다. 원시적인 이 배는 아마 커다란 자갈을 불에 달군 뒤 통나무 위에 얹어 홈을 만든 다음 예리한 석기로 깎아내어 만든 것으로 보인다. 즉 불과 석기를 이용하여 통나무 배를 만들었던 것이다.

일본에서 가장 오래된 배의 유물은 1948년 지바현(千葉縣) 아와군(安房郡) 마루야마정(丸山町) 가모(加茂) 유적에서 출토된 통나무 배이다. 길이 4.8미터, 폭 0.7미터의 푸조나무로 만들어진 통나무 배

통나무 배(나가사토에서 출토, 조몬 시대 중기)

배 모양의 하니와(오사카 다카마와리 2호 고분에서 출토)

는 약 5,000년 전인 조몬 시대 중기의 것으로 보인다. 또 최근 후쿠이현(福井縣) 미가타정(三方町)에서도 조몬 시대 후기의 통나무 배가 발견되었다.

조몬 시대 중기가 되면 통나무 배 출현과 함께 규슈 서북부에서 우리 나라의 동해안(강원도)에 걸쳐서 고기잡이용 낚시 도구가 많이 출토되고 있다. 이 낚시 도구와 함께 고기잡이에 사용되고 있던 옛날 통나무 배의 흔적은 오늘날 경기용 커누 등에서 볼 수 있고, 두 척의 커누를 가로대로 연결하여 뒤집히지 않도록 고안한 캐터머랜(catamaran)이라는 쌍통선(雙胴船)에서도 볼 수 있다.

얼마 전까지만 해도 통나무 배는 우리 나라의 호수나 강에서 나룻배로 사용되었다. 특히 유명한 압록강의 뗏목은, 통나무 여럿을 이어 묶어 배를 만드는 우리 선조들의 창의성과 궁리를 엿볼 수 있

준구조선(오사카 규호사 유적에서 출토)

게 하여 흥미롭다.

　배의 형태는 초기에는 통나무 형식에서 통나무를 여럿 이어 묶은 뗏목 형태로 발달했으며, 점차 준구조선(準構造船)으로 발전하고 있다. 여기에서 말하는 준구조선이란, 통나무를 엮은 배밑판의 양쪽에 다시 판자를 붙임으로써 파도를 피하여 항해하기 편리하게 만든 것이다.

　이렇게 배를 만드는 기술이 발전하는 과정에서 간과할 수 없는 것은 뗏목의 사용이다. 제주도 연안 각지에서는 지금도 통나무를 짜 맞춘 뗏목을 볼 수 있는데, 이 배는 배꼬리에서 커다란 그물을 던져 청새치잡이 등을 하는 데 이용되었다. 우리 나라와 일본을 잇는 교통의 요지였던 쓰시마의 가미아가타정(上縣町) 고신(護湊)에도 해조류를 채집하는 뗏목(제모쿠후네)이 있는데, 이것이 제주도의 뗏목과 그 구조가 매우 닮았다.

그뿐만 아니라 일본에서 출토된 배 모양 하니와(埴輪)와 경주에서 출토된 배 모양 토기는, 보면 볼수록 공통점이 느껴진다. 앞서 말한 고기잡이용 낚시 도구도 신라 동해안의 것과 규슈 서북쪽 해안 지방의 것이 그 모양새가 같다. 지도를 찾아볼 것까지도 없이 우리 나라에서 쓰시마·이키(壹岐)·규슈는 높은 곳에서 한 눈에 내다볼 수 있는 거리에 있다. 그렇다면 우리 선조들은 통나무 배와 뗏목밖에 없었던 오랜 옛날부터 의외로 손쉽게 이 해상 루트를 왕래하면서 먼 바다에서 고기잡이를 했던 것이 분명하다.

신라의 조선 기술자

　한반도 동해안에 위치하며 일본과 가장 가까운 신라에는 일본과 배에 얽힌 이야기가 많다.

　먼저 『고사기』에 보면, 신라의 왕자 아메노히보코(天日矛)에게는 아름답고 요리도 잘하는 아내가 있었는데, 아내가 도망치자 이를 뒤따라 나니와(難波 : 오사카 부근)로 건너가려고 했다. 하지만 바다의 신이 가로막아 더 나아갈 수 없어서, 할 수 없이 다지마(多遲摩)라는 곳에 머물며 다른 여자와 결혼하여 아이를 낳았다는 이야기가 나온다. 그 때 아메노히보코가 일본에 가져간 보물로 '옥진보'(玉津寶 : 신령스러운 보물) 두 개, '파도를 일으키는 천' '파도를 가라앉히는 천' '바람을 일으키는 천' '바람을 재우는 천' '오키쓰카가미(奧津鏡)' '헤쓰카가미(邊津鏡)' 등 모두 8가지가 있었다고 한다.

　문제는 이 실연 당한 주인공 아메노히보코의 앞길을 가로막은 바다의 신인데, 이는 그 무렵 해류와 풍파 때문에 항해가 매우 어려웠음을 보여준다. 또한 그가 일본에 가져간 여덟 가지 보물은 한반도에서 일본 열도로 문물이 전래되었음을 보여준다. 또 여기서 말하는 '오키쓰카가미'와 '헤쓰카가미' 등은 해안과 먼 바다의 바람과 파도를 가라앉혀 안전하게 항해하기 위한 주술용 도구이거나 조잡한 항해 도구 같은 것이었음이 분명하다.

아무튼 『고사기』의 이 이야기는 신라인들이 일찍부터 진취적인 기상을 갖고 한반도의 동남해를 왕래하면서 일본에도 문물과 항해술을 전했다는 것을 보여주고 있다.

또 『일본서기』「오진 천황 조」에는 "무코(武庫) 수문에 여러 나라에서 바친 배 500척이 모여 있는데 마침 신라의 사신이 여기에 정박해 있었다. 그런데 신라 사신의 숙소에서 갑자기 불이 솟았다. 불은 이내 크게 번져 많은 배를 불태웠다. 신라 왕은 놀라서 유능한 장인을 보냈는데 이것이 곧 이나베(猪名部) 가문의 시조이다"라는 사실이 전해지고 있다.

또 『일본서기』의 「유랴쿠(雄略) 천황 조」에는 "이나베 노미타(猪名部御田)에게 누각을 만들게 했는데, 그는 나는 새처럼 빠르게 높은 곳을 뛰어다녔다"라든가 "이나베 노마네(猪名部眞根)라는 자는 돌 받침대 위에서 하루 종일 도끼로 나무를 잘라도 도끼 날이 전혀 상하지 않을 만큼 숙련된 기술자였기 때문에 천황은 여자들의 윗도리를 벗겨 씨름을 하게 했다. 여기에 정신이 팔린 노마네는 드디어 도끼 날을 상하게 하고 말았다"라며 노래인의 뛰어난 기술을 재미있게 전하는 기록이 나와 있다.

『일본서기』와 『고사기』에서 볼 수 있는 이러한 이야기는 고대 일본에서 항해·건축 기술 등의 발전에 신라의 유능한 장인들이 크게 기여했다는 것을 뒷받침하고 있다. 그리고 원양 항해에도 견딜 수 있는 대형 선박, 견당선(遣唐船 : 일본에서 당나라로 보내는 사신이 타는 배)으로 발전하는 길도 열리게 된다.

일본 견당선의 선구 — 신라의 배

『일본서기』에는 신라의 조선 기술이 일본에 전해진 과정이 기록되어 있는데, 동시에 이 때 신라에서 간 기술자들의 자손이 이나베(猪名部) 씨였다는 것도 기록되어 있다. 아마도 이나베 가문은 효고현(兵庫縣) 무코천(武庫川) 하구 부근에 조선 기지를 만들고 그 동쪽을 흐르는 이나천(猪名川) 주변에서 대대로 살아가면서 이나베노다쿠미(猪名部工)로서 커다란 공헌을 한 것이 분명하다. 때문에 이나노(猪名野 : 이나爲奈)라는 지명도 생겼을 것이다.

다른 설에 따르면 이 자손들의 일부는 이세(伊勢)의 이나베군(貝弁部郡)으로 옮겨가서 살았기 때문에 이세만(伊勢灣)이 유명한 조선 기지가 되었다고도 한다. 그리고 나라의 도다이사(東大寺)의 공사 책임자가 유명한 이나베노모모요(猪名部百世)로서, 이나베(猪名部) 가문이 그들의 혈통을 이은 자손이었던 것을 상상한다면 그 활약상을 능히 짐작할 수 있다.

그런데 이나베가 일본에서 만든 배는 대체 어떤 배였을까? 잘 알려져 있는 미야자키현(宮崎縣) 사이토바루(西都原) 고분에서 출토된 유명한 하니와 배는 배를 젓는 힘점(力點)에 해당하는, 노를 꽂

복원된 일본의 견당선

는 곳이 12군데나 있었던 것을 보면 대형 준구조선, 혹은 구조선으로 보인다. 그리고 이 배의 연대를 5~6세기의 것으로 보고 있는데, 마침 이와 매우 닮은 배 모양이 토기가 경주에서도 출토되었다. 이것은 우리의 조선 기술이 일본으로 전래되었음을 암시하며, 특히 일본이 신라 조선공들의 구조선 제작 기술을 도입했음을 보여주고 있다. 이는 그 무렵 신라의 배를 '이나부네(猪名船)'이라고 불렀던 것을 보더라도 쉽게 짐작할 수 있다.

즉 이나베를 통해 기술이 전해짐으로써 일본에서는 통나무 배에서 여러 개의 판자를 이어 붙인 배로, 혹은 준구조선의 단계에서 구조선으로 조선 기술의 수준이 높아졌던 것이다. 그런데 1986년 6월 오사카 부근의 항구 유적에서도 해양선에 사용된 것으로 보이는 배의 키가 출토되어 고분 시대에 견당선의 선구적 모습을 보이는 범선의 존재를 떠올릴 수 있게 해 주었다.

650년 신라 계통의 인물인 나니와 노키시(難波吉士)가 백제식 선박(견당선형)을 만들었다. 그가 만든 배는 뱃머리와 꼬리가 높게 솟아오르고 중앙부가 둥글고 낮은 독특한 곡선형으로, 오늘날 일본에 남아 있는 옛날 견당선 그림 등에서 자주 볼 수 있는, 선객 100명 이상을 수용하는 대형 선박이다.

그러나 이 견당선은 큰 파도에 약하고 항해 기술도 아직 미숙하여 중국 대륙과 왕래하는 것은 실로 목숨을 건 일이었다. 때문에 일본의 견당사나 유학승들은 신라 배를 이용하는 일이 많았다. 유명한 승려 엔닌(圓仁, 794~864년)*도 신라 배로 귀국하며, 그의 여행기에는 신라인이 산동 반도를 중심으로 큰 활약을 하고 있는 모습이 잘 기록되어 있다.

뿐만 아니라 그 무렵 견당선 선원의 태반이 신라인이었으며 배의 조타수도 모두 신라의 항해사들이 맡고 있었다.

---

* 일본의 승려로 838년 견당선을 타고 당나라에 유학을 떠났다. 여러 해 동안 많은 고생을 하며 당나라의 오대산 등 불교 유적을 순례하면서 공부하다가 847년에 귀국했다. 당나라에 있을 때 장보고가 세운 산동 반도의 적산 법화원에서 장기간 신세를 졌고, 귀국하는 길에도 많은 신라 사람들의 도움을 받았다. 특히 안전하게 귀국할 수 있는 뱃길을 장보고에게 간곡하게 요청한 편지가 유명하다.

고려의 철갑선 — 과선

'도이(刀伊)'란 고려 초기에 동해의 울릉도 부근을 지나 쓰시마 · 이키(壹岐) · 하타(博多)까지 어지럽혔던 여진족(만주족) 해적선 무리를 가리키는 말이다.

이 도이들은 50여 척의 배를 타고 100명씩 무리를 이루어 큰칼과 활을 들고 민가를 습격하여 불사르고, 노인이고 아이고 할 것 없이 모두 베어 죽였으며, 곡물과 소 · 말을 빼앗고, 심지어 개까지 잡아먹었으며, 남녀를 끌고 가는 잔혹하기 그지없는 자들이었다.

당시 다자이부(太宰府)*에서 교토에 전달된 급보에 따르면, 도이들은 462명의 일본인을 죽이고 199마리의 소와 말을 빼앗았으며, 성인 남녀 1,289명을 노예로 끌고 갔다.

원래 그들은 사냥과 목축을 생업으로 하는 북방계 종족이어서 농경에 익숙하지 못했기 때문에 농사를 시킬 노동력이 필요했던 것이다.

---

* 백제 멸망 뒤인 664년 규슈 후쿠오카(福岡)에 설치되어 일본의 대외 교섭을 담당한 관청. 한반도 · 중국과의 교류는 일본에 큰 의미를 가지고 있었기 때문에 이곳에는 일찍부터 관리가 머물며 일본 중앙 정부와 연락을 취하고 있었다. 다자이부 유적은 1968년부터 계속하여 발굴 작업이 이루어지고 있다.

그러나 사태의 진상은 일본에 별로 알려져 있지 않았다. 교토와 다자이부에서는 이 참극을 고려인의 짓으로만 믿고 있었다. 하지만 여진족 선단이 고려의 원산만을 습격한 것을 고려 수군이 쫓아내자 그 뱃머리를 일본으로 돌린 것이 사태의 발단이었다.

이 여진족 도적들은 본국으로 돌아가는 길에 고려 수군의 복병을 만나 전멸했는데, 일본인 포로 가운데 일부는 구조되었다. 이 때 잡힌 쓰시마의 판관대(判官代) 나가미네 모로치카(長峰諸近)라는 사람은 적의 감시가 소홀한 틈을 타 탈출하여 고려의 통역인에게 들은 "고려는 도이의 귀로를 차단하여 전멸시켰다. 이 때 잡혀 있던 왜인 포로 300명을 구했다"는 이야기를 보고하면서, "그 가운데 중인으로서 10명의 여자를 넘겨받아 다자이부에 데려가 도이의 횡포를 보고했다"고 한다.

그런데 고려 수군의 맹공에 중요한 역할을 한 것이 고려의 철갑선이라 부르는 과선(戈船)이었다는 사실이 방금 말한 여자 포로들에 의해 일본에도 전달되고 있다.

『고려사』「병지(兵志)」에는 이 과선이 1009년 여진 해적들의 집요한 침입에 대비하여 서둘러 75척이나 제작한 특수한 군선이었다고 기록되어 있다.

이 배는 선체를 생나무로 만들어 매우 튼튼했고, 배의 앞쪽에는 튼튼한 쇠로 뿔 모양의 창을 갖추고 있어서 강한 힘으로 돌진하여 적선을 파괴하고 침몰시킬 수 있는 일종의 충격선이었다. 때문에 인접 국가들은 이 과선을 크게 두려워하고 있었다. 고려는 이 도이 사건으로 일본인 포로 송환에 커다란 역할을 했을 뿐만 아니라 이 무적 함대의 힘을 유감없이 발휘했다. 포로가 된 일본인들을 구출한 사실이 일본에도 알려졌지만 양국의 국교가 열리는 데까지 이르지는 못했다. 일본은 당시까지 아시아에서 일종의 쇄국에 가까운 상태에 있었기 때문이다.

가미카제를 이겨낸 고려의 배

고려의 선박 제조 기술은 중국 송나라의 영향도 받았지만, 한편에서는 신라·백제 등 전통적인 한국 고유의 원양 항해술과 병선 제조 경험을 살려서, 특히 전투선을 만드는 기술이 발전했다. 『고려사』「태조 조」에 따르면 "914년 고려의 시조 왕건이 나주 공략 당시 100여 척의 군선을 거느렸는데, 그 가운데서도 10여 척의 배는 사방이 16보(약 35미터)나 되어, 그 갑판에는 적선을 탐색하는 전망대가 설치되고 배 위에서 말을 달리면서 훈련도 할 수 있을 만큼 넓었다"고 한다.

다른 기록에는 왕건은 100여 척의 배에 3,000명의 병사를 싣고 나주로 향했다고도 전한다. 우리는 이러한 기록을 통하여 신라 말의 배의 규모가 얼마나 컸는지를 알 수 있다. 또 신라 말이나 고려 시대의 배는 그 속도도 매우 빨랐는데, 『원사(元史)』「고려전」에는 고려 배의 속도에 대하여 "송나라까지는 사흘이 걸리고, 일본은 아침에 출범하면 저녁에는 도착할 수 있다"고 기록되어 있다.

이렇게 고려의 조선 기술은 신라 시대의 전통을 살려서 규모가 크고 원양 항해도 가능했으며 속도도 빨랐다는 것이 한 가지 특징

몽고군의 군선

이었다. 다른 하나의 특징은 배를 만드는 재료로 자연 목재를 그대로 이용하는 것이 많아 만드는 비용이 쌌을 뿐만 아니라 빠른 기간 안에 튼튼하게 만들 수 있다는 장점이 있었다.

여기에서 간과할 수 없는 것은 저 흉포한 몽고군이 일본을 침략할 때 이용한 전선을 고려의 장인들에게 강제로 만들게 한 것이다. 『고려사』에 따르면 원나라는 일본을 침략할 군선 900여 척을 고려의 장인과 일꾼 3만 5,000명을 동원하여 1274년 1월 중순에서 5월 말까지의 실로 130일이라는 단기간에 만들게 했다. 그 가운데는 3,000~4,000석의 곡물을 실을 수 있는 대형선도 있었다.

원나라는 1274년과 1281년의 두 번에 걸쳐서 고려군과 송나라를 앞세워 일본을 침략했다.

그러나 세계 최강을 자랑하는 원나라 군대도 해전에는 익숙지 못했을 뿐만 아니라 조선 기술도 그리 뛰어나지 못했다. 또한 그 때 서부 일본을 두 번이나 엄습한 큰 태풍 때문에 원나라의 침략 기도는 여지없이 실패로 끝났다.

특히 2차 침략 때에는 남송의 배 3,500척에 고려선 900척, 그리고 14만 명의 군대를 규슈 이마리만(伊万里灣)에 집결시켰는데 갑자기 엄습한 태풍 때문에 많은 배가 파괴되고 말았다. 일본에서는 몽고 침략을 물리쳐준 이 태풍을 '가미카제(神風)'라고 부른다. 제2차 세계 대전 때의 자살 특공대의 이름도 여기서 따온 것이다.

그런데 몽고군의 일본 원정 당시 송나라 배는 대부분 파괴되었음에 반해 고려 배는 대부분 무사했다. 이렇듯 고려의 배는 가미카제에도 견뎠는데, 최근 이루어진 다카시마(鷹島) 앞바다의 해저 조사에서도 이 사실이 증명되었다고 한다.

포탄의 공격을 막을 수 있는 판옥선

판옥선(板屋船)이란 글자 그대로 옥외 전부를 두껍고 튼튼한 판으로 덮어서 화살이나 포탄에도 견딜 수 있게 만들어졌을 뿐만 아니라, 화포도 쉽게 조작할 수 있도록 설계된 조선 초기의 최대급 대형 군선을 말한다.

이 배는 그 견고함에서 달리 비교할 배가 없으며, 군사적 목적 이외에는 전혀 사용되지 않았다. 말하자면 전함이라고 할 만한 것이다. 때문에 그 뒤 오랫동안 조선 전함의 모형이 되었던 것이다.

이 판옥선의 등장은 북방 여진족과 서남방을 어지럽히던 왜구와 관계가 깊다. 14세기 중반부터 조선의 서남해에서 명나라의 해변에 이르기까지 자주 출몰하여 커다란 피해를 준 왜구 선단(船團)은 그 무렵 동양의 골칫거리였다. 그러나 왜구가 탄 배의 선체는 소형이고 화기도 갖지 못한 빈약한 평선(平船)에 지나지 않았다. 그런데 16세기에 접어들자 왜구들은 중국 해적과도 손을 잡고 점차 튼튼한 옥선(屋船:갑판에 누각을 세운 배)을 동원하여 노략질을 할 뿐만 아니라, 갓 입수한 화기를 사용하여 초보적인 총포 공격까지 하는 형편이었다.

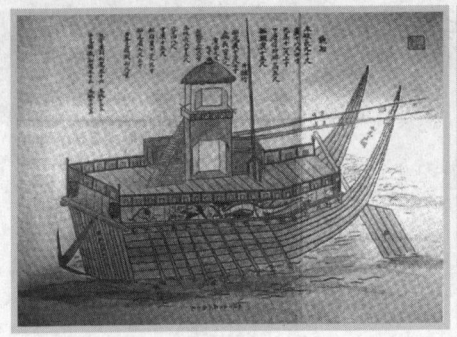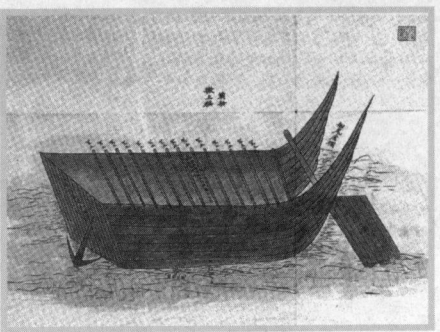

판옥선

　특히 쓰시마의 왜구 선단은 기세가 등등하여 1510년에는 부산·웅천·동래에 침입하여 일본인 거류민과 내통하여 이른바 '삼포왜란'*을 일으켰다. 나아가 1555년에는 70여 척의 선단을 이루어 조선의 서남해 깊숙이 밀고 들어와 그 일부는 전라도 내륙 깊숙이 침입하여 약탈과 살인을 거듭했다.

　왜구는 고려 말 몽고의 침략이라는 사회적 혼란을 틈타 한반도 해안을 어지럽히기 시작했다. 이에 고려는 1389년 박위(朴葳)로 하여금 전선 100여 척을 이끌고 왜구의 쓰시마를 공격하게 하여 왜선 300여 척을 불태우는 등 파괴적인 타격을 가했다. 그 뒤 아시카가 (足利) 막부의 선린 우호 정책의 효과도 있어서 잠시 소강 상태가 유지되었다. 하지만 방금 말한 것처럼 쓰시마를 비롯한 서해안의

---

* 조선 초기에는 부산·창원·울산의 세 항구를 왜인에게 개방하여 교역을 허락했다. 그런데 장기 거주하는 왜인이 늘어나면서 법규 위반이 잦아지자 1506년 중종이 즉위한 후부터 엄격한 통제를 가하게 되었다. 이에 불만을 품은 왜인들은 쓰시마 도주(島主)의 아들과 연결하여 4만 5,000여 명이 부산진을 습격하는 등 난동을 부리다가 결국 조선 정부군에 의해 진압되었다. 이 때 조선 쪽에서는 272명이 피살되었고, 왜선 5척이 격침되었으며 왜인 295명이 잡혀 죽었다.

왜구 선단은 그 기세를 더욱 올렸던 것이다.

이에 대하여 조선 수군은 당초 어찌할 바를 모르고 왜적의 횡포를 허용하여 그 무력함을 폭로했다. 즉 종래의 맹선(猛船 : 수송선을 겸한 대형 선박)이나 소형선으로는 도저히 이들을 막을 수 없었던 것이다. 그래서 1555년(명종 10)에 화공에도 견딜 수 있는 판옥선을 고안했다. 완성된 이 조선 군선은 갑판이 2층으로 튼튼하게 만들어졌을 뿐 아니라 화포 설비가 잘 되어 있었다. 그러나 육중한 무게 때문에 속력이 떨어지는 경향은 피할 수 없었다.

전시의 조선 수군의 편성을 보면, 주력 군선인 판옥선을 중심으로 하여 속도가 빠른 작은 배들을 주변에 배치하고 여기에 특수 군선인 거북선을 적절하게 혼합한 위풍 당당한 것이었다. 이렇게 편성된 조선 수군은 당연히 일본 함선에 대하여 우위를 과시했고, 그 위력은 임진왜란 당시 해전에서 유감없이 발휘되었다.

위대한 발명품 — 거북선

거북선이란 임진왜란 당시 일본 군선에 파괴적인 타격을 준 조선 수군의 특수선을 말하는데, 그 생긴 모양이 꼭 거북이 등으로 덮인 것처럼 보인다 하여 붙여진 이름이다.

이순신과 함께 임진왜란의 해전에 참가한 이분(李芬 : 1566~1619, 이순신의 조카)은 『이순신 행록(李舜臣行錄)』에서 거북선을 다음과 같이 설명하고 있다.

"거북선의 크기는 판옥선과 거의 같다. 배 위를 판으로 덮고 판 위에는 십자형의 좁은 길을 만들어 사람이 겨우 지날 수 있게 했다. 그리고 그 밖은 송곳을 꽂아서 발 디딜 틈도 없었다. 앞은 용머리를 만들고 입 아래와 꼬리에는 총구가 있었다. 좌우에 각 6개의 총구가 있고 배 모양이 거북이 같아서 이를 거북선이라 불렀다. 전투가 시작되면 송곳을 풀로 덮어 가렸기 때문에 적병이 그것도 모르고 뛰어들었다가 모두 찔려 죽었다. 또 적선이 거북선을 포위하려 하면 좌우 전후에서 일제히 포화를 쏘았다. 그래서 적선이 무리를 이루어 공격해 와도 거북선은 자유 자재로 움직일 수 있었다."

거북선에도 여러 가지가 있는데, 1795년에 편찬된 『이충무공 전서 (李忠武公全書)』에는 배 모양에 대하여 다음과 같이 기록되어 있다.

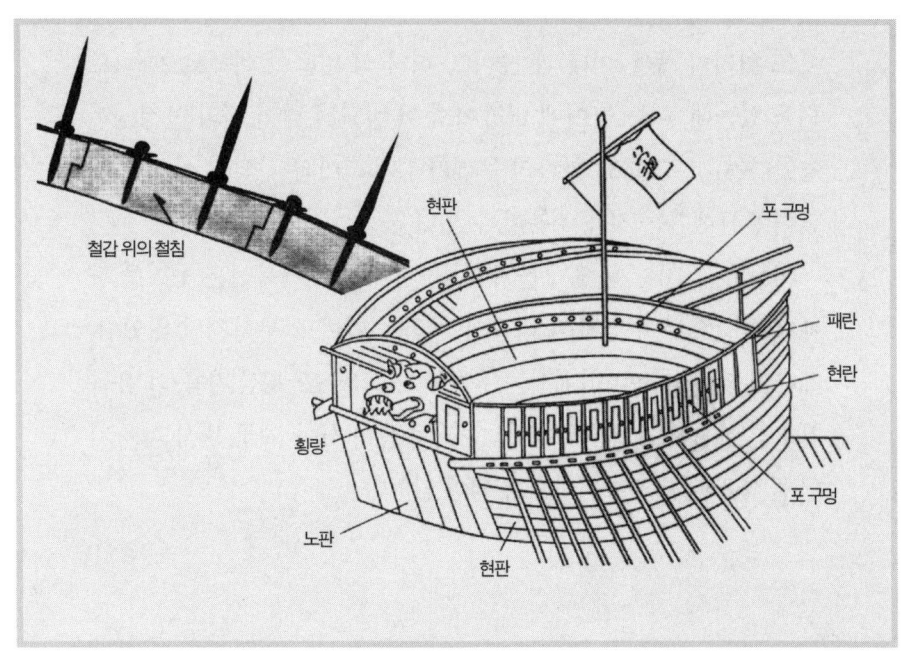

거북선 모형도

저판(底板) 14.2미터	현판 최하(舷板最下) 제1판 20.6미터
선미(船尾) 4.4미터	현판 최상(最上) 제7판 34.2미터
머리 폭 3.6미터	현판 허리 폭 4.4미터
밑 폭 3.2미터	높이 2.3미터
꼬리 폭 3.2미터	두께 0.12미터

이 표를 보면 현판 최상 제7판(34.2미터)과 현판 허리 폭(4.4미터)의 비율은 대체로 8대1로 되어 있는데, 이는 거북선의 형태가 가늘고 긴 유선형이어서 빠른 속도를 낼 수 있게 되어 있다는 것을 보여

준다.

또 허리의 폭(4.4미터)과 높이(2.3미터)의 비율이 대체로 2대 1로 되어 있는데, 이는 높이에 비하여 폭이 비교적 넓어 배의 안정성이 높았다는 것, 그리고 현판의 두께가 12센티미터나 되어 선재가 대단히 튼튼했다는 것을 추측할 수 있다.

이상 두 가지 기록에서 볼 수 있는 바와 같이 거북선은 두꺼운 판재와 철갑으로 무장하여 적선의 공격을 받아도 부서지지 않았다. 게다가 앞쪽의 용머리에서는 유황과 초석(硝石 : 질산 칼륨)의 유독 가스를 분출하고, 갑판에는 송곳을 촘촘히 꽂아 왜군 병사의 특기인 돌격을 사전에 방지하도록 되어 있었다.

거북선의 우수성

　거북선은 16세기 말 일본과의 해전에 대비하여 갑자기 나타난 것이 아니다. 그 전통은 멀리 11세기 초 여진 해적들의 거듭되는 침략을 막기 위하여 만든 튼튼한 공격용 군선인 '과선'에 그 뿌리를 두고 있다. 또한 조선은 일찌감치 1412년에 거북선과 같은 구조의 특수 전함을 갖고 있었다. 1430년에는 일본의 선박 건조술도 받아들여 기존의 배를 생나무로 만들고 나무못만 사용하던 방법을 버리고 쇠못을 사용하게 되었다.

　그러나 당시의 평화적인 분위기와 양반들의 당쟁 때문에 거북선은 방치되어 있었다. 그러다가 갑자기 임진왜란이 터진 것이다. 이때 전라좌도 수군절도사 이순신은 거북선이야말로 왜구의 해전술에 맞설 수 있는 유일한 군선임을 굳게 믿고, 조선술에 조예가 깊었던 나대용(羅大容)에게 명하여 새롭게 이 군선을 만들게 한 것이다.

　따라서 우리 나라 거북선은 우선 민중의 오랜 세월에 걸친 해전 경험과 애국적인 투쟁 속에서, 전통적인 선박 제조 기술을 계승하여 이를 더욱 발전시킨 것이라고 할 수 있다.

　둘째로, 거북선은 우리 나라 서남 해안의 지리적 조건과 왜구들

거북선
청백철화귀선문 항아리의 귀선도(해군사관학교 박물관 소장)

의 전술을 계산한 뒤 이에 맞게끔 독창적으로 고안한 특수 전함이었다. 때문에 선체는 배끼리 접촉하거나 강한 충돌을 받아도 견딜 수 있도록 매우 튼튼하게 만들었다.

특히 조수 간만의 차가 큰 우리 나라 서남해의 얕은 바다에서도 자유롭게 행동할 수 있도록 흘수(吃水 : 배 밑이 물에 잠기는 깊이)가 얕고 게다가 좌우에 노가 10개씩 있어서 배의 방향을 돌리는 능력도 뛰어났다. 또 때로는 기울여 놓았던 돛을 세워 바람을 타면 매우 빠른 속도를 낼 수도 있어 편리했다.

셋째로, 거북선은 화력이 뛰어나 중세의 해전사상 처음으로 완전한 화포 장비를 갖추고 동방에 모습을 드러낸 특수 전함이었다. 뱃머리에는 용머리(높이 1.3미터, 폭 0.9미터)가 있고 안에서는 유황과 염초(焰硝 : 화약의 원료가 되는 초석)를 함께 태워 연막을 피웠으며, 좌우에는 많은 포구가 있어 천자포(天字砲)나 지자포(地字砲) 등도 장치했다. 따라서 거북선은 사방 어디에서나 적선을 향해 쉽게 발포할 수 있었다. 뿐만 아니라 거북선은 외부를 두꺼운 판으로 감싸고 있었기 때문에 적의 사격에 강하다는 장점이 있었다. 그리고 안에서는 밖을 볼 수 있어도 밖에서는 안을 볼 수 없었고, 적군의 화공에도 잘 견딜 수 있었다.

이에 비하여 일본의 군선은 큰 돛을 단 배가 많았고, 대체로 병사와 자재가 노출되어 있었다. 게다가 우리 나라 남서해에 걸친 얕은 바다에 약하고 배의 방향을 돌리는 능력도 떨어졌으며, 화력이 매우 약했다. 따라서 일본 배는 거북선의 먹이가 되지 않을 수 없었다. 말하자면 거북선은 적의 약점을 잘 계산하고 만든 우수한 특수선이었던 것이다.

7장

인쇄 기술의 주변

인류의 문화 수준은 인쇄 기술의 발전으로 뒷받침된다. 암흑 시대라는 중세 유럽과는 달리 동양의 과학은 인쇄
술에서도 찬란히 빛나고 있었다. 그 가운데서도 우리나라의 목판 인쇄에서 비롯된 금속 활자의 개발은 세계 문
화사에 찬란한 빛을 더해준다. 일본의 경우 아시카가 막부의 평화 우호 정책에 의해 팔만대장경을 비롯한 우리
나라의 인쇄 문화가 원활하게 전해질 수 있었다. 그러나 나중에는 활자 전쟁이라 부르는 격렬한 인쇄물 쟁탈전
도 벌어졌다.

석가탑의 『무구정광 대다라니경』

　인쇄 문화의 역사는 그 민족의 문화 수준을 재는 척도라고 할 수 있다. 목판 인쇄의 본가라고 하는 중국에서는 일찍이 당나라 때부터 인쇄가 시작되었지만, 현재까지 알려져 있는 가장 오래된 것은 돈황(敦煌)에서 발견된 『금강반야바라밀경(金剛般若波羅密經)』(금강경)이다. 이것은 868년 왕개(王玠)가 부모의 명복을 빌며 간행한 것이라고 하는데, 현재 영국의 대영박물관에 소장되어 있다.

　일본에는 770년쯤에 인쇄되었다고 하는 『백만탑 다라니(百萬塔陀羅尼)』가 있고, 세계에서 가장 오래된 것으로 인정받고 있었다. 이는 쇼토쿠(稱德) 천황이 부처의 은혜에 보답하기 위하여 도다이사(東大寺)를 비롯하여 10개 사찰에 봉납하였다는 불경으로, 현재는 호류사(法隆寺)에만 남아 있다.

　그런데 1966년에 이보다 더 오래된 인쇄물이 발견되었다. 『무구정광 대다라니경(無垢淨光大陀羅尼經)』이라는 목판 인쇄본이 경주에 있는 불국사의 석가탑 속에서 나온 것이다.

　이것이 일본의 것보다 더 오래되었다고 판정되자 사태가 복잡해졌다. 왜냐하면 신라에서 석가탑을 세운 것이 불국사를 증축한 기

무구정광 대다라니경 목판본

원 751년이므로 호류사의 것보다도 약 20년 가까이나 오래된 셈이
된다. 뿐만 아니라 여기서 700년대 전반기에 사용되고 있던 중국의
무주제자(武周制字)가 네 종류나 발견됨으로써 이러한 사실을 더욱
분명하게 입증했던 것이다.

그런데 이 석가탑의 불경을 발견하게 된 과정이 재미있다. 윤 아
무개가 이끄는 네 명의 도굴단이 한밤에 불국사에 숨어들어 탑의
옥개석(屋蓋石)을 들어내다가 체포된 것이다(1966). 전화 위복이랄
까, 이 불경은 이렇게 하여 세상에 알려지게 되었다.

뒤에 국보 126호로 지정된 이 불경은 짙은 갈색으로 색이 변한 폭
6.7센티미터, 길이 6.2미터 정도의 크기로, 닥나무로 만든 종이에
각 행마다 7~9자씩 문자가 적힌 훌륭한 목판 인쇄물이었다.

이 인쇄물의 발견은 매우 충격적인 사건으로, 당시 세계의 저명
한 잡지나 신문에도 보도되고 일본 호류사의 것과 비교하는 토론이
여기저기서 벌어졌다.

신라의 『무구정광 대다라니경』은 호류사의 것에 비하여 월등하

무구정광 대다라니경 경판

게 우수할 뿐만 아니라 서로 관계가 있는 듯하다. 우선 일본의 『백만탑 다라니』는 『무구정광 대다라니경』에서 네 종류의 다라니만을 뽑아내어 인쇄한 것에 지나지 않고, 나무판에 문자를 새겨 도장 찍듯이 찍어낸 조잡한 것이었다.

이에 비하여 신라의 『무구정광 대다라니경』은 목판에 불경을 새긴 뒤 먹을 발라 종이에 인쇄했다. 말하자면 목판 인쇄술의 여러 가지 필요 조건을 완전하게 갖춘, 진보적이고 새로운 기술을 채용하고 있다. 따라서 최근 동양의 고대 인쇄 기술을 신라에 초점을 두고 연구해야 하지 않겠는가 하는 의견이 많아지고 있다.

이 『무구정광 대다라니경』은 오랜 세월을 거치며 심하게 부식된 상태였으므로 박물관 유물 보존실에 넣어 보관했다. 그 후 20년이 지난 80년대 중반에 몇 개월에 걸친 복원 작업을 마치고 지금은 국립 중앙 박물관에 진열하고 있다.

호류사의 『백만탑 다라니』

인쇄술의 기원은 고대인들이 각종 조잡한 인감을 만들어 개별적으로 날인하는 데서 찾을 수 있다. 일본의 호류사에 남아 있는 『백만탑 다라니』가 그것을 잘 보여주고 있다. 하지만 인류가 문자를 발명하고 그것을 인쇄라는 수단으로 기록하여 후세에 남길 수 있었던 것은 상당히 후대의 일이다. 그 전까지는 당연히 원본을 읽어내리며 필기 도구로 베껴 쓰는 방법(필사筆寫)을 통하여 기록했다.

유럽에서는 중세 말까지 종이가 없어서 양피지(양가죽)에 문자를 기록하고 있었다. 따라서 인쇄술도 동양에 비해 크게 뒤져 있었다.

동양에서 인쇄술의 발명을 앞당긴 것은 한(漢)나라 때의 종이 발명과 인도에서 비롯된 불교의 전파였다. 불경을 외는 것은 중요한 일이었다. 특히 인도에서는 불인(佛印)·탑인(塔印)을 종이에 날인하고 이것을 탑에 넣으면 염불을 하는 것과 같은 공덕이 쌓인다고 했고, 이것이 7세기 중반 이후 중국에도 전해졌다.

예를 들면 660년 당나라에서 보낸 사신 현책(玄策)은 인도에서 불인과 불탑을 받아 가지고 돌아왔고, 의정(義淨 : 635~713년)은 인도에서 귀국한 뒤 찰흙으로 작은 탑과 불상을 만들고 이것을 비단

종이에 눌러 곳곳에 공양했는데, 그 수가 늘어가자 이번에는 탑을 세워놓고 그 공덕을 쌓게 했다고 전해지고 있다.

하지만 동시에 불경을 베낌(사경寫經)으로써 공덕을 쌓는 것도 유행했다. 그러나 한 불경의 글자 수가 10~20만 자에 이르면 이것도 손쉬운 일이 아니었다.

그리하여 동양의 인쇄 기술은 탑에 넣어 공양하기 위한 소형 목판본을 찍어내는 것을 더욱 촉진하는 하나의 커다란 동기가 되었다.

일본에서는 이러한 공양법이 8세기 전반기에 시작된 것으로 보인다. 그것은 740년의 정창원(正倉院) 문서 속의 「경권납궤장(經卷納櫃帳)」(상자에 넣은 불경의 목록)에 불인(佛印) 종류의 기록이 보이며, 770년대에는 다라니경을 인쇄하여 백만 소탑(많은 숫자의 작은 탑)에 넣는 공양을 하고 있기 때문이다.

일본의 『백만탑 다라니』의 종류에 대하여 일본 인쇄 학회 서부 지부는 1968년 오랜 연구 결과를 발표하여 기존의 구리 주조설을 뒤엎고 목판에 의한 인쇄물이라는 것을 확인했다. 하지만 「76. 석가탑의 『무구정광 대다라니경』」에서도 언급했듯이 일본의 『백만탑 다라니』는 신라의 『무구정광 대다라니경』에서 근본(根本)・자심(慈心)・상륜(相輪)・육도(六度) 부분만 발췌하고, 긴 것과 짧은 것의 2종 등 모두 8종으로 인쇄한 것에 불과하며, 칼로 목판에 문자를 새긴 기술도 뒤떨어진다.

751년 이전에 간행된 신라의 『무구정광 대다라니경』, 770년대의 일본의 『백만탑 다라니』, 그리고 868년의 중국의 『금강반야바라밀

경』은 모두 최고의 인쇄물인데, 이것은 동양 인쇄 기술을 연구하는
데 좋은 자료이다. 동양 삼국의 이러한 인쇄물 사이에 어떠한 관련
이 있는 것일까?

위대한 『팔만대장경』의 내력

신라에 이어 불교를 강력하게 보호·장려하고 이를 국교로 정한 고려 왕조는 당연히 불경 인쇄에 힘을 쏟아 신라의 목판 인쇄 기술을 더욱 대규모적인 형태로 발전시켰다. 오늘날 현존하는 고려 시대의 가장 오래된 인쇄물도 역시 불경으로서, 1007년의 『보협인다라니경(寶篋印陀羅尼經)』이 바로 그것이다. 이것도 신라의 『무구정광 대다라니경』과 비슷하게 탑 속에 넣기 위한 것인데, 신라의 것에 비하여 인쇄술이 크게 진보한 것을 알 수 있다.

또 이 인쇄물은 975년에 간행한 중국의 오월판(吳越版) 『보협인다라경(寶篋印陀羅經)』과 비교하면 인쇄판의 양식·글자체·그림(불화佛畵) 등이 크게 다르다. 특히 인쇄판에 문자를 거꾸로 새겨넣는 기술에서도 고려의 것이 월등하게 우수할 뿐만 아니라 고려 인쇄술의 독자적인 기법까지 보여주고 있다.

여기서 말하는 『팔만대장경(八萬大藏經)』은 1236년부터 16년이라는 긴 세월을 소비하여, 고려의 각자공(刻字工 : 칼로 목판에 문자를 거꾸로 새겨넣는 기술자)들이 고려에 침입한 몽고군의 격퇴를 기원하면서 한 자 새길 때마다 절 한 번을 올리며 새긴 8만 4천여 매에

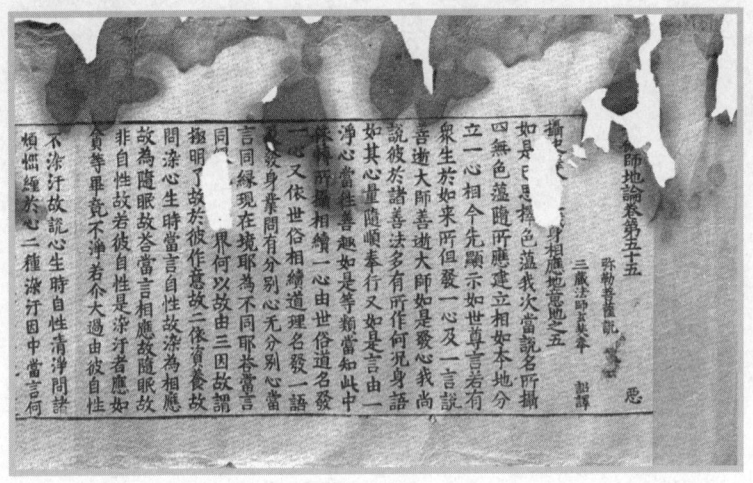

해인사 대장경 판본

이르는 방대한 불경을 집대성한 것이다.

이 『팔만대장경』은 그 무렵 아시아의 20여 불교 국가에서 간행된 어느 경전보다도 완벽하고 내용이 풍부할 뿐만 아니라 세계 최대의 한자체 목판으로도 유명하다. 북한에서는 최근 그 해제본(解題本)의 번역본도 나왔다. 고려에서 대장경판을 처음 만들게 된 것은 991년 북송의 개보칙판(開寶勅板) 『대장경』(개보 연간은 968~976년. 송나라 태조의 명령을 받아 만든 대장경판을 말한다)이 수입된 뒤이다. 후삼국을 통일한 고려 왕조는 동양의 문화국으로서 위신을 안팎에 과시하기 위해서, 또 불교 사상을 통치 이데올로기로서 안정시키기 위해서도 반드시 '대장경판' 을 갖고 싶었던 것이다.

그런데 이 때부터 고려에서는 심각한 사태가 일어났다. 거란족이 대대적으로 침입해 온 것이다. 고려 왕조의 지배층은 이 강적의 침

해인사 장경각에 보관된 대장경판

입을 부처의 힘으로 막아내기를 염원하여 즉시 대장경판을 새기는 데 착수했다. 이리하여 대장경의 초각판(初刻版)은 1011년부터 1087년까지 실로 70년의 세월을 들여 간행을 마쳤다. 그 규모는 571상자, 6,000권에 이르는 방대한 것이었다.

그 뒤에도 작업은 계속되어 약 5,000권의 『속장경(續藏經)』을 완성하는데, 고려의 이 자랑스러운 인쇄 기술의 정수는 1232년 몽고군의 침입으로 아깝게도 불타 없어졌다. 그리하여 이후에 지금 말하는 『팔만대장경』을 제작하게 된다.

이처럼 피어린 훌륭한 국보는 일본의 위정자들에게 알려져, 마침

내 조선 시대를 맞아 아시카가 요시미쓰(足利義滿 : 1358~1408)가
일본국 왕사(王使)를 파견하여 대장경의 양도를 간절히 요청하게
된다. 무로마치(室町) 막부(1338~1573)의 전성 시대를 쌓아올리고
긴가쿠사(金閣寺)까지 세운 요시미쓰는 자국의 위신을 나타내 보이
고, 당시 선종 사원의 개창과 사보(寺寶)를 얻기 위하여 고려의『팔
만대장경』을 필요로 했던 것이다.

끊임없이 대장경을 요청한 일본

앞서 말한 『팔만대장경』은 경상남도 가야산의 해인사에 보관되어 있는데, 700여 년이 지난 오늘날까지 벌레 하나 슬지 않고 기후의 변동에도 별다른 손상을 받지 않은 채 목판 8만 4,685매가 그대로 소중하게 보관되고 있다.

그러면 이 방대한 목판의 제작 과정을 알아보자. 우선 목판의 재료로는 우리 나라 전역에 골고루 잘 자라는 수종인 산벚나무(전체 목판의 70%)·돌배나무(전체 목판의 13%)를 이용했다. 이 나무를 먼저 소금물에 담갔다가 쪄내어 수지를 완전히 뺀 뒤 몇 년 동안 그늘에서 말린 것을 사용했다고 한다. 이렇게 목판을 만들어 하나하나 글자를 새기고, 옻칠을 하여 말린 뒤에 순도 99.6퍼센트인 구리판으로 네 귀퉁이를 감싸서 완성하는 매우 힘든 일이었다. 이것은 고려 시대의 전통적인 가구 제작 방법으로, 이러한 공정을 거쳐 만들어진 가구는 튼튼하고 휘지 않으며 오래 견딘다는 장점을 갖고 있었다.

글자를 새기는 방법은, 처음에 사자공(寫字工)이 백지에 글씨를 쓰고, 이것을 각자공(刻字工)이 목판 위에 뒤집어 엎어 붙인 뒤에 양

해인사 대장경판

각으로 파낸다. 이렇게 만든 대장경판에는 14자×23행의 글자를 새겼고, 판의 앞뒤를 모두 팠으므로 총 644자를 팠다. 이 총 글자 수는 실로 5천수백만 자를 넘는 방대한 양으로서, 이것을 오늘날의 200 자 원고지로 환산하면 무려 30만 장에 가까운 규모가 된다. 더욱 놀라운 것은 이 수많은 글자 가운데 단 하나의 오자도 없을 만큼 철저한 교정이 이루어졌다는 점이다.

　이렇게 완성된 대장경은 그 무렵 동양의 어느 한역(漢譯) 대장경보다 우수했기 때문에 인근 국가, 특히 일본에서는 이것을 동경하여 끊임없이 수입 소동을 벌였다. 마침내 막부의 쇼군(將軍)이 일본 국가의 실권을 장악한 뒤 고려와 수교할 구실이 열리자, 일본의 선승들은 재빨리 외교 사절 속에 끼어 들어와서 고려의 대장경을 요구해 왔다.

　1383년 막부의 수교사(修交使)인 승려 묘파(妙葩)는 그 무렵 규슈 탐제(探題) 이마가와 사다요(今川貞世)와 함께 고려에 와서 대장경을 달라고 간청했다. 이 때 일본은 왜구에게 끌려간 고려인 포로 250명을 송환해 주었다. 이렇게 1541년까지 일본이 정식 외교 루트를 통하여 대장경을 요구해 온 것만도 150년 동안 실로 62번에 이른다. 또 1423년에는 아시카가 요시모치(足利義持)의 명령을 받은 두 명의 사신이 왔는데, 그들은 요청이 받아들여지지 않자 결국 단식 소동을 일으키기도 했다. 이에 세종대왕이 세 번이나 사람을 보내 중지할 것을 요청함으로써 겨우 수습한 적도 있었다.

아시카가 제8대 쇼군인 요시마사(義政 : 1394~1441) 시절에는 17번, 2년 반에 한 번꼴로 일본은 조선의 국왕을 찾아와 사찰의 건립과 재건을 위한 경전으로서 대장경을 요구할 만큼 열성적이었다. 그 가운데에는 난젠사(南禪寺)·덴류사(天龍寺)·겐닌사(建仁寺), 에치고(越後)의 안고쿠사(安國寺) 등 아시카가(足利) 가문과 연고가 있는 절이 포함되어 있어서 유명하다.

옻칠 방법

옻칠을 하는 방법은 목각판 표면에 진한 먹을 발라 바탕인 소지(素地:백골白骨이라고도 함)를 염색한다. 다음 그 위에 안료가 섞이지 않은 생칠(여과와 탈수 등 초보적인 정제를 한 생옻)을 2~3차례 한 것으로 밝혀졌다(『중앙일보』 1995년 12월 7일).

고려의 발명품 — 금속 활자

인쇄 기술이 아직 발명되지 않았을 때, 고대인들은 석면이나 금속 표면에 그림이나 글자를 새기고 물감을 묻혀 찍어내는 방법으로 초보적인 인쇄를 했다. 그리고 시간이 지나면서 나무판 위에 많은 글자를 새기고 능률적으로 여러 장을 찍어내는 목판 인쇄를 개발하여 더욱 편리하고 아름다운 목 활자 인쇄를 계속했다.

그 뒤 마침내 금속 활자를 사용하여 인쇄 기술을 발전시켰다. 오늘날에는 컴퓨터를 이용한 인쇄 기술이 다양하게 발전하기에 이르렀다.

금속 활자의 출현은 인류 문화사상 가장 커다란 사건 가운데 하나였다. 왜냐하면 인간의 문화 생활은 문자의 발명에서 비롯되고 문자의 기록을 통하여 발전해 왔기 때문이다.

최근 컴퓨터에 의한 전산 식자가 보급되기 직전까지도 문자 기록의 주된 수단은 금속 활자에 의한 인쇄로 이루어지고 있었다. 만약 이 세상에 금속 활자가 발명되지 않았다면 오늘날과 같은 눈부신 출판과 보도는 물론이고, 지식의 축적을 통해 이룩한 고도의 문명 자체를 도저히 생각할 수 없을 것이다.

이런 뛰어난 금속 활자의 주조가 중세기에 유럽보다 앞서 동양의 고려에서 세계 최초로 이루어졌다는 사실은 놀라지 않을 수 없는 일이다. 앞의 「위대한 『팔만대장경』의 내력」에서 이야기한 대로 대장경 조판은 고려의 국위를 건 대사업으로서 일찍이 1011년에 시작되어 그 규모와 기술의 우수성으로 인해 오늘날 세계를 놀라게 하고 있다. 그런데 우리의 선조들은 이 시절부터 이미 목 활자보다 더욱 튼튼한 금속 활자를 꿈꾸고 그 기술을 발전시키고 있었다.

직지심체요절
세계 최초의 금속 활자로 찍은 책. 프랑스 파리 국립 도서관 소장

금속 활자의 탄생을 세상에 알리는 최초의 기록은 고려 시대의 이규보가 쓴 「신인 상정예문 발미(新印詳定禮文跋尾)」라는 글이다. 여기서 이규보는 다음과 같이 설명하고 있다.

"고려 인종(1122~1146) 시절에 『상정예문(詳定禮文)』 50권이 완성되었는데, 오랜 세월이 지나면서 종이와 문자가 떨어져나갔다. 그리하여 이를 보충하여 2부를 만들고, 예관(禮官)과 나의 집에 한 부씩 보관했다. 그런데 몽고군이 송도(개성)에 침입하여 강화도로 천도하게 되자 예관은 당황하여 가져가지 못했고, 결국 내가 보관한 한 부만 남게 되었다. 그래서 다시 금속을 주조하여 만든 활자로 28부를 인쇄해 분산하여 보관시켰다."

이에 따르면 우리 나라에서 금속 활자가 발명된 것은 몽고족이

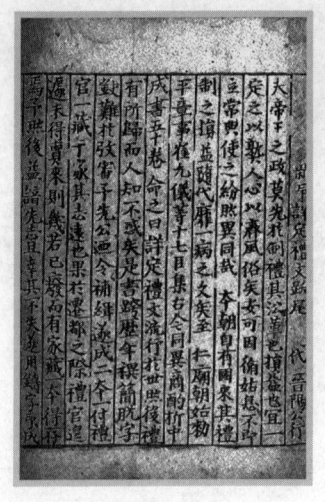
신인 상정예문 발미

침입하여 강화도로 천도하는 1232년 이전에 이미 이루어졌으며, 금속으로 글자를 주조하여 인쇄한 경험을 갖고 있었다는 것을 알 수 있다.

유럽에서 인쇄 문화의 발전을 더듬어보면 1450년에 독일의 요한 구텐베르그가 처음 로마자를 금속 활자로 만들어 인쇄했다. 그런데 고려는 이보다 약 200년이나 빠른 1200년대에 이미 금속 활자를 발명했던 것이다.

또한 이 금속 활자 역시 『팔만대장경』처럼 외적과의 격렬한 싸움 속에서 보존되고 발전을 이루어 온 사실로 보아 더욱 자랑스럽다 하겠다.

금속 활자의 제작 방법

　세계에서 처음으로 금속 활자를 개발한 고려인들은 이 활자를 어떤 식으로 만들었을까? 인쇄사를 보면 고려인들은 처음 '해포연니주형(海蒲軟泥鑄型)'을 이용했다고 나온다. '해포연니'란 얕은 바다 밑의 해초류가 번성하는 곳에 있는 곱고 부드러운 진흙에 가까운 모래를 말한다. 이것을 네모난 상자에 평평하게 채우고 바싹 말린 뒤 그 위에 목 활자를 찍어눌러서 틀(거푸집)을 만든 뒤 황동 용액을 부어넣는 방법으로 금속 활자를 만들었던 것이다.

　그러나 당시의 기술 수준으로 깨끗한 자획을 갖는 금속 활자를 만들려면 몇 가지 어려움을 극복해야만 했다. 먼저 주형에 뜨거운 황동 용액을 부을 때 목 활자처럼 곱게 나오지 못하는 금속 활자는 역시 한계가 있었다. 즉 조잡하고 보기가 좋지 못하며, 게다가 용액을 부을 때 발생하는 거품 때문에 활자가 파손되기도 했다. 하지만 고려에서 주로 사용한 '해포연니'는 열을 잘 분산시켜서 기포를 잘 흡수하는 장점을 갖고 있었다. 뿐만 아니라 진흙 자체가 매우 곱기 때문에 자획이 1밀리미터 이하라 해도 깨끗하고 매끄럽게 만들어졌다고 한다.

고려에는 고조선 이래 아름다운 세형 동검이나 잔무늬 거울 등에서 볼 수 있는 주조 기술의 전통과 10세기부터 시작된 '해포연니 주형법'에 의한 동전·철전 주조 등 풍부한 기술이 축적되어 있었다. 따라서 금속 활자의 주조와 같은 어려운 문제도 주조 기술의 진보를 토대로 하여 쉽게 해결할 수 있었던 것이다.

또 한 가지 금속 활자 인쇄의 어려움은 역시 잉크와 종이 문제에 있었다.

잘 알려진 것처럼 금속 활자는 목 활자와 달라 유성 잉크가 필요했다. 다행히 고려에서는 유성 먹이 일찍부터 알려져 있어서 새로운 활판 인쇄에서 이 잉크 문제를 어렵지 않게 해결했다.

또 조선에서는 일찍부터 닥나무 종이가 발달하여 아주 뛰어난 명품으로 외국에도 알려져 있었다. 특히 중국에서는 이 닥나무 종이를 '고려 피지(高麗皮紙)'라고 부르며 평판이 높았다. 고려 피지라는 이름은 질기기가 가죽과 같다고 해서 붙여진 것이다. 그러나 중국에서는 금속 활자 제조는 가능했지만 잉크 제조법이 서툴러 결국 목 활자로 되돌아가는 형편이었다.

한 가지 진기한 일은 그 무렵 일본의 금속 정련 기술도 상당한 수준에 도달하여, 조선 시대가 되면 부족하나마 활자용 구리를 일본에서 수입하고 있다는 점이다. 즉 그 무렵 기술 선진국은 조선이었고, 일본은 원료 공급국이었던 셈이다.

중국으로 퍼져나간 활자 제작술

이상 몇 번에 걸쳐 언급한 금속 활자의 주조는 조선뿐만 아니라 다른 나라에서도 여러 가지 형태로 시도되었다. 세계 최초로 금속 활자 인쇄를 시도한 것은 송나라의 필승(畢昇)이라는 사람에 의해 1041~1048년 사이에 고안된 '찰흙 활자(泥活字)'이다. 이것은 찰흙을 아교로 굳히고 불에 구워 만든 것인데, 아무래도 재료가 찰흙인 탓에 거듭 사용하기가 어려워 결국 성공하지는 못했다.

또 중국에서는 1313년에 왕정(王禎)이라는 사람이 활자 인쇄의 전망에 대하여 『농서(農書)』라는 책의 부록으로 「조활자 인서법(造活字印書法)」(활자를 만들어 인쇄하는 법)을 썼다. 그 속에는 '당시'에 주석을 녹여서 활자를 만들고 인쇄를 시도한 사실이 기록되어 있다. 그러나 이 때도 활자면에 잉크가 잘 묻지 않아 인쇄를 해도 대개 활자가 일그러져 실패할 수밖에 없었다. 때문에 다시 목 활자 인쇄로 되돌아가지 않을 수 없었다고 한다.

위에서 말하는 '당시'란 13세기 후반을 말하는 것이므로 이 시기는 원나라가 완전히 고려를 지배하던 때에 해당한다. 「고려의 발명품 — 금속 활자」에서도 말했지만 고려에서 처음 금속 활자가 주조

크리스찬판 도서

된 때는 1232년(원나라가 침입하여 수도를 개성에서 강화도로 옮긴
해) 이전으로 보고 있다. 따라서 중국에서 금속 활자를 만들려는 시
도가 있었던 것은 고려와 대체로 같은 시기였다고 보아도 좋을 것
이다. 하지만 이러한 우여 곡절 중에 중국에서는 청나라가 들어서
고 나서야 겨우 금속 활자가 사용되게 된다.

그런데 조선에서는 1435년에 세종이 남지(南智)라는 사람을 명나
라에 파견하여 금속 활자 인쇄에 대하여 조사해 오도록 명령했다.
그러나 이렇다 할 성과를 거두지 못한 채 귀국했고, 중국에서는 그
무렵 목 활자가 중심이며 주자(鑄字) 인쇄는 이루어지지 않고 있다
고 보고한 것이 『세종실록』에도 나오고 있다.

그리하여 중국에서는 청조에 무영전(武英殿 : 궁정 내의 인쇄 관
청)의 우두머리 김간(金簡)이라는 사람의 권고에 따라 처음 금속 활

자 인쇄를 도입하여 '취진판(聚珍版)'을 만들었다. 이 김간이라는 사람은 청나라에 귀화한 조선인 김명(金明)의 후손이었다.

이러한 경과를 살펴보면 결국 고려의 금속 활자 기술은 같은 시대의 송나라에는 전해지지 않았고, 명나라에서도 종전처럼 주로 목활자를 사용하고 있었다. 청나라가 들어선 뒤에야 조선의 영향을 받아 비로소 금속 활자에 의한 활판 인쇄가 궁정 안에서 이루어졌던 것이다. 그 대신 훨씬 이전에 원나라에 전해진 고려 활자는 마르코 폴로 등에 의하여 이탈리아·유럽에도 전해졌다고 보아도 좋다.

한편 일본에서는 16세기 말에 덴쇼 견구 사절단(天正遣歐使節團)*이 유럽에서 귀국하면서 수행한 포루투갈인들에 의하여 활자인쇄기와 금속 활자(로마자)가 도입되었다. 그리하여 아마쿠사(天草)와 나가사키(長崎)에서 크리스찬판 도서 인쇄가 시작되었다.

---

* 1580년대 덴쇼 연간에 예수회 순찰사로 일본에 갔던 발리냐노(Allessandro Valegnano : 1539~1606)를 따라 이탈리아에 가서 교황을 만나고 돌아온 4명의 소년. 그 무렵 일본에서는 천주교 신도가 급속히 늘어나고 있었고, 무역의 이익을 노린 다이묘(大名)들의 개방적인 태도로 일찍부터 서구 문물이 소개되었다.

인쇄 선진국 — 조선

고려 시대에 금속 활자가 발명된 것은 인쇄 기술 자체의 일대 혁명이며, 인류 문화사상 최고의 공헌 가운데 하나였다. 그러나 이것이 갖는 역사적 의의에 비하면 다른 나라에 미친 영향은 의외로 크지 않았다고 할 수 있다.

그런데 15세기가 되자 조선이 국가적으로 유교를 보호하는 한편 천문·수학·역학·의학·농학 등이 발달하여 문화는 황금기를 맞이했다. 이에 더하여 한글이 창제되어 문자가 대중화하면서 출판·인쇄 문화는 유례없는 발전을 이루게 되었다. 그리하여 조선의 인쇄 기술은 중국이나 일본에도 커다란 영향을 주게 되었다.

조선 제3대 임금 태종은, 즉위하여 정권을 확립하자 바로 학문을 장려하고 서적 간행에 힘을 쏟았다. 그는 "판목은 갈라지기 쉽고 수고가 많이 드니 세상의 뭇 서적을 모두 인쇄하는 것은 어렵다. 이제 구리 활자를 만들어 책을 인쇄하고 널리 보급한다면 그 이익이 무궁하리라"라는 교시까지 내리며 금속 활자의 주조를 명령했다.

그리하여 1403년에는 서울에 주자소(鑄字所)라는 관청을 설치하고 십만여 개의 동 활자를 만들게 되었다. 이것이 그 해 간지를 따

라 이름을 붙인 유명한 계미자(癸未字)이
며, 이로써 본격적인 활자 인쇄가 시작되
었다.

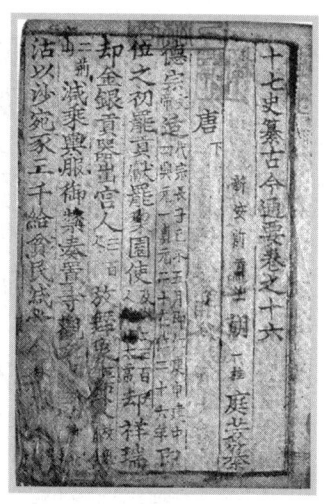

계미자로 찍은 책(십칠사찬 고금통요)

하지만 이 계미자는 글자체가 크고 정
교하지 못하며 고르지 못하다는 약점이
있었다. 좀더 정교한 활자로 다듬으려면
금속을 다듬는 기술과 녹여서 주조해내는
기술 등이 더욱 높은 수준으로 발전할 필
요가 있었다. 또 인쇄 방법도 당시까지는
자판에 밀랍을 녹여 넣고 밀랍이 굳기 전
에 활자를 심고, 다 굳은 뒤에 인쇄판으로
사용하고 있었다. 하지만 밀랍은 본래 힘이 약하여 몇 장 인쇄하는
사이에 활자가 흐트러져 사용할 수 없게 되는 결함이 있었다. 또 잉
크 문제도 남아 있었다.

이런 문제는 목 활자나 목판 시대에는 생각할 수 없었던 새로운
기술적 어려움이었다. 이 과제가 이장(李藏) 등에게 주어졌다. 이장
등은 금속 활자의 주조와 인쇄 과정에서 일어나는 곤란한 조판 문
제를 잘 처리하여, 1422년에 계미자에 비해 자획이 작고 정교한 경
자자(庚子字)를 주조했다. 나아가 1434년에는 이보다 더 아름답고
평판이 좋은 갑인자(甲寅字) 활자 20여만 개를 주조하는 데 성공했
다. 2년 뒤에는 세계에서 처음으로 납 활자도 개발하기에 이르렀다.

프랑스 외무관이던 모리스 꾸랑(Maurice Courant)은 그의 저서
『한국 서지(Bibiographie Coreenne)』*의 서문에서 "매우 뛰어난 그

정유자

글자체는 수려함의 극치라고 할 만하며, 충실하고 우아한 모양이다. 그리고 두텁고 부드러운 구슬 같은 빛을 발하는 최고의 종이에 인쇄된 책은 아마 이 세상에서 가장 아름다운 서적임에 틀림없다"고 아낌없이 찬사를 보냈다.

---

* 프랑스의 꾸랑(1865~1935)이 1894년에 지은 우리 나라 서적에 관한 책. 꾸랑은 1890년 주한 프랑스 대사관의 통역을 역임하면서 우리 나라 서적에 대한 연구를 시작했다. 그 뒤 도쿄 · 베이징으로 임지를 옮겨서도 연구를 계속하여 뛰어난 저작을 남겼다.

왜군이 약탈해간 활자

조선이 활자나 인쇄 기술을 다른 나라에 빼앗기게 된 가장 충격적인 사건이 바로 임진왜란이다.

일본의 무장들은 대량의 동 활자와 활판 인쇄에 필요한 온갖 인쇄 도구, 그리고 인쇄공까지 용의 주도한 계획 아래 전리품으로 약탈하여 납치해 갔다. 이것은 앞서 말한 도자기의 경우와 마찬가지다.

침략자들은 선발대가 서울에 도착하자마자 태종 이래 남산(南山) 기슭에 있던 활자고(活字庫)를 습격하여 활자와 인쇄 도구를 모두 일본으로 실어갔다. 때문에 조선은 최대 규모였던 남산 주자소에서조차 이후 70여 년간이나 조업을 정지하지 않을 수 없을 만큼 피해가 컸다.

그 때 빼앗긴 활자가 어느 정도인지는 자세히 알 수 없지만 대체로 20만 본 이상의 활자와 기자재를 빼앗기고, 많은 인쇄 기술자도 납치 당했다. 이것은 우키다 히데이에(宇喜多秀家)나 고니시 유키나가(小西行長) 등의 지휘로 이루어졌다. 『본광국사일기(本光國師日記)』에 따르면 "『군서치요(群書治要)』를 다시 찍는 데 사용한 활자는 조선에서 가져온 100상자에 들어 있던 크고 작은 동 활자 8만

스루가판 고활자

9,814자였다……"고 기록하고 있다. 이것을 보더라도 조선 활자의 약탈 상황을 헤아릴 수 있을 것이다. 하지만 이러한 활자 소동과 서적에 대한 집념은 갑자기 시작된 것이 아니므로 고려 시대로 거슬러 올라가 설명할 필요가 있겠다.

앞에서도 설명한 대로 고려 시대에 방대한 자료와 기능공을 동원하여 만들어낸 『팔만대장경』은 사상 최대의 목판 인쇄로 유명하다. 당시 이를 소유하느냐 아니냐는 실로 국가의 체면에 관계된 문제였기 때문에 무로마치 시대의 쇼군(將軍)이나 슈고 다이묘(守護大名)*들은 앞을 다투어 열심히 대장경을 요구해 왔다. 그 결과 일본 승려

---

* 무로마치 막부(室町幕府) 시대(1338~1573)의 유력한 지방 봉건 영주. 원래 슈고는 막부의 지방 행정관이었으나 이즈음부터 스스로 가신과 영지를 갖는 봉건 영주로 변화했다. 유력한 세력인 경우에는 자신의 영지 내에 자손을 분봉하고 가신들에게도 영지를 주어 봉건적 주종 관계를 형성하였다.

본레이(梵齡)는 세 번이나 조선을 찾아왔다가 그만 조선에서 객사하는 사건까지 일어났던 것이다. 왜일까?

가마쿠라 시대부터 무로마치 시대에 걸쳐 일본의 인쇄 문화는 거의 이렇다 할 만한 것이 없었고, 사원에 있는 보잘것 없는 사본(寫本)이나 정판(整版)이 고작이었다. 그리고 덴쇼(天正) 시대(1573~92년)에 기독교를 통하여 일본에 전해진 로마자 활판 인쇄도 그 뒤 포교에 관계된 책들을 인쇄하는 데 머물렀다. 따라서 임진왜란 때 그 역사적 집념이 일거에 폭발하여 조선의 서적과 인쇄 기재의 반출을 보다 주도 면밀하게 계획하여 진행했던 것이다.

그리하여 일본에서 처음으로 인쇄 혁명이 일어난 셈이다. 빼앗긴 활자의 대부분은 도요토미 히데요시(豊臣秀吉)의 수중으로 들어가고, 그가 죽은 뒤 도요토미 히데요리(豊臣秀頼)에게 계승되었다. 나중에 도요토미 정권이 멸망한 뒤 당연히 도쿠가와 이에야스(德川家康)의 깊은 관심 아래 대대적인 출판 사업에 활용되게 되었다.

약탈로 이루어진 일본의 인쇄 혁명

전대 미문의 활자 소동에 의하여 일본으로 반출된 크고 작은 활자들과 기자재를 유효 적절하게 구사하여, 1593년에 일본에서도 처음으로 고요제이 천황의 명령에 의해 『고문고경(古文考經)』이 출판되었다. 이것은 참으로 일본 인쇄사상 획기적인 사건이었다.

이 때를 전후하여 일본에 인쇄 기술의 혁명이라고 할 만한 일대 발전이 일어나고, 1597년에는 『권학문(勸學文)』, 1598년에는 『일본서기』「신대권(神代卷)」 2책, 그리고 『금수단(錦繡段)』외에 『청원초(聽原抄)』·『대학』·『중용』등 십여 종의 책이 잇달아 인쇄되었다. 특히 『권학문』의 발문에서 고요제이 천황은 "이 법은 조선에서 나와 매우 편리할 뿐 아니라…… 이에 이 책을 만든다"라고 말하여 일본의 인쇄 문화에 새로운 시대가 왔음을 알려주고 있다.

이것은 일본의 인쇄 기술이 불교 문화의 범주에서 겨우 벗어나서, 사회적인 문화 사업으로 커다란 발걸음을 내딛기 시작한 것을 의미하는 것이었다.

이러한 붐은 1600년대로 이어져 도쿠가와 이에야스에 의해 크게 일어난다. 1615년 『대장일람(大藏一覽)』이 조선의 동 활자에 의하여 처음 인쇄되었다. 이것을 관할한 하야시 라잔(林羅山)은 이 미증유의 기쁜 소식을 주군에게 알려야 한다며 이에야스가 출정한 오사카를 향해 인쇄물 10부를 들고 천릿길을 서둘렀다는 이야기는 잘 알려져 있다. 이것은 그 무렵 일본의 새로운 지도자들이 조선 활자에 얼마나 집념이 강했는지를 알려주는 것이다.

그러나 인쇄 혁명은 활자만으로 끝나지 않는다. 막대한 조선 서적의 반입이 있었기 때문에 일본에서 인쇄 기술이 대대적으로 비약할 수 있었던 것이다. 히데요시는 임진왜란이 일어난 직후부터 조선의 서적과 문화재를 약탈할 목적으로 문서 비서 겸 참모로 교토(京都) 고잔(五山)의 쇼코쿠사(相國寺) 승려 쇼에쓰(承兌), 난젠사(南禪寺)의 료잔(靈山), 도후쿠사(東福寺)의 에이테쓰(永哲), 또한 특히 안코쿠사(安國寺)의 에케이(惠瓊)를 조선에 파견했다. 히데요시는 경상도 성주(星州)로 가서 조선의 3대 문서고 가운데 하나인 성주 사고(星州史庫)에 소장하고 있던 책들을 모두 빼앗아갔다.

히데요시는 1592년 6월 부산에서 안코쿠사로 편지를 보내어 조선 서적, 내전 외전과 그 밖의 책을 배에 실어 보내겠다는 편지까지 보냈다. 이 밖에 일본의 다른 무징들 가운네노 전쟁 초기부터 학승(學僧)을 데리고 와서 조선의 서적을 약탈하는 데 전념하게 한 혐의가 있는 인물들이 있다. 이 들 중에서도 우키다 히데이에(宇喜多秀家)·가토 기요마사(加藤淸正)·모리 데루모토(毛利輝元)·시마즈 요시히사(島津義弘)·나오에 가네쓰구(直江兼續) 등은 특히 유명하다.

그리하여 앞에서도 말한 대로 조선의 의학서를 비롯하여 헤아릴 수 없이 많은 조선 서적이 일본으로 건너가 명실 공히 에도(江戶) 문화 개화에 초석이 되었던 것이다. 그럼 이제 이것에 대하여 알아보기로 하자.

약탈한 책으로 도서관을 확장하다

　세키가하라(關ヶ原) 전투(1600년)에서 승리함으로써 천하를 장악한 도쿠가와 이에야스는 정치적 이념으로서 유학을 장려하고 학문의 발전에 힘을 쏟았다. 그는, 히데요시가 정유재란 때 포로로 일본에 끌고 간 조선의 유학자 강항(姜沆 : 1567~1618년) 등에게 감화를 받아 승복을 벗어버리고 유학으로 개종한 후지와라 세이카(藤原惺窩 : 1561~1619)와 그의 제자 하야시 라잔을 발탁하여 조선 서적을 중심으로 문고 확대를 시도했다.

　이에야스는 먼저 조선에서 가져간 서적을 소중히 보호하고, 조선 활자를 중심으로 새롭게 활자를 보충 제작하여 조선 책을 다시 간행하는 데 힘을 쏟았다. 그리하여 1602년에 일본에서 처음으로 나온 것이 유명한 '스루가 문고(駿河文庫)'와 에도 성안의 '후지미테이 문고(富士見亭文庫)'다. 이것은 일본 최초의 도서관이 개설된 것을 의미한다. 또한 가마쿠라(鎌倉) 시대 이후 승려와 산문(山門)에 의해 학문의 명맥을 유지해온 시대를 가까스로 끝내고, 새로운 근세 일본으로 번영을 가져다준 에도(江戶) 문화가 개화되는 문을 연 것을 의미한다.

스루가 문고를 관리하고 있던 하야시 라잔의 『라잔가이슈(羅山 外集)』에 따르면 당시의 문고에 있던 도서는 800여 부라고 하니 아마도 그 수는 1만여 책 이상이었으리라 추측된다.

이에야스가 죽은 뒤 이 책은 4등분으로 나누어져 에도의 후지미테이 문고와 오와리(尾張)·기이(紀伊)·미토(水戶)의 세 가문(도쿠가와 가문의 일족으로, 쇼군을 보좌하고 쇼군에게 후사가 없을 경우 쇼군을 계승하는 가문)에 하사되었다.

현재 후지미테이는 내각(內閣) 문고와 궁내청 서릉부(書陵部)로 계승되어 오늘에 이르고 있다.

한편 오와리번(尾張藩)에 간 책들은 이에야스의 아홉 번째 아들 도쿠가와 요시나오(德川義直 : 1600~1650)에게 넘어가 나고야의 '호사 문고(蓬左文庫)'에 보존되어 왔다. 그런데 어양본(御讓本) 377부 2,839책 가운데 그 태반을 차지하는 163부 1,492책이 조선에서 간 책이었다.

또 이에야스의 열 번째 아들 도쿠가와 요리노부(德川賴宣)에게 넘어간 한서와 조선 책은 '기이 문고(紀伊文庫)'로 개설되어, 1902년 '미나미아오이 문고(南葵文庫)'로서 공개되었다. 그리고 패전 뒤에 이 문고의 해체와 함께 이 책들은 도쿄 대학 중앙 도서관에, 남은 활자는 인쇄 회사에 맡겨지게 되었다. 이 활자 수는 대자(大字 : 1.3×1.6센티미터) 866개, 소자(小字 : 1.3×0.8센티미터) 3만 1,300개, 목 활자 5,800개로 현재 중요 미술품으로 지정되어 있다.

그리고 미토번(水戶藩)에 넘겨진 책은 이에야스의 열한 번째 아들인 도쿠가와 요리후사(德川賴房)에 의해 '쇼코칸 문고(彰考館文

庫)'로 개설되었다. 이것은 요리후사의 3남 도쿠가와 미쓰쿠니(德川光國)에게 넘겨지고 유명한 『대일본사(大日本史)』의 편찬도 이 문고를 중심으로 계속되었다. 그 밖에 조선에 출정했던 다이묘(大名)들의 문고도 만들어져 조선의 인쇄 기술과 서적은 에도의 새로운 문고를 많이 촉진했다.

8장

무기와 화약

무기와 화약이라면 누구나 전쟁의 참혹함을 연상하겠지만, 여기서 이야기하고자 하는 것은 결코 그런 것이 아
니다. 한반도와 일본 열도는 유구한 역사에 걸쳐 평화적인 관계였으며 사람들의 왕래가 계속되었고, 그 가운데
일부 사람들은 같은 문화권에 속해 있어서 언어도 서로 통하고 있었다. 그러나 일본에 권력 투쟁이 시작되고
국가가 성립하자 상황이 갑자기 바뀌어 무기가 발달하고 성곽이나 산성도 세워졌다. 또한 화포전이나 해전으
로 전투의 규모도 커지게 됐다.

세형 동검 문화권 — 북규슈와 한반도

고조선 전기의 청동기 문화를 대표하는 것으로 비파형 동검(琵琶形銅劍)이 있다. 악기인 비파를 닮아서 이런 이름이 붙은 것이다.

이 비파형 동검을 일명 요녕식(遼寧式) 동검이라고도 하는 것은 이 동검이 일제 시대에 만주의 요녕 지방에서 처음 발굴되었기 때문이다. 이 비파형 동검은 해방 후 요동의 강상 무덤과 누상 무덤*을 비롯한 요하 유역에서 각종 청동기와 함께 출토되었다. 뿐만 아니라 충청남도 부여군 송국리나 무주·공주 지방에서도 발굴되기에 이르렀다. 이로써 이 무기가 일찍부터 우리 민족이 살고 있던 전 지역에서 사용된 독자적인 무기였다는 것이 분명해졌다.

그 뒤 기원전 5~4세기쯤부터 만들기 시작한 것으로 보이는 세형 동검(細形銅劍)도 그 몸체가 비파라는 악기를 닮았다. 다만 이것이 더욱 가늘어져서 살상에 어울리게 만들어졌다. 그러나 몸체·손잡이·손잡이 끝장식 등을 각기 따로 주조하여 조립했다는 점에서 비

---

* 반도 남쪽 끝 여대시(旅大市)에 있는 고조선의 고분. 1964년에 북한과 중국의 공동 학술 조사단에 의해 발굴 조사되었는데, 많은 청동기와 함께 100여 명을 넘는 순장 인골이 나온 것으로 유명하다. 강상 무덤은 기원전 8~7세기, 누상 무덤은 기원전 6~5세기의 것으로 추정된다.

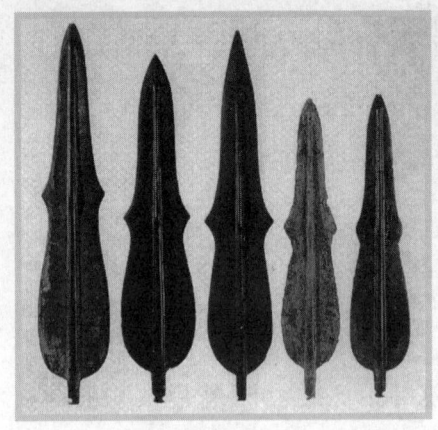
요녕식 동검(상주 송곡리 출토)

파형 동검의 전통을 계승하고 있다고 하겠다. 또 세형 동검의 칼집은 매우 정교하고 뛰어난 것으로서, 이것이 만들어진 고조선 후기의 수공업 기술이 얼마나 발전되어 있었는지를 보여 주는 것으로서 주목을 받고 있다.

또 이 시기가 되면 한편에서는 철기 문화가 발달하여 철제 농기구, 철제 무기와 함께 정교한 과(戈)·모(矛)·도끼·화살촉이나 방울·잔무늬 거울도 만들었다.

그런데 북방에서 한반도 남부로 내려온 세형 동검 문화는 당시의 농경 문화와 함께 서일본에도 커다란 영향을 주게 된다. 우선 야요이(彌生) 시대의 선진 지역이던 규슈(九州) 북부에서 청동기 문화가 시작된다.

일본 후쿠오카(福岡)의 이타즈케(板付)에서는 동검 4개, 동모 3개, 아리타(有田)에서는 동과가 출토되었다. 이것들은 일본 열도에서 처음으로 발견된 청동 무기로 간주되어 야요이 전기 말쯤(기원전 2세기 무렵)의 것으로 판정되고 있다. 그리고 야요이 중기 초의 것으로 보이는 사가현(佐賀縣) 우키쿤덴(宇木汲田)에서 출토된 세형 동검·동모·동과·잔무늬 거울은 이타즈케나 아리타에서 출토된 것을 포함하여 한반도에서 발굴된 것과 매우 유사하다.

그런데 이러한 동검류의 거푸집이 유명한 사가현 요시노가리(吉野ヶ里) 유적에서 손잡이 끝에 장식이 달린 세형 동검·동모 등과 함께 출토되었다. 더구나 시기적으로는 야요이 전기 말 이 지역에서 청동기를 주조한 대장간 유적으로 보이는 것이 발견되어 사람들을 들뜨게 하고 있다.

북규슈 일대에서 일어난 이러한 사건은, 기원전 2세기쯤 일찍이 일본 열도에 세형 동검을 중심으로 하는 선진적인 청동기 문화가 전해져서 일정한 문화권이 형성되었다는 것을 보여주고 있다.

한편 1984년 7월 시마네현(島根縣) 히카와군(簸川郡) 고진다니(荒神谷) 유적에서 모두 358개의 방대한 동검들이 발굴되어 큰 화제를 불러일으켰다. 이깃은 이곳 이즈모(出雲) 땅에 전해지는 사철(砂鐵) 기술과 어우러져 북규슈와 한반도가 동일 문화권이었다는 설을 더욱 유력하게 하고 있다.

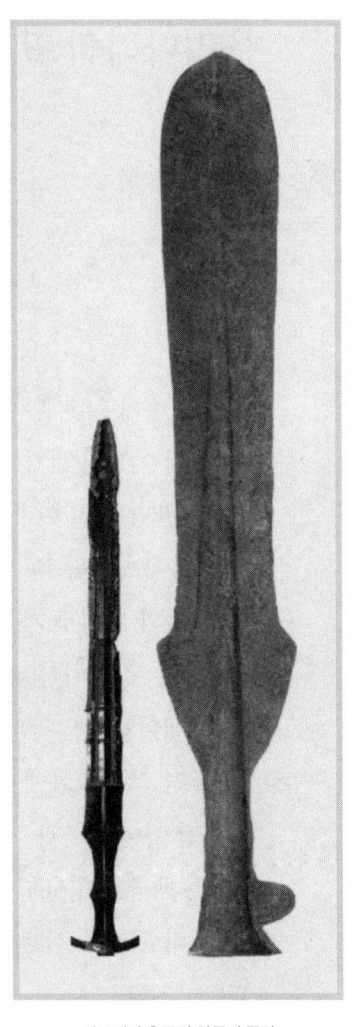

일본에서 출토된 한국제 동검

우리나라의 활과 화살, 효시

몇 년 전에 일본 후쿠오카의 무나가타군(宗像郡) 이마가와(今川) 유적에서 야요이 전기 초반의 청동 화살촉과 일본에서 가장 오래된 것으로 판명된 철촉이 출토되었다. 이는 모두 한반도의 것으로 감정되어(1980년 5월 18일 『아사히 신문』) 앞으로의 연구가 기대된다. 우리나라의 고대 국가 가운데 하나였던 부여는 중국 동북 지방(만주)에 있던 강국이다. 이 나라는 맥궁(貊弓)이라는 만궁(彎弓 : 80센티미터 내외의 굽은 활)과 명마(名馬)의 산지로도 잘 알려져 있다.

고구려 건국 설화에 따르면 시조 고주몽은 말타기에 아주 능숙했다. 뿐만 아니라 불과 7살 때 활과 화살을 만들어 한 번 쏘면 그야말로 백발 백중의 명사수여서 곧 유명해졌다고 한다.

주몽의 인기를 시샘한 동부여의 왕 금와(金蛙)가 그를 죽이려고 했다. 하지만 주몽은 어머니의 경고를 듣고 서둘러 부여에서 남쪽으로 달아나다가, 비둘기 한 마리를 쏘아 떨어뜨려 밀 씨앗을 얻는다. 그리고 지금의 동가강(佟佳江) 유역인 졸본(卒本) 지역에 정착한 뒤, 이미 그곳에 나라를 세우고 있던 송양왕(松讓王)과 활쏘기 시합을 벌여 그를 물리친다.

수렵도에 나타난 맥궁

부여의 말로 활을 잘 쏘는 사람을 주몽이라 하므로, 맥족이 세운 부여나 고구려는 시조의 이름에도 나올 만큼 활에 관한 전설이 많다.

중국인은 고대 우리나라의 활을 '맥궁' 혹은 '각궁(角弓)'이라 불렀다. 이는 또 흑각궁(黑角弓)이라고도 한다. 처음에 물소의 뿔로 만들었다고 하여 생긴 이름인데, 3세기 초 오나라의 손권에게 "고구려에서 온 사신이 각궁을 바쳤다"는 기록도 있다.

그런데 맥궁은 고구려의 벽화에서도 자주 볼 수 있는 길이 80센티미터 내외의 굽은 활인 만궁이다. 이 활은 3~5개의 소의 갈비뼈나 뿔을 이어서 만들고 대나무나 상수리나무도 자주 이용되었다. 현재 이 활은 북방뿐만 아니라 전라남도 나주와 경주의 금관총 등에서도 출토되어 이것이 고대 우리 민족의 독자적인 활이었다는 것이 확인되고 있다.

일본에 만궁이 전래된 것은 조몬 시대부터이다. 일본의 경우 이 단궁(短弓 : 짧은 활)은 우리나라만큼 활발하게 사용되지는 않았다. 즉 한반도의 기마 무사용 활보다 훨씬 긴 장궁(長弓 : 긴 활, 시가현 滋賀縣 시가 유적에서 출토된 것이 유명하다)이 많이 사용되었다. 물론 중국에서도 전국 시대(기원전 403년~기원전 221년)부터 전한(前漢 : 기원전 206~기원후 5년)에 걸쳐서 단궁은 장궁과 함께 사용되고는 있었지만 우리나라만큼 많지는 않았다.

고구려 고분 벽화에 효시(嚆矢)*로 호랑이를 쏘는 장면이 나온다. 그런데 지바현(千葉縣) 이이노촌(飯野村) 후타마즈카(二間塚) 고분에서도 이 위협음을 내는, 사슴뿔로 만든, 네 개의 구멍이 뚫린 효시가 출토되고 있다. 또 『일본서기』와 『고사기』에도 효시가 나오며, 정창원(正倉院)에도 진열되어 있다.

이러한 점으로 미루어 기마 민족이 한반도를 거쳐 일본으로 진출한 것은 틀림없다고 보는 사람도 있다.

임진왜란 당시 일본 병사는 '조선의 활, 중국의 창법, 일본의 화승총은 천하 제일'이라고 칭찬했다 한다. 예로부터 우리나라에 전해 내려오는 맥궁의 전통을 잇는 활은, 화승총전에 익숙해 있던 일본의 무장들에게도 상당히 인상적이었던 모양이다.

---

* 화살 끝에 뼈로 만든 호각과 같은 것을 달아 만든 것. 화살이 날아가면서 소리가 나게 되어 있어 전투 개시를 알리는 신호탄과 같은 역할을 하였다. '시작'이란 뜻으로 사용하는 효시란 말은 여기서 나온 것이다. 고구려에서는 사냥할 때 재미를 더하기 위하여 효시를 사용했다.

산성을 이용한 방어 기술

『삼국사기』에 따르면, 고구려는 주몽의 건국 초기에 동가강 유역의 환인(桓仁) 지방에 자리잡았다가 기원 3년에 집안(集安) 지역으로 도읍을 옮겼다. 첫 도읍지의 뒤편 험준한 바위산에 있는 위나암성(尉那巖城)은 기원후 3년(유리왕 22년)에 쌓은 것이다.

고구려에는 176개의 성이 있었다고 전해지는데, 압록강 이북에서 고구려의 성으로 확인된 것이 현재 200여 개를 넘어서고 있다. 이 성들은 요동 반도 끝에서 요하 동쪽을 따라 길림에 이르는 곳에 천연 요새를 이용하여 구축되었다. 이는 그 무렵 고구려의 영토가 중국의 동북부에 걸쳐 있었으며, 이 지대에서 한족(漢族)의 침입에 대비하고 있었다는 것을 보여준다.

백제는 고구려보다 늦게 산성을 쌓기 시작했는데, 백제의 수도(공주 · 부여)를 둘러싼 산성들이 확인된 것만도 199개를 헤아린다. 그리고 신라군이 백제로 들어가는 진입로에 해당하는 대전 주변만 해도 불과 10킬로미터 사방에 38개의 산성이 구축되어 있었다고 하니, 우리나라는 참으로 산성의 나라라 하겠다.

신라에도 성이 많았다. 시조 박혁거세로부터 제30대 문무왕(661~681년)에 이르는 약 700여 년 동안 다른 나라와 전쟁을 치른 것이

부여 나성(충남 부여군 부여읍 염창리)

133번이나 있었다. 그런데 그 가운데 무려 93번이 공성(攻城) 또는 수성전(守城戰)이었다고 『삼국사기』「신라본기」에 기록되어 있다. 『조선 보물 고적 조사 자료』(조선 총독부 발행, 1924년)에 따르면 우리나라에 현존하는 성터는 1,650개를 넘는다. 남쪽으로 갈수록 포곡식(包谷式) 산성*이 늘어나는데, 임진왜란 당시만 해도 이미 무려 150여 개의 성곽이 구축되거나 대대적으로 개축되었다고 하니 놀랍다.

---

* 포곡식 산성은 계곡을 둘러싸고 있는 산들을 빙 둘러 성벽을 쌓은 경우를 가리킨다. 이에 반해 하나의 산봉우리 주변을 테를 두른 것처럼 돌아가며 쌓은 경우를 테뫼식 산성이라고 한다. 포곡식 산성은 내부에 건물을 짓고 장기간 농성할 수 있는 대규모인 경우가 많다. 실제로는 위의 두 가지 형식의 중간 형식으로 산의 정상부에서 7부 능선쯤까지만 쌓은 산복식(山腹式) 혹은 사면식(斜面式)이 가장 많다. 이들 각각의 형식에서 그 발전 방향은 테뫼식이 먼저이고 포곡식이 뒤의 것으로 생각되고 있다.

한국사에서 성곽의 존재가 확인되는 최초는 기원전 108년 한나라 무제가 한반도를 침략할 때다. 그 무렵 죄수까지 동원하여 육군 5만 명, 해군 8천 명에 이르는 한나라 군대는 고조선의 수도인 왕검성을 포위한 지 1년

백제인이 세운 오노 성의 석단

여만에 겨우 고조선을 멸망시킬 수 있었다. 고조선에서는 적군의 공격을 오래 견딜 수 있는 튼튼한 성이 있었기 때문이다. 외적의 침입이 잦고 산이 많은 한반도의 지리적 · 역사적 조건은 필연적으로 방어용 성을 필요로 했다. 그리하여 전투원과 주민의 거주지를 방위하기 위한 외곽이나 피난처로서 산성을 많이 축조했던 것이다.

우리나라 산성의 특징은 험한 산을 따라 성벽을 쌓아 계곡을 감싸는 포곡식 산성이기 때문에 많은 인원을 장기간 수용할 수 있었을 뿐만 아니라 물도 풍부했다. 기원 28년에 한나라는 100만 대군을 이끌고 앞서 언급한 위나암성을 장기간 포위했나. 하지만 고구려군은 성내의 연못에서 잉어를 낚아 물풀로 싸서 그들에게 선물하는 여유까지 보이며 끝내 한나라 군대를 물리쳤다고 한다. 성안에 물이 있으므로 장기간 저항할 수 있다는 사실을 일부러 보여준 것이었다.

평양 서쪽에 있는 대성산성(大城山城)도 대성산 중심의 여섯 봉우리에 걸쳐 쌓은 것이다. 성내에는 지금도 170개의 연못이 확인되

어 장기간 수비할 수 있는 방어 시설의 특징을 보여주고 있다. 이러한 우리나라 산성 형식은 7세기 후반에 가서야 일본으로 전해진다. 『일본서기』에 따르면 일본에서 판견한 백제 지원군이 백촌강(白村江) 싸움*에서 대패한 이후 갑자기 긴장이 높아져서, 백제에서 망명한 장군들에 의하여 서일본 일대에 오노성(大野城)·기이성(基肄城)·나가토성(長門城)·가나타성(金田城)·야시마성(屋嶋城) 등 수많은 산성이 구축되어 산성 방어에 임했다고 한다.

---

* 백촌강 싸움은 백제 멸망 뒤에 저항군을 이끌고 있던 부여풍(扶餘豊)의 요청을 받아 왜국에서 파견한 170여 척의 해군과 나당 연합군이 663년 금강 어구에서 맞붙은 전투이다. 여기서 왜의 해군은 참패하여 거의 궤멸하였고, 부여풍도 겨우 몸을 빼어 고구려로 피신했다고 한다. 이후 위기감을 느낀 일본에서는 북규슈 해안 지방에 산성을 쌓아 방어 태세를 갖추었다. 산성을 쌓는 데 동원된 기술자들은 백제에서 건너간 사람들이었다.

일본 고고이시의 원류는?

고대 우리나라의 토목 공사에서도 산성 축조는 아마 가장 대대적인 공사 가운데 하나였을 것이다.

이는 일본이나 중국에서도 마찬가지였을 것이다. 유명한 중국의 만리장성은 진의 시황제(기원전 259~210)가 쌓았는데, 그 길이가 무려 5,650킬로미터나 되는 장대한 것이다. 또 고려 시대에 쌓은 천리장성은 압록강 하구에서 시작되어 동해로 연결되는 대규모 성이다.

산성은 고대인이 가장 의지하던 방위 시설인데, 일본은 대륙과 사정이 다르다. 일본 열도가 방위를 위하여 대규모 산성을 필요로 한 것은 대륙의 정세가 긴장되어 있었기 때문인데, 이 때를 백제 멸망 이후(663)로 보고 있다. 그러나 이보다 더 오래된 산성이 일본에 있었다. 이것이 바로 고고이시(神籠石 : 일본 산성)라 부르는, 축조 연대가 분명하지 않은 산성터이다.

1898년 후쿠오카현 구루메시(久留米市)의 고라산(高良山)의 열석(列石)이 학계에 '고고이시'로 소개된 이후 이 이름이 일반화되었다. 그런데 그 무렵 고라산 정상에 고라산 신사가 있었던 것으로 보

부여의 성흥 산성 유적

아, 이 열석을 신역(神域 : 신성한 지역)을 둘러싸고 표시해놓은 보호석으로 보고 고고이시라 이름지은 것이다.

그리하여 학계에서는 산성설과 신역설이 대립했다. 그러나 그 뒤 우리나라에서 고대 산성의 구조를 더욱 분명히 밝혀주는 연구가 진행되는 한편, 1963년 사가현 다케오시(武雄市) 오쓰보산(おつぼ山)의 고고이시 발굴 조사 등에 의하여 이른바 고고이시란 우리나라식 산성의 흔적이었다는 것이 명백해졌다.

조사 결과 수수께끼의 열석은 흙으로 쌓은 성벽이 무너져내리지 않게 하기 위하여 아래쪽에 두른 돌이며 그 무렵 한반도에서 건너간 기술을 사용했다는 것이다. 그리고 흙으로 쌓은 성벽이 길게 산을 둘러싸고, 계곡에는 돌로 성벽을 쌓고 수문을 설치하는 등 4~7세기쯤 한반도에서 축조된 완전한 우리나라의 포곡식 축성법이 채

쓰시마의 가네다 성 유적
일본에서 '고고이시'라고 부르는 한국식 산성이다. 부여의 성흥 산성과 쓰시마의 가네다 성은 축조 기법이
동일하다.

용되었다는 것 등이 밝혀졌다.

후쿠오카현 가이타정(穎田町) 고고이시 유적의 발굴 조사에서는 수문의 취수구 부분에서 스에기(須惠器) 항아리 파편도 나왔다. 또한 고고이시는 긴급할 때 들어가서 수비 태세를 취할 수 있는 우리나라식 산성의 일종이라는 것이 분명해졌다. 이것은 한반도에서 건너간 사람들이 개척한 충직 평야를 내다볼 수 있는 높은 산을 따라 건축되었다.

현재 고고이시는 쓰시마, 북규슈에서 세토 내해(瀨戶內海) 주변에 걸쳐서 13군데나 확인되고 있다.

축조 연대를 확정할 수 없는 이 산성터가 기나이(畿內 : 교토에서 가까운 지방)에서는 하나도 발견되지 않고 서일본에 집중되고 있는 것은 한반도 계통 정착민과의 관계를 보여주는 것이다. 이는 전란으로 세월을 보내던 삼국 시대에, 평온한 일본 열도로 건너간 우리 선조들이 경험을 살려 만든 것으로서, 긴급시의 '피난처'이기도 했다. 그 무렵 토루(土壘 : 흙으로 쌓은 두터운 담)의 아래쪽 기초 부분에 다듬은 석재를 이용한 것이나, 판축법(版築法 : 흙을 층층으로 다지며 쌓는 방식)을 이용한 토루 축조 기술 등은 매우 훌륭하여 오늘날에도 명성이 높다.

갑옷 제작 기술

　단갑(短甲)이란 철판 또는 금동판을 촘촘히 잇고 이를 가죽끈 혹은 쇠못으로 꿴 갑옷을 말한다. 그러나 단갑만으로는 몸뚱이밖에 가릴 수 없으므로 보통 목을 보호하는 경개(頸鎧), 어깨를 덮는 견개(肩鎧), 허리 둘레에 늘어뜨리는 초접(草摺) 등을 함께 사용한다.

　고대인이 전투할 때 철갑을 사용하게 된 것은 훨씬 뒷날의 일이며, 처음에는 가죽 따위를 이용하고 있었다. 왜냐하면 단갑의 제조는 철의 사용, 특히 철을 다듬는 기술이 일반화하여 쇠못 등으로 철판을 가지런히 꿸 수 있는 고도의 기술적 조작을 할 수 있어야만 가능했기 때문이다. 하지만 이렇게 만들어진 초기의 단갑은 견고하여 자기 방어에는 적합했지만 너무 무거워 움직이기에 불편했다.

　한편 괘갑(挂甲)이란 비늘 모양의 작은 철편을 촘촘히 대고 가죽끈이나 실로 꿴 갑옷이다. 괘갑은 단갑처럼 견고하지는 않지만 신축성이 풍부하여 활동에 편했기 때문에 기마전이 주류를 이루던 당시의 전투 속에서 크게 발전했다. 이는 단갑보다 높은 기술 수준이 뒷받침되어야 만들 수 있는 것이었다.

　세월이 흐르면서 철 대신 금동을 이용해 무장들의 위엄을 높이려

갑옷(부산 복천동에서 출토)

는, 화려한 것으로 발전함에 따라 단갑은 모습을 감추고 쾌갑이 갑옷의 주류를 이루게 되었다.

우리나라의 갑주(甲冑)는 삼국 시대에 크게 발달했다. 오늘날 고구려의 벽화와 신라나 가야 등의 출토물에서 이를 알 수 있다. 또 백제는 당태종(626~649)에게 금을 도금하여 찬란한 빛을 내도록 한 갑옷을 선물했다는 기록이 남아 있다. 이는 곧 삼국 시대에 벌써 중국 대륙과 갑옷 제조 기술이 교류되었다는 사실을 알려준다.

일본에서 출토된 단갑은 4세기 후반의 것이며, 쾌갑이 나타나는 시기는 5세기 후반이다. 쾌갑은 앞에서도 말한 것처럼 가볍고 실용적이었기 때문에 급속히 발달했고, 이 역시 우리나라에서 일본으로 전해졌다는 것이 정설이다.

하지만 쾌갑보다 오래된 단갑만은 일본 쪽이 먼저라고 일부 학자들이 주장했다. 그 예로서 해방 전 부산시 연산동의 가야 고분에서 출토된 다량의 철제 무기(5세기 중반) 가운데 포함된 단갑이 인용되었다. 이 단갑과 모양이 거의 같은 것이 나라현 보잔(慕山) 1호분(4세기 후반의 것으로 추정)에서 출토되어, 무기류가 일본에서 우리나라로 반입되었다는 설, 즉 '임나일본부설(任那日本府說)'*이 더욱 세력을 얻게 되었다. 그 때까지만 해도 우리나라보다 일본에서 훨씬 많은 단갑이 출토되었기 때문이다.

그런데 1990년 1월 부산시 북천동의 가야 고분에서 우리나라에서 가장 오래된(4세기) 철제 갑주가 출토되었다. 그리하여 일부 일본 학자들의 임나일본부설에 반증을 더해주었다. 김해의 고분군 가운데서도 금관가야의 왕릉으로 보이는 대형 덧널무덤(木槨墳)이 발굴되고 그 속에서 4~5세기쯤의 단갑도 출토되었다. 또 최근 들어 가야 지역에서 발굴된 고분에서는 많은 단갑이 출토됨으로써, 다른 문물과 마찬가지로 단갑도 한반도에서 일본으로 건너갔을 가능성이 훨씬 높아지고 있다.

철제 단갑을 입은 병사의 하니와
사이타마현 구마가야시 가미치유지요 고분에서 출토

따라서 이제 일부 일본 학자들이 주장하는 '임나일본부설'*도 퇴색할 듯하다.

---

* 고대 일본이 한반도 남부를 군사력으로 정복하고 임나일본부라는 관청을 설치하여 지배했다는 설. 『일본서기』의 설화적인 기사를 근거로 일제 강점기에 식민 사학자들이 주장하여 식민지 지배를 역사적으로 정당화하려 했다. 그러나 이는 근거가 박약한 주장일 뿐 아니라, 정치적 목적을 띠고 있다는 점에서 많은 비판을 받아 왔다. 최근 가야 유적이 집중 발굴되어 고고학 자료가 쌓이면서, 이 주장은 점점 설 땅을 잃어가고 있다.

한반도와 일본의 화살촉과 철검

삼국 시대는 우리나라 역사에서 전쟁이 가장 많았던 시기다. 그무렵 전쟁이라면 주로 산성 쟁탈전과 기마전이 주류를 이루었는데, 이로 인하여 당연히 무기 역시 이에 어울리는 것이 발달했다. 이 또한 선진적인 고구려의 무기가 그 시조를 이루고 있다.

예를 들면 고구려에서는 기마인들이 휴대하기 편리한 맥궁(단궁)이나 기마전에 효과적인 장창(長槍), 가볍고 활동적인 쾌갑 등이 먼저 발달했다. 낫이나 갈고리는 상대를 말에서 끌어 떨어뜨리는 대(對)기마병용 무기로 발전했다. 포차(抛車 : 돌을 발사하는 수레)와 차노(車弩 : 기계 활을 설치한 수레)는 성을 공격하는 무기로, 충차(衝車)는 성문을 부수는 무기로 사용되었다. 또 마름쇠는 가시가 달린 철제 무기인데, 이것을 성 주위에 뿌려놓아 적군 병사와 말이 접근할 수 없도록 했다.

그러면 고구려에서 비롯된 이러한 우리나라의 무기와 고대 일본의 무기는 어떤 관계가 있을까? 앞서 말한 것처럼 동검 · 동모 · 동과에 갑옷과 투구, 그리고 산성 등에 대해서는 그 유사성을 설명했으므로 생략한다.

최근 일본 후쿠오카현 구라테군(鞍手郡) 후루가와(古江) 유적에서 야요이 전기의 우리나라계 마제 석촉이 212개나 출토(1980년 19월 7일 『마이니치 신문』)되었다. 뿐만 아니라 여기서 얼마 떨어지지 않은 무나가타군(宗像郡) 이마가와(今川) 유적에서도 같은 시대의 우리나라계 동촉(날끝이 둘로 갈라진 화살촉으로 길이 5.7센티미터, 최대 굵기 1센티미터)이 출토된 것을 주목해야 한다. 또 동검에 앞선 마제 석검은 돌칼·돌도끼 등의 농기구와 함께 한반도 남부와 같은 형식이며 실용적이다.

그런데 일본에서는 우리처럼 기마전이나 산성을 둘러싸고 행하는 전투에 쓰이는 무기는 그리 발달하지 않았다. 야요이 시대 중기 후반쯤에서 고분 시대에

환두태도(경남 합천에서 출토)

걸쳐서 철제 화살촉·창·방패·도끼·도검(刀劍) 등의 무기가 커다란 비중을 차지하게 되었다. 그리고 갑주(甲冑)·방패·마구(馬具) 등의 방어용 무기도 급속히 발달했다.

또한 유명한 소환두태도(素環頭太刀 : 환두태도는 손잡이 끝에 둥근 고리가 달린 칼로 한반도에서만 제작된 것) 등을 비롯한 도검류가 두드러지게 늘어간다. 시기적으로는 4세기 후반쯤에 기나이(畿內)

의 고분에서 삼엽(三葉) 환두·단봉형(單鳳型) 환두·쌍봉형(單雙鳳型) 환두 등, 발달된 형태로 출토되고 있다.

재미있는 것은 이 소환두태도가 요시노가리 근처의 니쓰카산(二塚山) 유적 등 지쿠고천(筑後川) 유역에서도 출토되었는데, 우리나라의 널무덤에서 출토된 기원전 2세기쯤의 물건과 유사하다는 점이다. 『만엽집』에 나오는 고마검(拍劍)·고려검이나 또 정창원의 두 개의 고마(高麗)식 큰 칼은 모두 고구려의 윤상병두(輪狀柄頭 : 칼 손잡이 끝에 수레바퀴 모양의 장식이 달린 것)의 흐름을 이은 것이다.

최근 출토된 이즈모의 오카다(岡田) 고분의 문자가 새겨진 칼에는 그 환두에 거북 등 무늬가 새겨져 있다. 이것도 모두 공주 무령왕릉의 환두태도나 신라의 유물에서 볼 수 있는 거북 등 무늬 계통의 문양에서 그 원류를 찾는 의견이 대세를 이루고 있다. 유명한 후지노키(藤ノ木) 고분(6세기 후반)에서 볼 수 있는 화려한 마구·도검류도 모두 우리나라와 관련이 있다고 거론되는 것을 생각하면 화살촉에서 철검까지 그 관계는 매우 깊다고 하겠다.

개마 무사가 직접 건너갔을까?

　　'개마 무사(鎧馬武士)' 란 사람
이 타는 말까지 철로 만든 갑주로
무장한 고구려 기마 부대의 명칭
이다. 『삼국사기』 「고구려 본기
동천왕(227~248) 조」에는 위나라
의 대군을 맞이하여 "왕은 보병
과 기병 2만 명을 이끌고 비류수
(沸流水) 상류에서 방어전을 펼쳐

개마 무사

이들을 물리치고 3천 명을 베었다. …… 철기(鐵騎) 5천 명을 이끌
고 나아가 이들을 토벌했다" 는 등의 기록이 나와 있다. 철기란 병사
를 태운 말까지 철제 갑주로 무장시킨 기마 부대를 말한다. 그런데
고구려에서 건국 당초부터 말까지 무장시킨 것은 특이한 일이라고
하지 않을 수 없다.

　　역사는 고구려 사람들이 부여 이래 기마 유목민의 전통을 이어받
아 승마 풍습과 상무(尙武) 기질이 풍부하며 용맹·과감했다고 전
하고 있다. 그리고 2~3세기쯤에는 벌써 중국 대륙의 침략 세력에

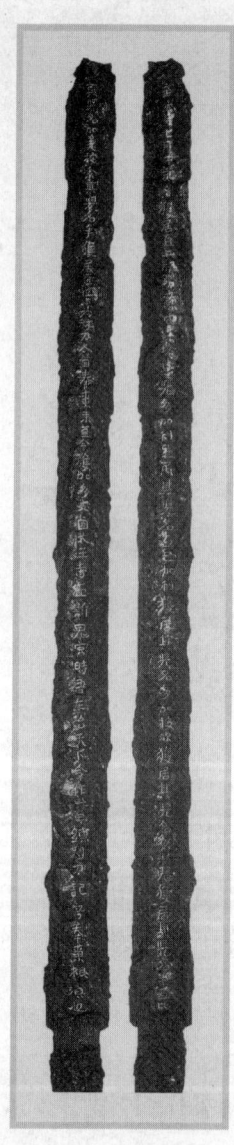

철검(이나리산 고분에서 출토)

대응할 수 있는 강력한 군대를 보유하여 나라를 지키고 영토를 넓히며 4세기 후반에는 고조선 영역의 대부분을 회복했다고도 기록하고 있다. 고구려인의 이러한 상무 기질과 험준한 산악이 많은 지리적 조건, 그리고 끊임없는 외침에 맞서 싸워야 했던 역사적 조건은 필연적으로 내구력과 기동력이 풍부한 기마병을 우선시하게 되었다. 그리고 여기에 걸맞는 갑주 · 장창 · 단궁 등의 무기도 발달시킨 것이다.

고구려 기마군의 철갑 무장은 백제 · 신라 · 가야를 거쳐 바다를 건너 일본 열도에도 전달되었다. 1980년에 발굴된 부산시 복천동 고분군에서는 토기나 철기에 섞여 30여 점의 갑주와 마구가 출토되었다. 특히 이곳의 10호분에서 철제 마주(馬冑 : 말의 투구)가 발굴되어 사람들을 놀라게 했다.

그런데 오늘날 일본에서는 부여계의 가야 기마군단이 북규슈에 상륙하고 점차 동쪽으로 진출하여 야마토(大和) 정권을 세웠다는, 이른바 '기마민족 일본 정복 왕조설' 이 주장되고 있다. 그 예로 다카마쓰총(高松塚) 벽화나 이나리산(稻荷山) 철검 등이 거론되고 있다.

1985년 12월에는 나라현 이코마군(生駒郡) 이카루가(斑鳩)의 후지노키(藤ノ木) 고분에서 마구류

130여 점이 다른 부장품과 함께 발굴
되었다. 이것은 명백히 고구려계의
특성을 갖는 백제·가야·신라의 마
구를 닮았다는 점이 거듭 설명되고
있다. 뿐만 아니라 유명한 다카마쓰
고분의 벽화도 고구려 고분 벽화와
비슷하며, 특히 후지노키 고분의 마
구를 보면 그 뿌리가 기마를 즐기던
고구려 민족의 금속 공예 문화로 연
결된다는 설도 있다.

마주(부산 복천동에서 출토)

이 밖에 1957년 와카산(和歌山)의
오타니(大谷) 고분에서 발굴된 마주
(길이 50.5센티미터)가 마갑·등자(金鐙子 : 말을 탈 때 두 발을 디디
는 제구)·안장 등과 함께 출토되었다. 이 기마 전투용 마주는 앞서
말한 부산시 복천동 고분군 10호분의 것과 유사하며, 고구려나 가
야 기마 군단이 기노가와(紀川) 유역으로 진출했으리라는 것을 짐
작케 해주어 흥미롭다.

그러면 개마 무사가 직접 일본에도 건너간 것일까? 아니면 기마
문물만 일본에 전해진 것일까? 중요한 연구 과제이다.

백제가 하사한 칠지도

일본 나라현 덴리시(天理市)의 이소노카미(石上) 신궁에 국보인 '칠지도(七支刀)'가 보존되어 있다. 전체 길이 75센티미터, 칼몸 부분 약 65센티미터의 단철(鍛鐵) 칼인데, 좌우에 세 개씩 나뭇가지 모양의 날이 나와 있는 특수한 칼이다.

칼몸의 앞과 뒤에는 61자의 명문(銘文)이 금으로 상감(象嵌)되어 있고, 금의 순도는 무려 78퍼센트나 되는 훌륭한 칼이다. 이 명문 속에는 칼의 제작 연월일, 예로부터 이렇게 좋은 칼은 없었다는 것, 백제의 왕이 왜의 왕에게 준다는 내용이 새겨져 있다.

여기서 주목되는 것은 백제의 서쪽에 '곡나철산(谷那鐵山)'이 있었는데, 이 철산의 철(철정鐵鋌?)을 계속 보냈다는 내용과 명문 속의 '造百練ㅇ七枝刀'라는 것이다. 그 무렵 백제의 무기 제조 기술을 '백련강(百鍊鋼)' 혹은 '팔십련강(八十鍊鋼)'이라고 했는데, 명문 중의 조백련(造百練)이 단조술(鍛造術)인지 길상구(吉祥句 : 길상의 뜻을 지닌 글)인지 분명하지 않다.

하지만 100 또는 80 연강법이란 고대의 괴련법(塊鍊法)을 발전시킨 백제의 초강법(炒鋼法)을 말하는 것이다. 이러한 선진적인 철기 문화가 한반도 남부에서는 3~6세기에 걸쳐서 보급되고, 일본에도 전래되었다고 한다.

그런데 칠지도의 명문에 처음 주목한 이는 1873년 당시 이소노카미 신궁의 궁사(宮司)였던 칸 마사토모(菅政友)라는 사람이다. 그가 「이소노카미궁 보고(寶庫)에 소장된 육우도(六又刀)의 명문(銘文)」이라는 글 속에서 "문자는 금으로 되어 표면과 뒷면에 각 한 줄씩 새겨져 있다. 하지만 거의 떨어져나가 그 흔적이 희미하여 분명하지 않다. …… 삼한의 것임은 의심할 여지가 없다"고 기록한 것이 처음이다.

이 칠지도 명문의 맨 앞에 나오는 글자 '泰○四年○月十○日'의 연월일의 해석과 관련하여 백제의 왕이 진구 황후(神功皇后)에게 바쳤다는 설이 먼저 일반화했다.

칠지도

또 1950년에는 가야모토 도진(榧本杜人)이라는 사람이 동진(東晉)의 태화 4년(泰和四年 : 369년) 설을 주장함에 따라, 일본의 신라 출병에 감사하여 당시 백제의 왕이 왜 왕에게 이 칠지도를 바쳤다는 주장도 나오게 되었다. 그 때문에 칠지도 명문의 연호는 369년으로 고정되는 것처럼 보이기까지 했다.

하지만 이러한 해석을 완전히 뒤흔드는 의견이 북한의 김석형에 의해 제창되었다. 그는 '태화'라는 연호는 중국의 연호가 아니라 백제의 5세기쯤의 연호라고 설명했다. 그리고 "이 칠지도는 백제의 왕이 일본 열도에 있던 분국의 신하인 당시의 왜 왕에게 준 것이다"
라고 논평했다.

오늘날 김석형의 설은 그 무렵 한반도와 일본의 관계, 동아시아
의 실정을 잘 반영한 것으로서 높이 평가되고 있다.

그런데 흥미롭게도 칸 마사토모가 이 칠지도를 진구 황후기(神功
皇后紀 : 진구 황후가 삼한을 정벌했다는 『일본서기』의 신화적인 기
사)와 연결하기 위해 명문을 깎아냈다는 의견도 나와 학계에 커다
란 파문을 불러일으켰다.

왜구를 화포로 공격하다

　왜구란 무로마치(室町) 시대(1338~1573) 이후 우리나라나 중국의 연안을 어지럽힌 일본인 해적 집단을 말한다. 그들은 13세기쯤부터 북규슈나 쓰시마 등에 근거지를 두고 인근 여러 섬이나 이웃 나라를 습격하여 약탈을 거듭했다. 14세기 중엽 이후에는 드디어 그 수가 불어나 때로는 몇백 척의 배에 나누어 타고 한반도 서남해 연안에서 내륙까지 침입하여 강도 · 방화 · 살인을 거듭했다. 때문에 고려 왕조는 왜구를 일소하는 것이 당면한 가장 긴박한 정치적 · 군사적 과제였다. 당시 고려 왕조는 내우 외환이 겹쳐 정치적 위기를 극복하지 못하고 있었고, 여기에 더하여 왜구의 침입은 뼈아픈 타격이었다.

　그런데 왜구를 격퇴하려면 반드시 화포 장비를 갖춘 전선(戰船)이 필요했다. 왜냐하면 밀려오는 왜구 선단(船團)에는 화포 공격이 가장 효과적인 방법이었기 때문이다.

　그러나 당시 고려 정부는 화약 병기를 만들 만한 기술적 토대가 없었고, 화약 제조법은 물론 몰랐다. 견디다 못한 고려 왕조는 명나라에 사신을 보내어 화약을 달라고 요청했지만 명나라는 이 요청을

신전자초방

거절했다. 이럴 정도로 화약은 그 무렵 가장 중요한 국방 무기였다. 하지만 고려가 포기하지 않고 계속 요청한 보람이 있었는지, 아니면 왜구가 명나라 연안에 미치는 피해를 고려해서인지 명나라의 태조는 이듬해(1374년)에 그 때까지 비밀에 붙이고 있던 염초(焰硝 : 초석硝石) 30킬로그램을 나누어 주었다. 그러나 가장 중요한 염초 제조법만은 끝내 가르쳐 주지 않았다.

이러한 긴박한 정세에서 고려에서는 최무선(崔茂宣) 등이 본격적으로 화약 연구를 시작하여 20여 년간의 노력 끝에 결실을 맺어 국산 염초를 만드는 데 성공했다. 오늘날 최무선의 귀중한 연구 실험 과정은 알 수 없지만 1635년 편찬된 『신전자초방(新傳煮硝方)』은 비교적 초기 무렵의 염초 제조법을 전해주고 있다. 그것에 따르면 아궁이나 토담 밑의 흙(탄산칼륨 K_2CO_3을 다량 함유)에 오줌(암모니아 NH_4OH를 다량 함유)을 섞어 부식시키고 가장 중요한 초석(KNO_3)을 첨가시켰다.

이렇게 화약을 얻은 고려는 전선에 화포를 장치하고 1380년에 금강 하구의 진포(鎭浦) 앞바다에서 왜구 선단 500여 척을 화포로 공격하여 그 대부분을 불태우는 전대 미문의 혁혁한 전과를 올렸다.

그 뒤 1389년 박위(朴葳)가 이끄는 수군은 왜구의 소굴인 쓰시마를 급습하여 300여 척의 선박을 불태웠다. 배에 타고 있던 왜구들은 화포 공격을 당하여 거의가 불타 죽었고, 물에 빠져 죽은 자도 많았다고 한다. 그리하여 집요하기 이를 데 없는 왜구의 침입에 일시적이나마 쐐기를 박은 것이다. 여기서 덧붙이자면 이러한 화포를 장치한 전선에 의한 집중 포화 전술은 세계적으로 보더라도 해전사상 처음이었다는 것이다.

화포를 설치한 전함

서구에서 화포를 설치한 전함으로 큰 해전이 벌어진 것은 베네치아 · 제노바 · 에스파냐 연합군 함대가 오스만 투르크 함대를 격파한 1571년 레반토(Levanto) 해전이 처음이다.

화약 제조 비법의 누설을 막기 위해

중국 대륙에서 화약이 발명된 것은 송나라 때라고 하는데, 일찍이 907년에 불화살을 사용했다는 기록이 남아 있다. 또한 화구(火毬 : 화약을 뭉쳐 공처럼 만든 것) 등의 무기가 금나라 · 원나라에도 전해졌다. 특히 원나라 군대에 의하여 실전에도 많이 이용되었고, 몽고족의 정복전이 확대되면서 유럽이나 고려 · 일본에도 비로소 화약이 전해지게 되었다. 앞에서 말했듯이 중국의 화약 제조법이 우리나라에서 처음 개발된 것은 14세기 후반쯤이다.

그러나 화약 무기가 원나라 군대에 의해 실제로 사용된 것은 훨씬 뒷날의 일이다. 『고려사』「열전 제16」에는, 1272년 몽고군의 침입에 항거하여 일어선, 김통정(金通精)이 이끄는 애국적인 '삼별초군'을 원나라 군대가 공격했는데, 이 때 그들이 불화살로 공격했다고 기록되어 있다. 이 때의 불화살은 화약의 폭발력을 이용하여 쏜 화살이 분명하다고 하며, 일반적인 불화살과는 구별되는 것으로 원나라 군대만이 가지고 있었던 것이다.

그러면 일본에는 언제 화약이 전해졌을까? 1281년 원나라 군대는 고려를 앞세워 일본을 공격했다. 이 때 원나라 군대에 의해 많은 폭약이 사용되었고, 그 위력을 보여주는 그림이 지금도 남아 있다. 당시는 화약 병기가 세계적으로 확산되어 있었다. 화약 병기는 몽고군의 유럽 침공, 아라비아군과 십자군의 교전 등을 통하여 서구에도 전해졌다. 마침내 이 화약의 비밀은 서구를 통해서 일본에도 전해지게 되었다. 즉 화약의 비밀만은 다른 문물처럼 우리나라에서 전해진 것이 아니라 서구를 통하여 전해졌다. 1543년 포루투칼인이 다네가섬(種子島)에 표류하면서 처음으로 총이 알려지고 화약의 제조법도 알려지게 된 것이다.

고려에서 화약 제조가 시작된 것이 1370년인데 왜 일본은 이보다 200년 가까이나 늦었을까?

이는 고려 왕조가 왜구의 침입에 골머리를 썩이고 있어서 화약 제조 비법이 일본으로 새나가는 것을 극도로 염려했기 때문이다. 고려는 화약 제조에 성공하고 1377년에 화통도감(火桶都監)을 설치하여 중앙에서 삼남(三南 : 경상도·전라도·충청도) 지방에 경차관 (敬差官)을 파견, 해안 지방을 피하여 내륙 지방에서만 염초를 생산하게 했다. 나아가 조선은 1426년에 강원도 일대의 동해안까지도 화약 제조를 금지하여 일본과 여진에 그 비법이 새나가는 것을 필

몽고의 일본 원정

원나라는 고려를 압박하여 배와 군량을 마련케 한 뒤 1274년에 일본에 대규모 원정군을 보냈다. 그 무렵 동원된 몽고군과 송군은 2만 5천 명, 고려군은 8천 명에 전함이 990여 척이었다고 한다. 연합군은 쓰시마와 이키섬을 정벌 한 뒤에 곧 일본 본토를 공격했다. 그러나 태풍을 만나 치명적인 타격을 입고 한 달만에 돌아오고 말았다. 그 뒤에도 2차 공격을 시도했으나 다시 태풍을 만나 실패로 끝났다. 일본에서는 이 태풍을 가미카제 (神風)라 부른다.

사적으로 막았던 것이다.

　조선은 1448년에 화포 제조법과 화약 사용법을 규격화한 『총통
등록(銃筒謄錄)』을 편찬했다. 하지만 이 역시 일본에 누설될 것을
우려하여 몇 부만 남기고 나머지는 소각했다. 선각자들의 우국 충
정은 이토록 철저했던 것이다.

조총은 일본에서 우리나라로

조총(鳥銃)은 우리나라나 중국에서 화승총(火繩銃 : 일본에서는 다네가시마총種子島銃)이라고 불렀는데, 1543년에 다네가섬(種子島)에 표류한 포루투칼인들에 의해 일본에 처음 전해진 총을 말한다.

임진왜란(1592~1598) 초반에 일본군은 이 총으로 집중적인 총격을 가하여 조선군을 크게 괴롭히고 많은 피해를 주었다.

일본의 총포대는 탄환을 장전하는 시간을 헤아려 일렬로 나란히 서서 신호에 따라 일제 사격을 하는 방식으로 일진, 이진, 경우에 따라서는 삼진까지 조직하여 장탄과 일제 사격을 거듭하는 전법으로 조선군을 괴롭혔던 것이다. 한편 조선은 그 무렵 이혈총통(二穴銃筒)·십연자총(十連子銃) 등 연발 사격식 총류가 있었지만 화승총에 비해 발사 속도가 느리다는 결함이 있었다.

일본의 왜구들이 이 조총을 들고 조선과 명나라 해안을 노략질하고 있었기 때문에 우리나라도 일찍부터 조총을 알고 있었다. 그러나 우리나라는 일본의 이 소총을 고작 나는 새나 떨어뜨리는 총이라 하여, 우리나라의 대형 화포는 도저히 당해내지 못한다고 '조

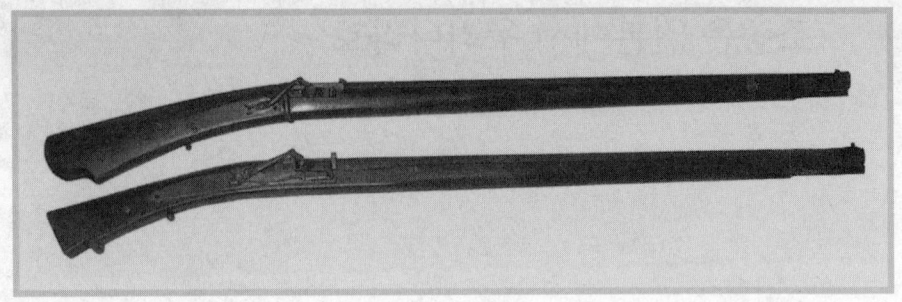
조총

총'이라 부르며 멸시하고 있었다. 그런데 우리나라는 이 일본식 총포대의 집중 사격에 완전히 허를 찔린 형세여서 손쓸 도리가 없었다. 이 새로운 전법을 일본에서 처음 조직한 사람은 다름 아닌 오다 노부나가(織田信長 : 1534~1582년)였다. 그가 1560년 오케하자마(桶狹間) 전투에서 이마가와 요시모토(今川義元)를 무찌른 것도 총포대가 뛰어났기 때문이라고 한다.

그런데 이 간편한 조총 제작법과 조작법을 조선에 전해준 사람은 병사 3,000명을 이끌고 항복한 일본의 청년 무장 사야카(沙也可)라는 사람이었다. 그는 가토 기요마사(加藤淸正 : 1562~1611)의 부하로서 스무 살을 갓 넘긴 청년이었다. 일찍부터 유교 문명을 동경하고 있었기 때문에 부산에 상륙하자마자 바로 조선군에 투항했다고 한다. 그리고 그 공으로 조정에서 김충선(金忠善)이라는 이름과 녹봉을 받았다.

오늘날 김충선의 유적은 경상북도 달성군 가창면 유녹동(有鹿洞)에 남아 있다. 그를 시조로 하는 우녹동(友鹿洞) 김씨는 대대로 번영하여 전국에 115호 약 650명의 자손으로 성장하여 그 명맥을 유지하고 있다.

이와 별도로 조선군은 이 신식총을 재빨리 탈취하여 그 무렵 우수한 화포 기술자들을 모아 연구하게 함으로써 일찌감치 1593년에는 제철 기지인 황해도 은율에서 그 시제품을 만드는 데 성공했다. 조선 조정은 즉시 병마사에게 명하여 이듬해 1월부터 대량 생산에 들어갔지만, 일본에 선수를 빼앗겨 큰 성과는 올리지 못했다. 임진왜란 때 일본측이 가져온 총은 많은 투항병과 함께 조선에 넘겨져서 그 무렵 화포 기술자들의 연구 대상이 되었다. 한편 청년 무장 사야카가 유교의 나라 조선을 흠모하여 투항한 것은 큰 의의가 있다고 할 수 있다.

비격진천뢰의 위력

'비격진천뢰(飛擊震天雷)'란 임진왜란 당시 조선군이 처음 사용한 무기로, 알기 쉽게 말하자면 시한 폭탄과 비슷한 강력한 포탄이다. 그 무렵 도요토미 히데요시의 군대는 조선 동남부의 행정 거점 가운데 하나였던 경주를 중시하여, 이곳에 대군을 주둔하고 그 부근을 대상으로 약탈을 거듭하고 있었다. 때문에 조선군이 경주를 탈환하는 것은 경상도 일대에서 적을 완전히 몰아내기 위해 대단히 중요했다.

적이 가득 들어찬 경주성을 포위한 조선군이 야음을 틈타 성에 접근하여 비격진천뢰를 완구포(碗□砲 : 불씨를 손으로 점화하여 탄환을 발사하는 화포의 하나)로 쏘았다. 일본군은 날아 들어온 이 '괴물'이 도대체 무엇인지 알 수 없었다. 일본군들은 이 물건을 빙 둘러싸고 신기한 듯이 만지고 굴려보고 나중에는 이것을 억지로 열고 그 내용물을 보려고 하는 자까지 있었다. 그런데 그 순간 이 포탄은 귀청을 찢는 듯한 굉음을 내며 폭발하여 주변에 몰려 있던 적병들을 몇십 명이나 거꾸러뜨렸던 것이다.

이러한 비격진천뢰의 맹위력으로 성 안의 일본군이 공포에 휩싸이고 대혼란에 빠졌다. 의병과 관군은 총돌격하여 적을 토벌하고 성을 열어 막대한 군사 기재와 1만여 명분의 식량까지 빼앗았다고 한다.

이 폭발물은 둥근 철제 항아리로 되어 있는데, 그 속에는 인마(人馬)를 살상하기 위한 예리한 삼각 철편과 화약이 가득 들어 있었다. 여기에 화약 항아리를 폭발시키는 신관(信管)

비격진천뢰

이 장치되었고 무게는 약 12킬로그램이나 되었다. 중요한 것은 이 신관 제조가 완전히 독창적이라는 사실이며, 바로 이 점 때문에 비격진천뢰의 높은 가치가 오늘날까지 전해지게 되었다. 조선의 화기 기술자 이장손(李長孫)이 연구한 이 신관은 통나무에 나선형 홈을 파고 이 홈을 따라 도화선을 감게 되어 있었다. 그리하여 이 수효를 10~15조(條)까지 가감함으로써 그 폭발 시한을 자유롭게 조정할 수 있었다.

인근 여러 나라에도 이와 비슷한 병기는 있었지만 이렇게 교묘한 무기는 없었다.

우리 역사상 찬란한 문화를 자랑하는 15세기에는 창의로 가득한 각종 무기가 발명되었다. 그 가운데서도 화차(火車 : 장갑차)·주화(走火 : 경화기)·화초(火革肖 : 수류탄) 등은 매우 뛰어난 것이었다. 또 1430년에는 일찍이 화포방사군(火砲放射軍 : 포병)을 각도의 주·군·현에도 배치했다.

완구포

　이에 비하여 일본은 화기 면에서는 뒤떨어졌다. 히데요시는 당황
했지만 이미 때가 늦었다. 그리하여 도쿠가와 이에야스(德川家
康 : 1542~1616)는 특히 화포를 중시하여 열심히 대포 개발에 힘을
썼던 것이다.

　1986년 7월 국립 진주 박물관에서 '임진왜란 문물전' 이 열렸다.
여기에는 10개의 대포를 늘어놓아 연속 발사할 수 있는 십연자포와
성능이 좋은 천자총통 외에도 앞서 말한 비격진천뢰·승자총통(勝
字銃筒 : 소총) 등이 진열되어 주목을 끌며 성황을 이루었다는 말을
덧붙여두고 싶다.

조선 수군의 위용

　고려 왕조의 몰락을 재촉한 것 가운데 하나로 왜구의 대대적인 노략질을 들 수 있다. 쓰러져가던 왕조는 여기에 적절히 대처하지 못했고, 그만큼 민심이 흩어지고 있었던 것이다. 고려 말인 1371년(공민왕)부터 1385년까지 15년 동안의 통계만 보더라도 왜구의 노략질을 무려 283번이나 받았고, 1377년에는 연간 42번이나 공격을 받았으니 그 참상을 능히 헤아릴 수 있겠다.

　앞에서도 말한 대로 진포 앞바다(은강銀江 하구)에서 왜구 선단 500여 척을 화포로 무찌른 것이 1380년이므로 정부의 초조함이 어떠했을지 상상할 수 있을 것이다.

　고려를 무너뜨리고 정권을 잡은 이성계는 왜구 격퇴로 명성을 날린 장군 가운데 한 사람이었다. 조선 왕조는 처음부터 국토의 안전과 왜구 박멸에 단호한 태도를 견지하여 특히 수군의 강화와 전선의 건조에 힘을 쏟았다. 『세종실록지리지(世宗實錄地理志)』에 따르면 15세기 초의 수군과 군선의 배치는 다음의 표와 같았다.

　다음 표에서도 알 수 있듯이, 15세기 초의 조선은 829척의 함선과 5만 명이 넘는 대수군을 거느려 그 위용을 안팎에 과시하고 있었다.

도 별	군선수	수군수
경기도	97	5,784
충청도	142	8,300
경상도	285	16,602
전라도	165	10,600
황해도	41	3,239
강원도	17	1,103
평안도	41	3,480
함경도	41	1,069
계	829	50,177

이것은 고려 시절의 약 두 배에 해당하는 세력이다.

동시에 주목할 만한 것은 경상도에 배치한 군선이 285척, 수군 1만 6,602명으로 가장 많았고, 전라도와 충청도를 합쳐 3도에 군선 합계 592척, 즉 모든 함대의 4분의 3을 투입했다는 점이다. 뿐만 아니라 3도에 배치한 수군은 3만 5,502명으로 전 수군의 70퍼센트가 넘는 압도적인 병력이었다는 점이다.

이것은 그 무렵 왜구의 위협이 고려 말기에 비해 줄어들었다고는 해도 그들의 약탈이 여전히 조선의 서남해에 집중되어 있었기 때문에 조선 수군의 주력을 배치하여 대처했음을 말해준다. 왜구는 그만큼 만만치 않은 세력이었다. 어쨌든 조선이 왜구 격퇴에 커다란 성과를 올릴 수 있었던 것은 강한 군선에 화포가 있었기 때문이다.

덧붙여 말하면 당시의 군선은 대선(大船)·중대선(中大船)·중선(中船)·병선(兵船)·쾌선(快船)·맹선(猛船)·별선(別船)·무군선

(無軍船) 등 13종류나 되었다고 기록되어 있다. 그 가운데서도 중선과 병선이 총 577척으로 가장 많았다. 이 배들은 조선 수군의 전투용 주력함이었다. 특이한 것으로 쾌선이라는 배가 있었는데, 이 배는 빠르게 도망치는 왜구선을 추격하기 위하여 특별히 설계한 군선이었다. 결국 조선의 이러한 노력과 아시카가(足利) 막부의 우호 정책에 의해 왜구 세력은 점점 수그러들게 되었다.

이순신을 존경한 일본의 도고 제독

1592년 4월 17만 육군에 4만을 넘는 해군을 거느리고 부산을 급습한 도요토미 정권은 조선 양반들의 무방비 상태에 힘입어 5월에는 서울을, 6월에는 일찌감치 평양을 함락시켰다. 그리고 그들은 가는 곳곳마다 방화·학살·약탈을 저질렀다.

침략군은 수륙 병진 작전에 의하여 명나라까지 침입하여 끝내 명나라를 굴복시키겠다는 황당한 계획을 갖고 있었다.

이 때 일본 침공군의 야망을 껵고 전황을 조선에 유리하게 바꾸는 데 결정적인 역할을 해낸 것은 다름 아닌 이순신이 이끄는 조선 수군과 거북선이었다.

전쟁 초기의 악몽도 지나간 5월 7일, 이순신은 옥포(玉浦 : 거제) 앞바다에서 일본 전선 50여 척을 발견하고 과감한 화포 공격을 가하여 그 가운데 26척을 격침 혹은 소각했다. 다음날 5월 8일에는 합포(合浦 : 창원 내서면)·적진포(赤珍浦 : 충무 광도면)에 정박해 있던 크고 작은 일본 군선 44척을 불태웠다. 그리고 6월 초에는 경남 사천(泗川)·당포(唐浦 : 충무 산양면 당포리)·당항포(唐項浦 : 고성 회화면 당항리)에서 72척을 불태우며 거북선의 위력을 유감없이 발휘

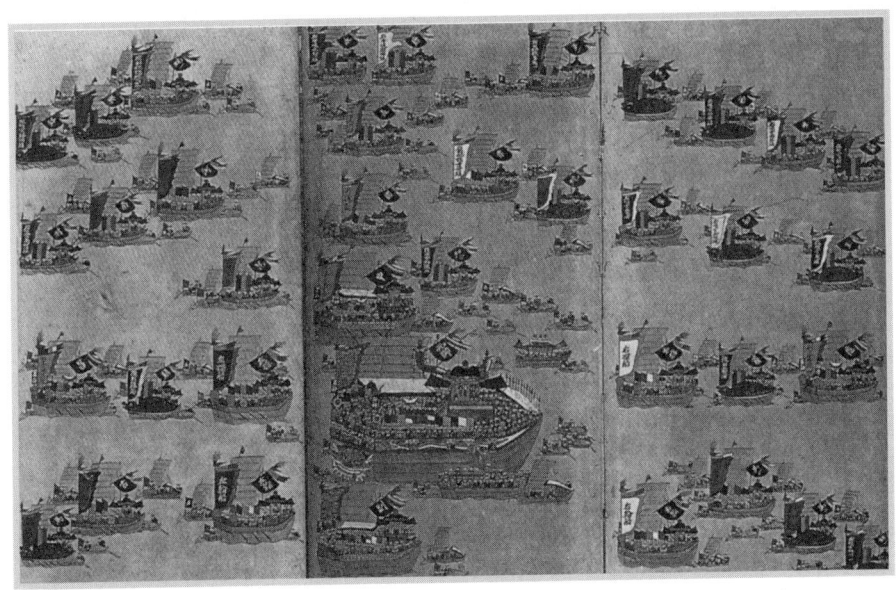

거북선과 학익진

했다.

7월에 이순신은 이억기(李億祺 : 전라우도 수군절도사)와 협력하여 한산도 수변의 직을 대상으로 과감한 작전을 전개했다. 여기에서 거북선을 선두로, 유명한 '학익진'(鶴翼陳 : 학이 양 날개를 펴듯이 치는 진형)을 펴서 대승을 거두었다.

실로 이순신의 수군과 거북선은 전투를 개시한 지 4개월 동안 왜적 함선 300여 척을 수장하여 제해권을 장악했고, 도요토미 히데요시의 침략에 일대 타격을 준 것이다.

그로부터 300여 년이 지난 1904년 5월, 일본 연합 함대는 진해만에서 러시아의 발틱 함대를 기다리고 있었다. 그 때의 수뢰(水雷)

사령관 가와타 오사무(川田攻)는 "당연히 세계 제일의 해장 이순신을 생각하지 않을 수 없다. 그의 인격·전술·발명·통솔의 재능·꾀·용기, 어느 것 하나 찬양하지 않을 것이 없다"고 말하며 이순신의 영령에 기도를 올렸다고 한다.

그리고 연합 함대 사령관 도고 헤이하치로(東鄕平八郎)는 그 뒤 승전 축하연에서 "불초 이 도고를 이순신에 비하면서 칭찬해 주는 것은 고맙다. 하지만 넬슨이라면 모를까, 이순신에 비하면 나는 일개 하사관에도 미치지 못한다"며 이순신 장군을 극찬했다고 한다.

이것은 임진왜란 때 일본인이 받은 깊은 충격을 잘 말해 주는 일화이다. 적을 알고 우리를 알고 있던 노련한 장군 이순신은 우리나라의 조선사(造船史)와 함께 불후의 명성을 영원히 남길 것이다.

옮긴이의 글

    저자 자신이 서문에서 언급하고 있듯이, 이 책은 한 항목당 3분 안팎에 홀가분하게 읽을 수 있도록 쉽게 쓰여졌다. 100가지 이야기를 담고 있지만 그 내용은 결코 전문적이거나 어렵지 않으며, 평범한 소재들을 쉬운 문체로 서술하고 있다. 때문에 마치 수필을 읽는 듯한 느낌을 준다.

    그러나 다음과 같은 점에서 이 책은 여느 수필과 다른 면을 지니고 있다. 첫째 이 책에서 다루는 소재들은 일상 생활의 주변에서 벌어지는 일들이 아니다. 넓은 의미에서 '전통 과학과 기술'에 포함시킬 수 있는 '의학' '음식물' '무기' '공예' '건축' 등 다방면에 걸친 역사적 소재들이다. 둘째 이렇듯 다양한 100가지들이 모두 '한국과 일본의 역사적 교류'라는 안목에서 서술되고 있다. 이 두 가지가 이 책의 가장 두드러진 특징이라 할 수 있다. 이는 이 책을 '타국(일본)에 살고 있으면서도 조국을 잘 모르는 젊은 세대'를 대상으로 썼기 때문에 자연스럽게 지닌 특징일 것이다.

    물론 지난 시기의 우리 것을 지나치게 내세우거나, 우리가 외국에 전해준 것만을 자랑삼아 거론하는 것이 능사는 아니다. 더욱 중요한 것은 현재와 미래이며, 때로는 과거에 대한 반성도 필요하기 때문이다. 그러나 현재와 미래에 대한 강조가 과거에 대한 무지를 덮어줄 수는 없다. 현재는 과거를 바탕으로 이루어진 것이기 때문이다. 최근 우리 역사에 대한 일반인의 관심이 높아지고 있는 것도, 이러한 관점에서 긍정적인 측면을 갖는다고 생각한다.

전문적인 책이 아니기 때문에 내용상의 깊이가 부족할 수도 있다는 생각에서, 이 책의 번역에는 약간의 망설임이 따랐던 것도 사실이다. 그러나 독자들이 이 책을 읽어가는 동안에, 흔히 일상적인 관심의 바깥에다 묻어두고 있던 것들과 그 뒷면에 얽힌 여러 가지 일화들에 대한 새로운 흥미가 계기가 되어, 독자들이 우리 역사에 대해 더욱 깊은 관심을 가질 수 있으면 하는 바람이다.

이 책은 원래 한국 독자를 대상으로 한 것이 아니었던 만큼, 우리말로 옮기는 과정에서 한국 독자들을 대상으로 한 문장으로 적절히 바꿀 필요가 있었다. 쉽게 이해하도록 내용에 약간의 수정과 첨삭도 가했다. 그리고 일본사 용어나 전문 용어에 대해서는 본문의 괄호 속에 간단한 설명을 넣거나, 본문의 바깥쪽에 주를 달기도 했다.

원저서에는 사진이나 그림이 거의 없었다. 그러나 우리말로 옮기면서 독자들의 이해를 돕기 위하여 적지 않은 사진과 그림을 첨가했다. 이 일은 일빛출판사의 편집부에서 맡았다. 쉽지 않은 일에 번거로움을 마다하지 않은 데에는 독자에게 편의를 제공한다는 열의가 있었을 것이다.